KB211575

이론으로 현실을 풀다

갈등 시대의
PR 커뮤니케이션

홍문기·김천수·김활빈·강귀영·박한나 공저

학지사비즈

우리 사회에는 갈등이 가득합니다. 그 갈등은 가족과 친구 관계에도 영향을 미칩니다. 그래서 직장에서, 학교에서, 어쩌면 한국PR학회에서도 이유가 뭐가 됐든 갈등이 우리 사이를 방해하고 있는지도 모릅니다. 그동안 PR 학계와 업계의 꾸준한 노력에도 조직-공중간 갈등 문제는 고소/고발에 따른 법적 조치 그리고 이에 반대하는 시위로 해결될 수밖에 없다는 인식이 만연합니다. 그 과정과 결과가 우리 모두를 불행하게 할 것 같아 불안합니다.

이 책은 저자들의 이런 한담(閑談)과 고민(苦悶)에서 시작됐습니다. 우리 사회에서 갈등이 왜 발생하는지, 어떻게 존재하는지, 그런 갈등이 어떻게 발전하는지, 그렇게 발전된 갈등은 결국 어떤 결과를 낳게 되는지 등에 대해 저자들은 PR 커뮤니케이션 이론으로 설명하고 싶었습니다. 또한 구체적인 갈등 사례를 통해 갈등이 PR 커뮤니케이션 관점에서 다루어지지 않아 시위와 소송으로 이어지고 있음을 밝힙니다. 이 책은 우리 사회의 갈등이 시위와 소송까지 가야 끝난다는 점을 지적하면서, 그 갈등을 PR 커뮤니케이션 관점에서 다루고자 한다면 갈등의 어떤 측면에 주목해야 하는지, 그렇게 하면 갈등 해결과 관리에 어떻게 도움을 줄 수 있는지 이론적 관점에서 논의하고 있습니다.

PR은 다양한 이해관계자 간의 문제를 조직과 공중 간의 상호호혜적 관계 구축을 목표로 커뮤니케이션할 것을 강조합니다. 그래서 저자들은 다양한 갈등 상황에서 PR 커뮤니케이션 이론에 근거한 캠페인 활동이 이루어진다면 시위나 소송이 아닌 방법으로 갈등이 해결될 수 있다는 믿음으로 저술했습니다. 이 책에서는 구체적인 갈등 사례를 지적하고, 갈등의 원인을 파악한 뒤 이를 변인화해 이론적 적용 가능성을 설명합니다. 갈등 문제를 해결하거나 관리하기에 적합한 PR 커뮤니케이션 이론을 제시하고, 그 이론적 특성을 통해 시위와 소송이 아닌 해결책을 보여 줍니다. 이처럼 갈등과 반목으로 점철된 우리 사회에서 PR 커뮤니케이션의 사회적 가치와 중요성은 다각도로 부각되고 있습니다. 그렇지만 PR이 실제로 그 가치에 부합되는 일을 할 수 있는지, 한다면 어떻게 해야 하는지, 그 결과는 어떠할지 등은 여전히 모호합니다.

이 책의 저자들은 이론에 근거하지 않은 PR 캠페인은 아무 소용이 없다는 선행 연구자들의 주장을 신뢰하며, 사례로 든 갈등의 속성과 특징이 어떤 이론적 정합성을 갖고 있는지 설명하려 애썼습니다. 특히 현재 진행 중이거나 다양한 이해관계로 갈등이 잠재돼 있는 사례들에 대해 기존 PR 커뮤니케이션 이론은 물론, PR 커뮤니케이션 이론화가 기대되는 새로운 모델 제시를 통해 갈등에 대한 PR 커뮤니케이션 이론의 확장 가능성도 도모합니다.

이 책에서는 제주 강정마을 해군기지 건설 과정에서의 갈등을 PR 쟁점 진행 모형(Issue Process Model)을 적용해 설명하고 있고, 환경문제 관련 갈등 해결을 위해서는 문제해결 상황이론을 적용하고 있습니다. 최근 세대 갈등 이슈로 등장하는 연금 개혁 문제는 조직-공중 관계성 이론과 상호지향성 모델을 통해서 분석됐고, 남남 갈등은 IDEA(Internalization, Distribution, Explanation, Action) 모델을 통해 연구됐습니다. 또한 젠더 갈등은 DEI(Diversity, Equity, Inclusion) 모델을 적용해 PR 커뮤니케이션의 역할과 전략을 구체적으로 제시하고 있습니다.

그동안 한국PR학회는 회원 여러분들과 함께 조직과 공중의 문제를 PR 커뮤니케이션 관점에서 어떻게 다룰 것인지에 대해 다양한 전문/비전문 서적들을 출간해 왔습니다. 새로운 현상을 설명하는가 하면, 그 현상을 설명하는 새로운 이론적 논의를 다루면서 한국PR학회의 저술 활동은 매년 발전해 왔습니다. 이론적 체계를 탄탄히 하고, 실무적 함의(Implication)와 영감(Insight)을 우리 사회에 불어넣는 일에 한국PR학회는 최선을 다해 왔습니다.

이 책을 완성하기 위해 1년 내내 수고해 주신 김천수, 김활빈, 강귀영, 박한나 등 저자분들께 진심으로 감사드립니다. 특히 책의 기획, 저자 섭외, 일정 조율, 출판 등을 포함한 제반 과정을 총체적으로 책임지시며 마지막까지 훌륭하게 이끌어 주신 박현순 저술위원장님의 노고에 깊은 사의(謝意)를 전합니다. 또한 한국PR학회가 기획한 본 저서들의 출간을 적극적으로 후원해 주신 김평기 프레인 글로벌 대표님과 이상우 프레인 & 리 소장님 그리고 이 책의 출간 과정에서 많은 우여곡절과 번거로움을 쾌도난마(快刀亂麻)로 해결해 주신 학지사 최임배 부사장님과 박현우 님께 깊이 감사드립니다. 특히 출판 과정에서 저자들의 만남을 위해 연락하고, 이를 위한 회의 장소를 마련하는 등 귀찮고 복잡한 일들을 상큼한 미소로 도맡아 주신 한국PR학회 김보영 사무국장님께도 감사의 말씀을 전합니다.

갈등이 나쁜 것은 아닙니다. 어쩌면 사회 발전의 원동력일 수도 있습니다. 그래서 이를 어떻게 이해하고 관리할 것인지의 문제는 점점 더 중요해지고 있습니다. 우리 사회의 갈등을 PR 커뮤니케이션 이론으로 풀어 보고자 하는 이 책이 여러분 모두에게 새로운 문제해결의 실마리가 되길 바랍니다.

감사합니다.

2024년 11월
제25대 한국PR학회 회장 홍문기

우리 사회는 다양한 이해관계자 간의 사회적 갈등으로 인해 상당한 사회·경제적 비용을 소모하고 있다. 사회적 쟁점 및 갈등은 조직과 공중 간의 상호호혜적 관계 구축을 위한 PR 커뮤니케이션을 통해 우선적으로 관리되고 해결되는 것이 바람직하다. 따라서 PR 커뮤니케이션의 사회적 가치와 기능적 중요성이 인식되면서 PR 실무자들의 PR 커뮤니케이션 성공 사례와 경험의 축적이 이루어지고 있다. 또한 국내 PR학 연구는 안정기에 접어들어, PR 이론을 검증하고 수립하는 양적·질적으로 우수한 연구들이 많이 발표되고 있으며 PR학의 학문적 입지 강화를 위한 노력들이 진행되고 있다.

그러나 PR 학계와 업계의 꾸준한 노력에도 불구하고, 이론과 현실의 간극은 여전히 존재한다. 이론에 근거하지 않은 PR 전략은 논리적 설명력과 신뢰도가 떨어질 수 있으며, 현실과 괴리된 이론 역시 그 타당도를 의심받을 수 있다. 이와 같은 문제의식으로부터 시작된 이 책은 PR 이론과 PR 실무 영역 사이의 간격을 메워 대표적인 응용 학문으로서 PR학의 학문적·실용적 가치를 강화시키려는 목적으로 기획되었다.

기존에 발표된 PR 사례 연구들은 주로 하나의 개별 이슈에 대한 일회성 사례 연구이거나 이슈가 종결된 이후의 사후 대응적 전략 사례들이 주를 이루었다. 또한 다양한 이해관계자의 입장과 견해를 고려한 다차원적 PR 커뮤니케이션 전략이라기보다는 조직 또는 특정 이해관계자 위주의 일방향적인 PR 전략 사례들이 주로 제시된 경향이 있다. 하지만 사회적 이슈의 속성상, 하나의 이슈는 또 다른 이슈를 초래하며, 이슈는 독립적으로 존재하기보다는 다른 이슈들과 복합적으로 연결되어 있는 속성을 갖고 있다. 또한 한 번 종결된 이슈라 하더라도 다른 이해관계자에 의해 새로운 사회적 의미가 부여된 프레임과 함께 다시 등장하기도 한다. 이와 같은 이슈의 속성으로 인해 쟁점 및 갈등은 현재 진행 중인 사안들이 대부분이고, 다양한 이해관계로 복잡하게 얽혀 있기 때문에 효과적인 PR 전략을 제시하기란 쉽지 않다.

따라서 이 책은 일단락된 위기관리 커뮤니케이션 사례보다는 현재 진행 중이거나 다양한 이해관계로 얽힌 복잡한 이슈에 대한 쟁점 및 갈등관리 PR 커뮤니케이션 전략 사례를 다루고 있다. 군사 혐오 시설 및 공공정책을 둘러싼 정책 PR 이슈, 기후변화 및 환경 파괴와 같은 환경문제, 국민연금을 둘러싼 세대 갈등, 국민들 간의 정치적 이념 갈등, 젠더 갈등 등 좀처럼 해결될 기미가 보이지 않는 복합적 갈등 이슈에 대한 PR 커뮤니케이션 사례를 검토함으로써 좀 더 현실적인 PR 커뮤니케이션 과정에 집중한다.

기존의 PR 사례 분석은 종종 일회성 성공 사례나 사건 중심으로 이루어져 왔다고 볼 수 있다. 이러한 분석은 이론적 배경이 부족하거나, 맥락을 간과한 채 결과에만 집중하는 경향이 있다. 이로 인해 PR 전략에 대한 전반적인 이해와 실제 현실 상황에서 응용 가능한 실질적 교훈을 얻기 어렵다. 이에 이 책은 다양한 PR 이론을 근거로

체계적이고 심층적인 사례 분석을 제시하고 있다. 커뮤니케이션 본질에 대한 이해와 효과적 전략 개발에 필수인 이론적 틀을 통해 우리는 각 사례의 배경, 목표 실행 과정 및 결과를 종합적으로 분석할 수 있다. 이를 통해 이론과 실제의 간극을 좁히고 복잡한 현실 속에서 효과적인 쟁점 및 갈등관리 PR 전략을 수립할 수 있는 통찰을 제공하고자 한다.

현대적 의미의 PR 활동이 시작된 20세기 이후 PR 학문의 이론적 정체성 수립을 위한 많은 시도가 있었다. PR 영역 고유의 주류 이론으로는 PR4모델, 우수 이론(Excellence Theory), 상황결정 이론(Contingency Theory), 조직-공중 관계성 이론(Organization-Public Relations Theory), 상황이론(Situational Theory), 문제해결 상황이론(Situational Theory of Problem Solving), 쟁점 진행 모형(Issue Process Model), 상황적 위기 커뮤니케이션 이론(Situational Crisis Communication Theory) 등을 들 수 있다. PR 주류 이론의 발전과 함께 수사 이론, 비판 이론, 담론 경쟁 이론 등 다양한 이론적 패러다임이 제시되어 통합적 시각에서 PR 커뮤니케이션의 정당성을 찾아보려는 시도가 진행되고 있는 상황이다.

하지만 그동안의 PR 이론의 학문적 성과에도 불구하고 PR 이론 연구에 대한 문제도 제기되고 있다. 즉, PR 이론들이 포괄적이고 일반적인 설명에 그쳐 구체성이 결여된다는 점, 기술 발전과 사회적 변화에 따라 PR의 역할이 달라짐에도 불구하고 기존 이론은 그러한 환경 변화를 충분히 반영하지 못한다는 점, PR 이론이 학문적 접근에 치우쳐 실제 현장에서의 적용 가능성이 떨어지고 실천적 연계가 부족하다는 점 등에 대한 문제가 제기되고 있다. 이러한 문제점을 극복하기 위해서는 이론과 실제를 연결하는 노력이 절실한 상황이다.

　이에 이 책은 PR 이론에 기반한 쟁점 및 갈등관리 사례 분석을 통해 PR 이론 정립과 확장에 기여하며, 실질적 솔루션을 제안하여 PR학의 사회적·기능적 가치 인식 제고에 기여하고자 한다. 각 장에서는 특정 PR 이론을 중심으로 현재 진행 중인 쟁점 및 갈등 사례를 분석하며, 이론과 실무 간의 연결고리를 명확히 하고, 이를 통해 독자들이 현실 세계에서 PR을 어떻게 적용할 수 있는지를 보여 준다. 또한 PR 전문가와 연구자에게는 PR 커뮤니케이션의 실용적 활용성뿐만 아니라 사회적 통합과 균형을 이룰 수 있는 사회적 정당성과 윤리성을 확보하는 통합적 의미의 학문임에 대한 입지를 다질 수 있는 기회를 제공한다.

　각 장에 대한 간략한 소개를 하면 다음과 같다.

　제1장, '프롤로그'에서는 이 책에서 다루고 있는 갈등 해결을 위한 PR 커뮤니케이션 이론과 모델의 생성 과정과 이론의 구성 내용에 대한 자세한 설명을 담고 있다.

　제2장, '제주 강정마을 해군기지 건설 갈등 과정에서의 PR: 쟁점 진행 모형(Issue Process Model)의 적용'은 쟁점 진행 모델을 통해 대규모 국책사업과 같은 정부 정책 수립 및 추진 과정에서 발생할 수 있는 갈등을 관리하고 해결하기 위한 PR의 역할에 대해 고찰하는 내용이다. 특히 이슈의 쟁점 활성화 과정과 이에 대응하는 쟁점 대응 과정을 함께 살펴봄으로써, 서로 다른 이해관계자들의 쌍방향적 관점의 쟁점 관리 전략을 제시했다는 점에서 기존 사례 연구들과 차별된다. 쟁점의 진행 상황에 따른 이해관계자별 쟁점의 역동성을 쟁점 활성화와 쟁점 대응이라는 공중별 쟁점 관리 전략을 제시함으로써 소통

과 상호이해를 통한 주체적 갈등관리 방안을 모색한다.

제3장, '환경문제해결을 위한 PR 커뮤니케이션: 문제해결 상황이론의 적용'에서는 공유재로서의 환경재 특성과 그 특징으로 인한 PR 커뮤니케이션의 어려움을 설명한다. 저자는 공중의 '문제해결 상황이론'을 활용해 환경문제의 특징을 논하고, 환경문제가 사회적 이슈로 주목받지 못하는 이유 그리고 사람들이 환경문제해결을 위해 적극적으로 행동하지 않는 이유를 설명한다. 문제해결 상황이론을 중심으로 공중세분화 전략 및 행동변화 유도 전략을 제시하고 있다. 또한 문제해결 상황이론뿐만 아니라 위험의 사회적 확산모델 관점에서 기후변화, 후쿠시마 오염수, 설악산 오색케이블카 설치 이슈 등 다양한 환경문제에 대한 사회적 갈등을 줄일 수 있는 PR 커뮤니케이션에 대한 시사점을 제시한다.

제4장, '연금 갈등 해결을 위한 정책 PR 커뮤니케이션: 조직-공중 관계성 이론과 상호지향성 모델의 역할'에서 저자는 정부 연금 정책에 대한 공중 간 갈등을 세대 갈등 관점에서 파악하고, 공중 관계성 이론과 상호지향성 모델을 통해 세대 간 인식 차이를 파악하고 이에 대한 PR 커뮤니케이션 해결 방안을 제시하고 있다.

제5장, '남남 갈등과 PR: IDEA 모델의 적용'에서는 남남 갈등으로 초래된 사회적 비용을 불확실성과 위험으로 간주하고, 대북 관련 위험 이슈의 효율적 관리를 위한 위험커뮤니케이션 전략을 IDEA(Internalization, Distribution, Explanation, Action) 모델을 통해 설명하고 있다. 구체적으로 북한 오물풍선 살포 사건에 대한 정부의 대응전략을 IDEA 모델을 적용해 내재화, 설명, 행동 차원에서의 정부 PR 커뮤니케이션의 문제점을 논의하고 위험 커뮤니케이션 메시지 설계를 위

한 인사이트를 제시하고 있다.

　제6장, '젠더 갈등: DEI 모델에 기초한 조화와 포용을 위한 PR 전략'에서는 단순한 의견 대립을 넘어 구조적으로 해결해야 할 사회적 과제인 젠더 갈등을 DEI(Diversity, Equity, Inclusion) 관점에서 조화와 포용을 위한 PR의 역할과 전략을 구체적으로 제시하고 있다. 저자는 PR을 통해 다양성, 형평성, 포용성의 핵심 가치를 실현시키고 사회 전반에 걸친 문화를 형성함으로써 사회적 통합을 유도하고 젠더 갈등을 해소할 수 있음을 강조하며, 이를 실천할 수 있는 구체적인 프로그램을 제시하고 있다.

　이 책은 PR 전문가뿐만 아니라 공공정책 입안자, 기업 경영자, 학생 등 다양한 독자층을 대상으로 한다. 다양한 사회적 이슈의 속성, 이슈 속성에 따른 이해관계자 간 네트워크, 쟁점 및 갈등 변화 과정과 역동성, 이해관계에 따른 PR 전략의 변증법적 속성 등에 대한 이해를 돕는다. 또한 이슈 특성과 변화 과정 및 맥락에 따라 적용될 수 있는 다양한 PR 이론에 대한 소개와 적용을 통해 PR의 중요성과 그 전략적 접근 방식을 이해함으로써 독자들은 변화하는 환경 속에서도 성공적인 PR 커뮤니케이션을 이끌어 낼 수 있는 통찰력을 얻을 수 있을 것이다. PR은 단순한 기술이 아니라 관계를 구축하고 신뢰를 쌓는 활동이다. 이 책을 통해 독자들이 PR의 본질을 이해하고 이를 통해 보다 나은 소통의 길로 나갈 수 있기를 바란다.

제19대 한국PR학회 회장
저술위원장 박현순

차례

갈등 시대의 PR 커뮤니케이션
이론으로 현실을 풀다

제1장

프롤로그
다양한 이론과 모델

● 홍문기(한세대학교)

역사적으로, PR 커뮤니케이션 이론화 과정에 대한 관심은 선전 (宣傳)에서 시작됐다. 선전의 사전적 의미는 어떤 사물의 존재나 효능 또는 주장 등에 대한 개인의 생각이나 의견을 타인에게 말하거나 설 명해 동의를 구하는 것이다. 그러나 정작 선전의 어원인 프로파간 다(Propaganda)는 로마 가톨릭에서 포교(布敎)를 전담하기 위해 1622년 에 만들어진 추기경들의 위원회를 의미한다(Welch, 2015). 이 때문 에 프로파간다는 추기경 위원회가 짧은 시간에 많은 사람에게 상 징을 사용해 신앙, 종교 관련 메시지를 일방적으로 전달하는 효율 적 방안을 모색하는 것과 관련 있는 개념이다. 전달하고자 하는 메 시지를 짧은 시간에 최대한 많은 사람에게 널리 멀리 퍼뜨리기 위 해 관련 상징물들을 어떻게 구성해야 하는지, 그렇게 구성된 의미 있는 상징적 기호물을 어떤 미디어에 어떻게 담아야 하는지가 프로 파간다, 즉 선전의 최대 관심사다. 이때 사용되는 상징은 소구 대상 에게 친숙한 글자, 기호 등도 있지만, 음악, 그림, 공연 등은 물론 소구 대상을 정서적으로 회유·협박하기 위한 감언이설, 폭력 등의 방법도 포함된다(Welch, 2015). 이러한 상징물들은 어떤 개인/이념 등에 대항하거나 이와 관련된 강력한 감정적 촉발을 위해 특별히 선택된 것들이었다. 종교적 포교(布敎)를 위한 행위 개념으로서의 선전 또는 프로파간다는 PR 커뮤니케이션에 대한 이론화 과정의 시작이었다.

초창기 PR 커뮤니케이션은 두 차례 세계대전을 거치면서 메시지 조작 커뮤니케이션의 대명사로 여겨지는 선전과 거의 구별되지 않았다(최윤희, 2002). 이 때문에 초기 PR 커뮤니케이션 관련 논의들은 정부/국가가 여론을 형성하고 이를 주도하기 위해 선전 활동의 필요성을 강조했고, 관련 PR 커뮤니케이션 활동은 선전을 통해 형성된 여론을 정제하고 사회적인 동의를 얻는 도구로 간주됐다(Bernays, 1923). 그러나 역설적으로, PR 커뮤니케이션의 이론적 발전은 선전의 일방적인 설득과 같은 불균형적 커뮤니케이션의 문제해결 과정에서 비롯됐다. PR 커뮤니케이션 이론의 발전은 조직의 일방향적 커뮤니케이션을 강조하는 선전과의 연관성을 부정하고, 조직-공중 양자 간 사회적 관계성의 의미를 탐색하면서 차별화됐다(김영욱, 2003). 이처럼 PR 커뮤니케이션에 대한 이론적 논의는 선전 개념에서 시작됐지만, PR 커뮤니케이션의 이론적 가치는 조직-공중 간 관계 형성 과정에서 발생하는 커뮤니케이션의 사회적 기능과 역할을 파악하는 것에 있다(Weaver, Motion, & Roper, 2006).

조직과 공중 간 상호이해를 목적으로 하는 커뮤니케이션 활동의 필요성이 제기되면서(Grunig, Dozier, Ehling, Grunig, Repper, & White, 1992), PR 커뮤니케이션의 이론적 논의 방향은 우수(Exellence)

이론과 같은 당위론적 균형 이론의 발전을 중심으로 이루어져 왔다. PR 커뮤니케이션 이론은 선전과 같은 일방적인 커뮤니케이션을 지양하고 대화와 타협을 통해 조직과 공중 모두에 효과적인 결과를 가져올 수 있는 상호작용적 PR 커뮤니케이션 활동에 관심을 기울였다. 그러나 PR 커뮤니케이션 이론화 과정은 조직 중심성 논의 체계 때문에 조직과 공중의 관계성 형성과 그 의미 공유를 어렵게 하는 측면이 여전히 존재한다. 이는 PR 커뮤니케이션 이론이 지향하는 균형적 관계 형성을 저해할 우려가 있다. 특히 조직 중심의 관점은 PR 커뮤니케이션이 기존 이데올로기적 권력을 고착시킨다는 비판을 받는 원인이 되고 있다(김영욱, 2003).

 ## 갈등 해결을 위한 PR 커뮤니케이션 이론과 모델

갈등이 부정적인 것만은 아니다. 갈등은 조직 내에서 업무 수행이 이루어지도록 하는 에너지이고, 민주적인 의사결정의 원동력이며, 조직 목표 달성을 이루는 기반이 될 수 있다(Tjosvold, 1991). 특히 갈등 과정에서 조직의 다양성을 부각시켜 조직 발전을 이끄는 순기능적 측면이 분명히 있다. 그러나 갈등이 이러한 순기능적 기능을 발휘하려면 갈등이 위기가 되기 전에 관리될 수 있어야 한다. 갈등이 관리되지 않으면 갈등은 서로 대립하고 반목하는 하는 과정을 거쳐 공동체를 위기로 몰아넣는 역기능적 요소로 작용하게 된다(Tjosvold, 1998). 이 때문에 갈등의 기능적 관점에서 갈등 발생을 최소화하고 갈등을 제어하면서 갈등이 야기하는 결과에서 긍정적인 효과를 최대화하는 갈등관리가 중시되고 있다. 이 책에서는 상호작용적 커뮤니케이션을 기반으로 한 조직-공중 간 상호관계를 중시하는 PR 커뮤니케이션이 갈등과 반목으로 점철된 우리 사회에 어떻게 기여할 수 있는지 살펴보고자 한다. PR 커뮤니케이션 관련 이론들은 대부분 일방적인 설득이 아닌, 서로 간의 소통, 건전한 공동체 관계의 형성, 그리고 이를 통한 휴머니즘 구현 등을 목표로 하고 있다. 과거처럼 설득적 메시지를 최대한 많은 사람에게 널리 퍼뜨려 무조건 설득하는 P(피할 것은 피하고) R(알릴 것만 알리는) 이론 논의는 끝났다. 이제 상대방과의 관계에 초점을 맞추는 흐름이 PR 커뮤니케이션 이론적 논의의 주 관심사가 되고 있다. 오늘날 PR 커뮤니케이션 이론은 소비자와의 관계를 생각하고 공동체 형성을 위하며, 나와 조직의 이익보다는 상대방을 배려하고 함께 관계를 유지하며 공생하려는 방향으로 발전하고 있다.

이 책은 PR 이론에 근거한 조직-공중 간 커뮤니케이션 활동이 우리 사회의 다양한 갈등과 반목으로 인한 사회적 위기 환경을 어떻게 극복할 수 있는지 설명하고자 하는 목적을 갖고 있다. 저자들은 PR 커뮤니케이션 활동이 선전(propaganda) 활동의 일환이라는 오해에서 벗어나려면 PR 커뮤니케이션의 이론적 정체성을 갈등 문제해결을 위한 조직-공중 간 커뮤니케이션 과정에서 찾아야 한다는 공통적 신념을 갖고 있다. 다양한 PR 커뮤니케이션 이론이 우리 사회의 갈등 문제를 어떻게 다르게 이해하도록 하는지 그 이론적 개념, 특성, 적용 가능성 등을 사례, 이슈 등과 함께 다루고자 한다.

(1) 쟁점 진행 모형

20세기 메시지 소구대상인 대중은 상호 고립적이고 사회적으로 소외된 불특정 다수를 의미한다. 그러나 상호작용적 디지털 미디어의 출현으로 21세기 커뮤니케이션은 특정 이슈에 관심을 갖는 집단인 공중의 역할이 중요하게 인식되고 있다. 오늘날 공중의 세분화를 기반으로 하는 쟁점 진행 모형(Issue Process Model) 중심 PR 커뮤니케이션 논의들은 다매체 다채널 그리고 디지털화된 온라인 미디어 환경에서 역동적으로 이루어지는 상호작용적 PR 커뮤니케이션 활동을 중시하는 조직-공중 간 관계를 설명하기에 유용하다. 할라한(Hallahan, 2001)은 쟁점 진행 모델(Issue Process Model)에서, 지식(knowledge)과 관여도(involvement)를 기준으로 공중을 활동 공중(Active publics), 인지 공중(Aware publics), 환기 공중(Aroused publics), 비활동 공중(Inactive publics), 비공중(Non-publics)으로 구분하고 각각의 공중에 따라 조직의 대응전략이 달라져야 한다고 주장했다. 이러한 접근 방식은 PR 커뮤니케이션 영역에서 선전의 소구 대상으로서 대중 또는 일반 공중과 같은 개념에 근거해 PR 커뮤니케이션을 17세기 프로파간다 수준에서 이해하는 것을 극복하게 한다. PR 커뮤니케이션은 수사학을 통한 의미 조작을 바탕으로 TV, 라디오, 신문, 인터넷 같은 매스 미디어를 이용해 메시지를 대량 살포하는 일방적 설득 과정이 아니다. 이 점은 공중 상황이론의 등장과 이를 발전시킨 쟁점 진행 모형(Issue Process Model)의 활용으로 확인되고 있다. PR 연구자들과 실무자들은 조직의 유동적 · 가변적 특성과 자생적 · 자발적 공중의 역동성을 이 모델을 통해 포착할 수 있게 됐다. 이를 통해 조직 환경 및 사회적 변화의 원동력으로 공중의 행동(public behavior)과 조직의 행동(organization

21

behavior) 간 관계에 주목하고 있다. 이를 바탕으로 왜 그리고 어떻게 기업과 조직이 공중들과 더 효과적이고 윤리적으로 상호작용할 수 있는지에 대한 이론적, 실무적 논의가 가능해지고 있다.

쟁점 진행 모형은 조직이 관련된 쟁점들이 공중의제로 확산되는 과정을 모니터링하고 분석해 공중과 어떻게 커뮤니케이션 하는 것이 바람직한지 공중 관계성을 중심으로 설명하고 있다(김영욱, 2003). 이슈는 고정된(static) 것이 아니며, 공중의 관심은 시간에 따라 역동적으로(dynamic) 달라진다(Hallahan, 2001). 쟁점이 사회적으로 중요하고 시기적으로 적절하며 간단할수록, 그리고 과거에 유사한 쟁점을 경험한 적이 있을 때 공중의 관심은 증가한다(Cobb & Elder, 1972). 또한 쟁점 관리자들의 조직화 정도(Cobb & Elder, 1972), 지속적이고 장기적인 PR(Ellul, 1973), 미디어 활용(Ryan, 1991), 재정 자원(Edelman, 1985) 등 그들의 전문성과 노력에 따라 공중의 관심도 달라진다. 쟁점은 본질적으로 권력과 투쟁을 수반하며, 이를 관리하는 사람들은 조직적으로 행동한다(Hallahan, 2001). 쟁점 진행 모형(Hallahan, 2001)은 공중의 특성을 고려해 쟁점의 진행 상황에 맞게 조직이 활용할 수 있는 다양한 쟁점 관리 전략을 체계적으로 정리한 것이다. 이 모형은 쟁점의 역동성을 쟁점 활성화(issue activation)와 쟁점 대응(issue response)이라는 두 개념의 변증법적 과정으로 설명한다. 쟁점 활성화는 문제인식(problem recognition), 쟁점 확인(issue identification), 쟁점 확산(issue expansion), 주장 형성(claims making) 등 활동가들이 주도하는 과정을 나타낸다. 반면, 쟁점 대응은 쟁점 활성화를 이끄는 이들이 목표로 삼는 대상, 주로 조직이나 공공기관이 과거 행위를 방어하거나 정책 변화를 최소화하기 위해 수행하는 활동을 말한다. 따라서 쟁점 진행 모형을 제대로 이해하려면 기존 PR의 조직 중심적인 관점을 넘어, 쟁점의 진행 과정을 전체적으로 조망해야 한다. 또한 갈등 상대를 단순히 대결(confrontation)의 대상으로 간주하거나 소통의 목표를 상대를 굴복시키는 데 두는 것을 지양해야 한다.

　정부 각 부처의 정책 PR 커뮤니케이션은 여전히 공중의 속성을 고려하지 않은 채 대언론 관계에 치중하는 경향이 있다. 정부 기관의 PR 커뮤니케이션 활동은 PR의 실무 부서에서 언론을 상대로 기자회견을 하거나 보도 자료를 배포해 방송, 신문, 인터넷 등 매체를 통해 보도되게 하는 것이 사실상 대부분의 PR 커뮤니케이션 활동이다. 얼마나 언론에 노출(publicity)되었느냐, 즉 얼마나 많은 매체가 정부의 보도요청에 따라 방송되거나 신문에 기사화됐는지를 PR 커뮤니케이션의 주요 성과로 보고 있다. 그러나 오늘날의 정책 PR 환경은 페이스북(face book), 트위터(twitter), 카카오톡 등 다양한 SNS(Social Network Service) 활용 증대와 인터넷 발전으로 인한 실시간(real time), 쌍방향(two-way) 커뮤니케이션이 활성화되고 있다. 이러한 커뮤니케이션 환경 변화에서 공중의 속성을 고려하지 않는 기존의 일방적인 PR 커뮤니케이션 활동만으로는 조직의 입장에서 바람직하지 않은 이슈가 확산되고 재생산되어 갈 때 이에 대응한 효과적인 대응전략을 수립하여 추진하기 어렵다. 따라서 공중의 속성을 반영한 맞춤형 PR 전략을 개발하고 이러한 PR 전략을 실무에서 직접 적용할 수 있는 방안으로 쟁점 진행 모형은 유용해 보인다.

　이 책에서는 해군기지 건설을 둘러싼 제주 강정마을의 갈등 사례를 쟁점 진행 모형(Issue Process Model)을 통해 살펴본다. 이를 통해 대규모 국책사업과 같은 정부 정책의 수립 및 추진 과정에서 발생할 수

1. 갈등 해결을 위한 PR 커뮤니케이션 이론과 모델

있는 갈등을 관리하고 해결하기 위한 PR의 역할을 고찰한다. 이 책에서는 할라한(Hallahan, 2001)이 제안한 쟁점 진행 모형을 중심으로 공중별 쟁점 관리 전략을 체계적으로 살펴보고자 한다. 이 모형은 특정 쟁점을 확산하기 위한 쟁점 활성화(issue activation) 과정과 이에 대응해 조직이 취하는 쟁점 대응(issue response) 과정으로 구성된다. 쟁점 활성화 과정에서는 활동가들이 사회적 주목을 받기 위해 쟁점을 제기하고 확산시키기 위한 노력과 전략을 논의하며, 쟁점 대응 과정에서는 조직이 이러한 쟁점을 어떻게 관리하는지를 다룬다. 이를 통해 정부 정책의 수립과 시행 과정에서 발생하는 갈등을 관리하고 해결하기 위한 PR 커뮤니케이션의 이론적 역할과 그 가능성을 논의해 보고자 한다.

(2) 문제해결 상황이론

PR 커뮤니케이션 이론화 과정에서 공중에 대한 이해 그리고 공중 관계에서 PR 커뮤니케이션을 설명하는 대표적 이론은 공중 상황이론(Situational Theory of Problem Solving: STOPS)이다(Grunig & Hunt, 1984). 공중 상황이론은 드웨이(Deway, 1927)와 블루머(Blumer, 1966)의 대중 및 대중 여론에 대한 연구를 바탕으로 시작됐다. 개인은 자신에게 영향을 미칠 수 있는 사회생활 문제를 인식할 때 그 문제를 해결하기 위해 단체를 조직하고 행동한다(Grunig, 2003). 조직 내부 구성원의 분류를 위한 공중 속성의 유형화 논의는 조직을 넘어 일반 공중의 세분화를 위한 이론적 분석 틀이 됐다(김영욱, 2003). 상황이론은 공중이 특정한 상황 혹은 사회 문제에 대해 서로 다른 인지적 과정을 거치며 공중의 유형화가 나타는 점에 주목하고 있다. 이때 공중 속성의 파악은 이들의 커뮤니케이션 행동을 해석하고 예측하는 세 가지 변수(문제인식, 관여 수준 및 제약인식)와 행동을 설명하는 두 가지 변수(정보 요구, 정보 참여)로 설명됐다. 문제인식, 제약인식, 관여도 등 공중에 대한 세 가지 인지 과정을 기준으로 그루닉(Grunig, 1997)은 공중을 활동 공중(active publics), 인지 공중(aware publics), 잠재 공중(latent publics) 그리고 비활동 공중(nonpublics)으로 세분화했다. 공중 상황이론은 커뮤니케이션 집단들을 분류하는 데 있어서 효과적으로 커뮤니케이션 행위의 능동적인 집단과 수동적인 집단들을 구분하여 잘못된 커뮤니케이션 행위를 줄일 수 있다. 이러한 공중 세분화는 특정한 상황이나 사회적 이슈에 대하여 공중이 해당 상황을 어떻게 인지하고 있는지 파악하는 데 도움을 준다. 상황이론을 적용해 공중의 속성에 따른 메시지 구성과 미디어 활용 방안 등 적절한 PR 커뮤니케이션 전략을 통해 효과적인 대응이 가능하다.

공중 상황이론이 제시된 이후 수십 년이 지나 사회환경 특히 커뮤니케이션 기술의 발달에 따른 미디어 환경의 변화가 나타났다. 이에 따라 공중 상황이론의 내용과 가치에 대한 몇 가지 재검토 필요성이 제기됐다. 우선 공중 상황이론에서 커뮤니케이션 행동에 대한 연구가 완전하지 못하고, 커뮤니케이션 행위에서의 정보 획득에만 초점을 맞추고 있어 실질적인 정보 선택과 확산은 소홀히 한다는 것이다 (Chwe, 2013). 커뮤니케이션 기술의 발달로 디지털 미디어가 보편화된 상황에서 문제해결을 위해 정보 획득 이상의 더 풍부한 커뮤니케이션 활동이 이루어지고 있음에 주목해야 한다는 것이다. 이 과정에서 타인, 미디어, 사회 관계 속에서 새로운 정보를 선택하고, 공유하는 것이 문제해결에 더 도움이 되고 있다. 다음으로, 공중 상황이론

1. 갈등 해결을 위한 PR 커뮤니케이션 이론과 모델

은 대중에 대한 이해가 부정확하다는 지적이 제기됐다. 공중 상황이론에서는 공중의 유형화를 통해 적극적인 공중 집단에 더 관심이 있고 비적극적인 집단을 무시하는 경향이 있다. 그러나 비적극적 집단이 사건에 미치는 잠재적 영향을 간과하지 말아야 한다는 것이다 (Hallahan, 2001). 셋째, 공중의 동기와 같은 심리적 특성을 고려하지 않아 공중적 상황이론은 이론적 해석력이 약한 경향이 있다. 사회심리학 분야의 개념만을 변수로 삼아 문제 상황과 공중 간 관계를 설명하는 것은 한계가 있다는 주장이 제기됐다. 마지막으로, 상황이론 관련 변수의 모호성이 지적됐다. 문제인식, 관여 인식과 제약인식의 개념은 문제 상황에 대한 대중의 관여도, 개인의 문제 변경 능력과 관련된 것으로 간주된다. 그런데 이러한 관여도는 어떤 특정한 문제 상황에 대한 공중의 객관적 또는 주관적 문제인식으로 구별될 수 있다. 공중 상황에서는 주관적 문제인식에 더욱 중점을 두어야 하지만 (Kim & Grunig, 2011), 그렇다고 객관적 문제인식을 무시하는 것도 바람직하지 않다. 이러한 지적들은 상황이론의 수정 및 확장을 불가피하게 했다(김영욱, 2013).

다양한 소셜미디어 플랫폼이 등장하고 많은 사람이 더 능동적·쌍방향적 커뮤니케이션에 나서면서 지적된 상황이론의 이론적 해결책으로 문제해결 상황이론(Situational Theory of Problem Solving: STOPS)이 등장했다(Kim & Grunig, 2011). 문제해결 상황이론은 상황이론에서 제시한 공중의 네 가지 유형 중에 활동 공중과 자각 공중만을 대상으로 하고 있으며, 종속변인으로서 커뮤니케이션 행동이 특정한 문제적 상황이 발생했을 때 공중의 입장에서 문제해결을 위한 상황적 대응기제로 활용될 수 있다(김정남, 박노일, 김수진, 2014). 문제해결 상황이론은 정보의 수집과 의사결정 과정보다는 사회적으로 주목받는 문제를 해결하기 위한 상황에 더 강조점을 두고 있으며, 그러한 문제해결로서 공중의 다양한 커뮤니케이션 행동을 고려하고 있다. 문제해결 상황이론은 다양한 상황에 이론적 적용을 시도해 왔으며, 최종 종속변인을 커뮤니케이션이 아닌 예방 행동이나 정책지지 및 수용 등을 투입하여 모형의 확장도 시도되고 있다(김활빈, 구윤희, 2021).

이 책에서는 공중의 상황적 인식과 동기 등을 통해 다양한 커뮤니케이션 행동이 어떻게 전개될 수 있는지 설명해 주는 문제해결 상황이론을 통해 환경문제해결을 위한 PR 커뮤니케이션을 적용하고자 한다. 왜 환경문제가 사회적 이슈로서 주목받지 못하는지, 그리고 환경문제를 해결하기 위한 행동에 사람들이 적극적으로 나서지 않는지 등의 이유도 공중의 상황이론과 문제해결 상황이론 등을 통해서 설명된다. 이 책에서 저자는 문제해결 상황이론을 통해 환경 관련 이슈를 다루는 기업·정부가 공중 및 공중의 PR 커뮤니케이션 행동을 어떻게 이해해야 하는지 설명한다.

(3) 조직-공중 관계성 이론과 상호지향성 모델

얼마 전부터 조직-공중 관계성(Organization-Public Relationship: OPR) 이론은 PR 커뮤니케이션의 중심 이론으로 자리 잡아 가고 있다. 조직-공중 관계성 이론은 조직과 공중을 분리해 조직이 공중을 상대로 어떻게 관계를 형성할 것인지 분절적으로 바라보는 것에 대한 이의제기에서 시작됐다. 조직이 공중을 상대로 어떻게 할 것인지가 아니라 조직과 공중 간 관계를 중심으로 이 관계성에 영향을 미치는 것이 무엇인지 PR 커뮤니케이션 활동을 중심으로 파악하자는 것이다. 조직이 공중을 대상으로 어떤 커뮤니케이션 활동을 펼치는가를 연구하는 것이 아니라 조직과 공중 사이에 형성되는 관계를 연구의 대상으로 한다는 특징이 있다. PR 커뮤니케이션 경영전략 기능의 강화를 강조하는 우수(Exellence) 이론에 근거한 조직-공중 관계성 이론은 공중과 맺는 관계성 강화를 통해 갈등과 위기 문제해결을 강조하고 있다.

조직-공중 관계성 이론에 따르면, PR 커뮤니케이션의 핵심은 관계성에 있고, 관계를 잘 쌓는 것이 PR 커뮤니케이션 활동에 성공하는 첩경이다. 따라서 PR의 궁극적 목적인 조직과 공중 간 상호호혜적 관계를 형성하기 위해서는 그 관계성에 주목해야 한다는 것이다. 관계에 대한 관심은 크게 두 가지 측면으로 나뉜다. 그것은 관계성을 독립된 개념으로 볼 것인가 아니면 관계의 결과에서 비롯된 공중의 인식으로 볼 것인가에 따라 구별된다. 관계성을 독립 개념으로 보는 시각은 관계성을 조직과 공중 간에 이루어지는 상호작용으로 파악하면서 이러한 상호작용 행위 자체에 관계성의 정의가 들어있다고 주장한다. 하지만 관계성을 관계의 형성, 유지, 결과에 대한 공중의 태도로 파악하는 측면에서 관계는 대인 커뮤니케이션에서와 마찬가지로 조직과 공중 사이에 존재하는 결과적인 상태를 의미한다.

또 다른 관점에서 조직-공중 관계성의 정의는 관계라는 상태의 결과로서 나타나는 공중의 인식으로 간주되고 있다. 그런데 관계를 공중의 인식이나 태도라고 한다면 기존 태도 이론과 별 차이가 없게된다. 이 때문에 관계성을 조직과 공중 간의 상호작용과 균형에 초점을 맞춰 설명하기도 한다. 이 경우, 공중의 인식 결과를 관계성으로 측정하는 것은 근본적으로 조직과 공중 간 커뮤니케이션 불균형을 전제로 하는 것이라 할 수 있다. 다시 말해, 공중의 인식 위주의 조직-공중 관계성 개념화와 측정은 이론적으로 조직과 공중의 균형적인 상호 관계를 상정하지만, 현실적으로는 공중의 조직에 대한 인식이 대부분의 조직 평판과 관계의 질을 좌우한다는 것이다. 이 때문에 관계성의 인식에서 조직과 공중 간의 관계는 불균형적일 수밖에 없다. 이는 조직-공중관계에 대한 인식 결과를 중심으로 한 연구에서 발전해 조직과 공중의 상호작용을 반영하는 고유한 개념화에 의한 관계성 개념과 이를 측정할 수 있는 방법이 요구되고 있다 (Grunig & Hon, 1999). 더욱이 조직-공중 관계성은 매우 가변적이기 때문에 조직과 공중의 욕구를 다 함께 반영하고, 상호 간에 이해의 폭을 넓히는 것이 중요하다. 조직-공중 관계성을 성공적으로 관리하기 위해서는 관계의 질을 높이기 위한 전략적인 커뮤니케이션이 요구된다. 이와 함께 관계성은 대인관계, 직업적인 관계, 공동체 관계와 같이 다양한 유형의 관계를 대상으로 하기 때문에 PR 커뮤니케이션 활동의 모든 영역에 빠짐없이 적용되어야 한다. 관계 전력 (relational history), 상호 교류의 성격 및 빈도, 상호작용성의 정도 등이 조직-공중 관계성에 영향을 미치는 경향이 있기 때문에 관계성 증진을 위해서는 관계성에 영향을 미치는 변인들을 찾아내고 그 관계를 규명하는 것이 필요하다.

PR 커뮤니케이션에 대한 이론적 논의는 조직-공중 관계성(Organization-Public Relationship: OPR) 이론 또는 COPR(Consensus-Oriented Public Relations) 모델 등을 적용해 조직-공중 간 관계에 영향을 미치는 변인을 찾아내거나, 이를 기반으로 커뮤니케이션 관련 변인 간 관계성을 규명하는 노력을 중심으로 발전하고 있다. 조직-공중 관계성 이론은 어떤 조건변수를 제시하거나 변수 간의 이론적인 관련성을 통한 모델 구축보다 조직-공중 관계성의 개념과 차원을 구성하고, 변수 간의 관련성을 기반으로 개념 측정도구 개발에 기여하고 있다. 조직-공중 관계성 이론은 관계성을 중심으로 PR 커뮤니케이션 활동과 이론을 정리하고, PR 커뮤니케이션 행위의 기준점을 명료히 한 측면이 있다 (Ledingham, 2003). 그러나 좀 더 분명한 개념화와 이론적 설명력을 통해 예측성을 높일 수 있는 변수를 개발하고 이를 모델화하는 노력이 필요하다. 조직-공중 관계성을 설명하는 변인을 찾아내고, 그 관계성 규명을 통해 PR 커뮤니케이션 연구자들은 조직-공중 간 또는 공중 집단 간 이슈에 대한 인식의 차이를 상호지향성(Co-orientation) 모델 등을 통해 파악하려 애쓰고 있다.

상호지향성 모델에서는 어느 대상이나 이슈에 대해 집단 간 인식과 이해의 주관적, 객관적 일치도와 정확도를 분석해 상호관계를 설명한다. 이 때문에 조직-공중 관계성 이론이 변인을 도출하거나 변인 간 관계성을 통해 관계성 변인을 설명하는 수준을 극복할 수 있는 접근 방식으로 주목받고 있다. 상호지향성 모델에서 주관적 일치도(Congruency)는 상대방의 의견이 자신의 의견과 유사하다고 생각하는 정도를 의미하며, 객관적 일치도(Agreement)는 한 사람의 평가가 다른 사람의 평가와 유사한 정도를 뜻한다. 정확도(Accuracy)는 이슈에 대한 다른 사람의 평가에 대한 인식이 그 평가와 유사한 정도를 의미한다. 특히 정확도(Accuracy)는 이슈에 대한 상대방의 인식에 대해 자신이 추측하는 것이 실제로 상대방이 인식한 것과 얼마나 차이가 있는지를 나타낸다. 따라서 조직과 공중 간에 이슈에 대한 인식 차를 파악하거나 그 인식 차이를 기준으로 갈등이나 위기의 정도를 가늠하는 기준점을 제시할 수 있다. 비록 이 모델이 커뮤니케이션 주체(예: 조직, 정부, 기업 등)와 커뮤니케이션 상대(예: 공중 등)가 구별되는 문제가 있기는 하지만 커뮤니케이션을 기반으로 한 관계성 형성과정에서 이슈와 관련된 메시지 내용을 서로 얼마나 정확하게 이해했는가를 평가하는 지표를 제시할 수 있다. 이슈에 대한 각 집단 간 인식의 차이를 파악하는 상호지향성 모델은 갈등과 위기 상황에서 어떻게 커뮤니케이션해야 하는지 깨닫게 하는 단초가 된다. 이해관계 집단 간 주관적 일치도(Congruency), 객관적 일치도(Agreement), 정확도(Accuracy) 등에 의해 사회적 관계와 이슈에 대한 집단 지향성을 파악할 수 있다면 조직-공중 관계성이 무엇에 의해 어느 정도 영향을 받는지 이해할 수 있다(Ajieh & Uzokwe, 2014). 상호지향성 모델을 통해 객관적 일치도와 주관적 일치도, 정확도 등을 활용하면 PR 커뮤니케이션 효과를 파악할 수 있다. 이는 갈등과 위기 상황에서 PR 커뮤니케이션을 기반으로 한 조직-공중 관계성의 중요성을 더욱 부각시킬 것이다.

따라서 이 책에서는 정부의 연금 개혁안과 관련해 정부-공중 간 갈등 관계는 물론 공중 간 우려되는 갈등 관계를 조직-공중 관계성과 상호지향성 모델을 통해 살펴보고자 한다. 특히 정부와 정책 공중 간 이견은 물론, 정책 공중 간 우려되는 갈등을 세대 갈등 관점에서 파악하고 이를 해결할 수 있는 위기관리 커뮤니케이션 방안을 모색하고자 한다. 저자는 정부 연금 정책의 한계와 문제점을 갈등과 세대 개념을 통해 이해하고, 기성세대와 후속 세대의 인식의 차이를 공중 관계성 이론과 상호지향성 모델(Co-orientation) 등을 통해 파악하고자 한다. PR 커뮤니케이션 이론적 접근 방식으로서 상호지향성(Co-orientation) 모델은 연금 개혁안 관련 인식의 차이를 통해 조직-공중 관계성 연구에 도움을 줄 수 있으리라 기대한다. 이 방식은 정책 PR 커뮤니케이션 과정에서 중시되는 조직-공중 간 공중 관계성 이론을 바탕으로, 연금 문제 관련 세대 갈등으로 촉발되는 정부와 정책 공중 간 이견 등을 해소할 수 있는 기회를 제공할 수 있을 것이다.

(4) IDEA 모델

PR 커뮤니케이션 관련 새로운 이론적 논의는 조직-공중 간에 형성되는 관계성의 의미 변화를 통해 발전하고 있다. 기존 PR 커뮤니케이션 이론의 중심 개념은 조직, 공중, 관계성이었다. PR 커뮤니케이션 이론적·실무적 연구와 활동 과정에서 조직과 공중은 주체와 객체로서 그 역할이 분명히 구분됐고, 그 결과물로서의 관계성도 명료했다. 그러나 급속한 디지털 미디어 환경의 변화와 복잡해진 상호작용적 온라인 커뮤니케이션 과정으로 인해 공중의 조직화 현상 등이 나타나면서 공중도 PR 커뮤니케이션의 주체가 될 수 있다는 의견이 제기되고 있다.

기존 PR 커뮤니케이션 이론에서 조직을 중심으로 객체화되었던 공중이 커뮤니케이션 주체가 되어 공론의 장에 참여하는 현상이 나타나고 있다. 이 때문에 공중은 PR 활동 과정에서 조직의 커뮤니케이션 대상으로서 공중이라는 의미와 더불어 조직과 함께 공론의 장을 주도해 나가는 공중이라는 의미도 갖게 됐다. 조직의 의미도 체계 조직뿐만 아니라 생활세계 조직을 포함하게 됨으로써(Leitch &

Neilson, 2001) 국가, 기업, 정부 외에도 다양한 시민사회 조직을 포괄하게 됐다. 이런 차원에서 관계의 의미도 변화하고 있다. 기존 PR 커뮤니케이션 이론에서 관계는 조직을 중심으로 공중과 기능적인 관계를 형성하고 있지만, 공중의 조직화 현상으로 인해 PR 커뮤니케이션 이론화 과정은 조직과 공중의 관계 형성의 의미 공유 행위에 관심을 기울이고 있다. 이는 모든 커뮤니케이션 주체 간 관계 형성을 위한 의미화 경쟁은 물론, 공동의 의미화 창조 과정을 뜻한다. 따라서 기존 커뮤니케이션 주체로서의 조직과 객체로서의 공중의 구분은 사라지고, 조직-공중이라는 서로 다른 주체들 간의 경쟁적 관계 형성이 주목받고 있다.

최근 PR 커뮤니케이션 연구들은 권력(power), 옹호(advocacy), 미디어(media) 등의 역할을 둘러싼 의미의 변화를 추구하고 있다. 과거에는 쌍방향 균형 모델조차도 기존의 헤게모니를 유지하기 위한 수단으로 여겨졌다(Roper, 2005). 그러나 정치적 민주주의, 경제적 자본주의를 지향하는 사회에서 권력은 더 이상 패권적이지 않다. 이제 권력은 가변적이어서 다양한 유형의 상호작용적 커뮤니케이션 과정을 통해 사회적 약자들도 사회적인 힘을 축적하고 정당성을 확보하게 되면 현실을 정의할 수 있는 힘을 얻을 수 있게 됐다. 이와 관련해 IDEA(Internalization, Distribution, Explanation, Action) 모델은 갈등 커뮤니케이션 상황에서 메시지 개발을 위한 분석적 틀을 제안하고 있다. 이 모델은 실무적 관점에서 갈등으로 인한 비상위험 상황에 효과적으로 적용될 수 있는 대표적인 논의 체계로 주목받고 있다 (Sellnow-Richmond, George & Sellnow, 2018). 셀노와 셀노(Sellnow & Sellnow, 2013, 2014)가 개발한 이 모델에서는 내재화(internalization),

배포(distribution), 설명(explanation), 행동(action) 등을 통해 갈등으로 인한 위기·위험으로부터 자신을 보호하는 PR 커뮤니케이션 방안을 모색하고 있다. 이 모델에서 '내재화'는 메시지 수신자가 위험 또는 위기의 잠재적 영향을 내면화하도록 돕는 것으로 정서적 측면과 관련이 있다.

위험이 개인과 어느 정도 관련이 있는지(관련성), 위험의 잠재적 영향력은 무엇인지(지각된 가치)와 같이 내재화는 개인적 관련성, 잠재적 영향, 근접성 및 시의성을 강조함으로써 수신자가 메시지에 관심을 갖도록 동기를 부여한다. 내재화는 상황의 심각성·관련성에 따라 위험 요인이 자신 및 자신과 가까운 사람들에게 어떻게, 또한 어느 정도까지 영향을 미칠 수 있는지를 파악하게 한다. '설명'은 인지적 측면과 관련된 요소로 위험 또는 위기의 본질에 대해 간단하고 이해하기 쉬운 설명을 제공하는 것이다. 현재 어떠한 상황이 일어나고 있는지(이해), 위기 상황에 대응하기 위해 누가 무엇을 하고 있는지(효능감)에 대한 내용을 전달하는 것이다. 이는 권위있는 기관(정부나 지자체 등)이나 오피니언 리더 등 신뢰할 수 있는 정보원으로부터 숨기는 것 없이 정확하고 쉬운 내용으로 작성되어야 효과적이다.

'행동'은 개인이 취할 수 있는 구체적인 자기 보호 행동 단계를 제공하는 것이다. 이는 위험을 줄이기 위해 취할 수 있는 행동을 의미하며, 위기 상황에서 적절한 자기 보호 조치가 궁극적으로 위기로 인한 피해를 최소화할 수 있으므로 가장 중요한 요소라고 할 수 있다. '배포'는 위험 또는 위기 메시지를 배포하기 위한 적절한 채널과 전략을 파악하는 것이다. 정서적·인지적·행동적 결과를 반영해 작성한 위기 메시지를 언론과 소셜미디어, 문자 메시지 등 다양한 채널을 통해 공중에게 배포하는 것을 의미한다. 이 모델은 갈등으로 인한 위기 상황에서 무엇을 해야 하는지에 대한 정보를 제공하는 것이 중요하고, 이러한 대응 활동에 초점을 맞춘 효과적인 메시지 개발을 위해 어떠한 요인들을 고려하는 것이 바람직한가를 설명하고 있다(Sellnow, Lane, Sellnow, & Littlefield, 2017).

이 책에서는 세계 유일의 분단국가인 한국 사회의 독특한 갈등 유형인 남남 갈등으로 인한 한국사회의 갈등과 위기 상황을 IDEA 모델을 통해 전략적으로 관리하는 방안을 제시하고자 한다. 남남 갈등은 이념 갈등, 세대 갈등, 빈부 갈등, 지역 갈등 등 한국 사회 내부의 여러 갈등 요인들과 맞물려 확대 · 재생산되는 경향이 있다. 따라서 남남 갈등은 분단이라는 특수성뿐만 아니라 우리 사회 전체 갈등의 집약체로 인식된다. 저자는 이러한 남남 갈등에 대해 PR 커뮤니케이션의 갈등 및 위험 관리 차원에서 종합적으로 살펴보고자 한다. 남남 갈등의 전개 양상, 그리고 남남 갈등이 심화 · 확산되는 과정에서 미디어의 역할과 그 결과물인 정치적 양극화를 조명한다. 저자는 남남 갈등이 위험의 정치화로 발전하게 될 가능성이 높고, 특히 대북 관련 위험 이슈로 인한 갈등이 발생할 경우 사회 구성원들의 유대감과 사회적 합의, 문제해결을 위한 동력이 떨어질 수 있음을 지적한다. 이 책에서 논의되는 IDEA 모델을 비롯한 위험 및 위기 커뮤니케이션 이론들과 최근 사례에 대한 분석은, 남남 갈등 해소를 위한 PR 관점의 새로운 방향성을 고찰하기 위한 시도로 이해하면 될 것이다.

(5) DEI 모델

권력의 가변성 논의는 PR 커뮤니케이션의 조직 옹호(advocacy)를 재

해석하게 한다. 만약 PR 커뮤니케이션의 목적이 조직 옹호에 국한되는 것이라면 본질적으로 PR은 권력 지향적 커뮤니케이션 양상을 보일 수밖에 없다. 이 경우 PR 커뮤니케이션 활동은 사회 약자 그룹들이 사회적인 힘의 균형을 회복하기 위해 하는 시도들을 모두 무시하는 결과를 초래한다. 사회 약자가 PR 커뮤니케이션을 이용해 사회적인 힘의 불균형을 해소하기 위한 행동주의자 역할을 담당하게 된다면, 이 사람들은 다른 공중과 의미의 공동창조를 이루기 위해 노력할 것이고, 이러한 노력이 자연스럽게 기능적인 목적을 달성하게 해줄 것이다. 그렇게 되면 사회적 약자들의 목소리가 힘을 획득해 사회적인 힘의 불균형을 완화하는 효과를 거둘 수 있게 된다.

공중의 기능과 역할 변화를 권력 가변성 측면에서 다룰 수 있는 이론적 논의 체계는 DEI(Diversity, Equity, Inclusion)이다. DEI 개념은 구성원이 존중받고, 소속감을 느끼며, 각자의 목소리를 낼 수 있는 포용적 환경을 조성하는 것을 목적으로 한다. DEI는 다양성(diversity), 형평성(equity), 포용성(inclusion)을 기반으로 PR 커뮤니케이션 활동에 있어 오늘날 조직이 다양한 배경과 특성을 가진 사람들을 포용하고 지원하는 방안을 제안하고 있다(박한나, 진범섭, 2024). DEI에서 다양성은 일반적으로 성별, 인종, 나이, 국적, 종교, 장애, 성 정체성, 사회적 배경이나 문화 등 다양한 차이를 수용하는 것을 의미한다. 오늘날 현대 사회에서 다양성은 계층, 사회경제적 지위, 인생 경험, 학습 및 작업 스타일, 성격 유형, 문화적, 정치적, 종교적, 기타 신념 등을 포함한다(PRSA, 2023). 형평성은 공정성과 정의를 의미한다. 이는 개인의 고유한 상황을 고려해 공정하게 대우하는 것으로 평등(equality)과는 구별된다. 평등은 누구나 동일한 기회나 자원을 제공받는 것을 전제로 하지만 형평성은 서로 다른 개성과 차이를 인식하고, 이를 바탕으로 각 개인의 필요와 상황을 고려해 공정한 기회를 얻도록 자원과 지원을 차별적으로 제공하는 것을 의미한다. 이는 원천적 불균형성으로 인한 불공정의 문제를 해결하는 원천이 된다(PRSA, 2023). 포용성은 서로 다른 그룹의 소속감 촉진 문화 조성 방안이다. 조직이 단순히 다양한 인력을 채용하는 것을 넘어 모든 구성원이 존중받고 소속감을 느낄 수 있는 환경을 만들어야 한다는 것을 의미한다.

최근 기업에서 지속가능성을 위한 핵심 요소로 간주되는 DEI는 기업들이 다양한 배경을 가진 인재 영입과 구성원의 공정한 소속감을 경험하는 환경 조성 전략으로 자리 잡고 있다. DEI를 도입한 기업들은 편견에 대한 정기적 교육과 멘토링 프로그램을 운영하며, 다양한 직원 리소스 그룹(Employee Resource Groups: ERGs)을 통해 직원들의 소속감을 높여 채용 채널을 다변화해 포용적인 리더십과 조직 문화를 강화하고 있다(박한나, 진범섭, 2024). DEI는 불평등을 해소하고 균형 잡힌 리더십 구조를 구축할 수 있도록 돕는 중요한 전략이다. DEI는 성별 불균형 해소, 젠더 형평성 증진, 여성 인재가 성장할 수 있는 포용적 환경을 만드는 데 중점을 두기 때문에 유급 육아 휴가와 같은 직원 지원 프로그램을 확대하거나 여성들이 경력과 가정을 균형 있게 관리하는 전략 기능을 한다. 직장 내 젠더 다양성을 높이고 인재 양성의 폭을 넓히는 데 기여하는 과정에서 DEI는 윤리적 지표로서의 기능은 물론 기업의 지속가능성을 강화하는 전략적 요소로 자리 잡아가고 있다. 이는 사회와 조직의 혁신적 성장을 위한 성평등 사회 구현에도 중요한 역할을 하리라 기대된다.

이 책에서는 젠더 갈등 문제해결을 위해 달라진 PR 커뮤니케이션 접근 방식으로 DEI의 상호 관계를 심층적으로 탐구하고자 한다. 이 책에서 저자는 전 세계적으로 여성의 고위직 진출이 낮은 수준임을 지적하며 DEI가 조직 내 젠더 불평등을 해소하고 균형 잡힌 리더십 구조를 구축할 수 있도록 돕는 중요한 전략이 될 수 있음을 강조하고 있다. 특히 DEI는 성별 불균형 해소, 젠더 형평성 증진, 여성 인재가 성장할 수 있는 포용적 환경을 만드는 데 중점을 두고 있기 때문에, 저자는 기업의 유급 육아 휴가와 같은 직원 지원 프로그램 확대가 여성들이 경력과 가정을 균형 있게 관리할 수 있도록 돕는 데 유용하고 DEI가 이를 위한 이론적 기반을 제시한다고 주장한다. 직장 내 젠더 다양성을 높이고 인재 양성의 폭을 넓히는 데 기여하는 DEI는 단순한 윤리적 목표를 넘어 기업의 지속가능성을 강화하는 전략적 요소라 할 수 있다. 특히 과거 젠더 갈등을 해소하기 위한 PR의 역할을 구체적으로 제시하고자 한다. 이를 위해 저자는 먼저 젠더 갈등의 근본 원인과 그로 인한 사회적, 경제적 영향을 분석하고, DEI의 개념과 그 중요성을 설명하고 있다. 나아가 DEI 증진을 통해 젠더 갈등을 완화할 수 있는 가능성을 살펴보고, 이를 달성하기 위한 구체적인 PR 전략을 제안한다.

젠더 관련 인식 개선을 위한 공공 커뮤니케이션 캠페인, 구성원 간 원활한 소통과 화합을 위한 프로그램 개발, DEI의 시스템화 및 정책화, 지속적인 교육과 모니터링 등 젠더 간의 조화와 포용을 위한 PR 전략이 사회적 갈등을 어떻게 완화할 수 있는지 구체적인 방안을 모색하는 과정을 통해 저자는 성별 다양성 촉진이 장기적으로 기업의 혁신과 성장, 성평등 사회 구현에도 중요한 역할을 하리라 기대한다. 이 책에서는 DEI 모델을 중심으로 젠더 갈등 완화와 해결을 위한 PR 전략을 모색하는 것을 목표로 하고 있다.

(6) 상황적 위기 커뮤니케이션 이론

갈등이 심화되면 위기로 발전한다. 다양한 사회적 갈등 양상에 대해 PR 이론적 적용 가능성을 살펴보는 이 책에서 저자들은 위기 커뮤니케이션을 통한 해결책 모색에 관심을 보이고 있다. 비록 구체적인 위기관리 방안이 챕터로 제시되지는 않고 있지만 각 단락에서 저자들은 나름대로 갈등 사례 해결 방안으로서 PR 커뮤니케이션 이론과 더불어 위기관리 관점에서의 해법을 다양한 관점에서 제시하고 있다. 그중 우리 사회 갈등 문제해결을 위해 PR 커뮤니케이션 영역에서 자주 등장하는 상황적 위기 커뮤니케이션 이론(Situational Crisis Communication Theory: SCCT)을 소개하고자 한다.

조직과 공중을 분리하고, 조직이 공중을 상대로 설득적 효과를 극대화하기 위해 메시지 전략과 미디어 활용 방안을 제시하는 방식은 더 이상 PR 커뮤니케이션 이론의 전개 방향이 아니다. 공중의 유형화에 대한 관심에서 시작된 PR 커뮤니케이션의 이론화 논의는 공중의 속성 파악에 따른 공중의 메시지 수용 정도 작업을 거치면서 위기관리 PR 커뮤니케이션 이론으로 발전하고 있다. 위기관리 PR 커뮤니케이션 연구는 위기의 유형과 PR 커뮤니케이션을 연결하려는 시도에서 시작된다. 위기관리의 기본 모델로 받아들여진 위기 유형, 위기 발전 단계, 위기관리 시스템, 공중관계, 시나리오 등의 요소 등을 통해 위기관리 상황에서 어떻게 커뮤니케이션과 결합해 가장 효율적으로 문제를 해결해 갈등에서 비롯된 위기를 관리할 것인지에 많은 관심이 집중되고 있다. 갈등과 반목이 난무하는 현실에서 파국을 피하는 위기관리 커뮤니케이션은 조직-공중 간 우호적인 관계 설정, 유지를 통해 지속가능한 조직의 발전을 목표로 한다.

위기관리에 대한 일반적인 정의는 조직이 위기에 대처해 조직에 바람직하지 못한 결과를 초래할 위험을 최소화하는 것이라 할 수 있다. 위기관리는 위기를 막기 위해 신속한 조치를 취하는 일이며 위험의 확인과 측정, 통제 등을 통해 최소한의 비용으로 위험으로 인한 불이익을 최소화하는 것이라고 할 수 있다(최윤희, 1994). 이와 관련해 쿰즈(Coombs, 1995)는 "위기에 적절히 대응하고 대처함으로써 위기로 인한 부정적 결과를 사전에 예방하거나 최소화함으로써 치명적 피해로부터 조직, 이해관계자, 산업 자체를 미리 보호하는 것"이 위기관리라고 설명했다.

위기관리는 예방(prevention), 대비(preparation), 실행(performance), 학습(learning)의 네 가지 기본 요소로 구성된다. 예방(prevention)은 위기를 회피하기 위한 준비단계이다. 위기관리자들은 위기에 대한 경고 신호를 사전에 포착하고 위기의 발생을 예방하기 위한 행동을 취한다. 조직의 위기 예방 활동은 거의 공중의 눈에 띄지 않게 되는데, 그 이유는 발생하지 않은 위기에 대한 사실은 우리가 알 수 없거나 뉴스를 통해 접할 수 없기 때문이다. 대비(preparation)는 위기관리 계획을 포함하고 있기 때문에 위기관리의 여러 가지 요소들 가운데 가장 많이 알려진 요소이다. 이 단계에서는 조직의 위기 관련 취약점을 진단하여 위기관리팀과 대변인 선정, 교육, 위기 포트폴리오 구성과 위기 커뮤니케이션 시스템의 정비 등이 포함된다. 실행(performance)은 위기에 대비해 준비한 요소들을 실제로 점검, 대응, 운용하는 것으로 가상의 모의 테스트 등을 통해 위기관리 계획, 위기관리팀,

대변인, 위기 커뮤니케이션 시스템의 적합성을 살펴보는 훈련을 하는 것이다. 학습(learning)은 가상 또는 실제 위기 동안 수행된 조직의 실행에 대한 평가 단계로 조직은 이 단계에서는 실행 단계에서 행해진 행동을 평가하고 학습함으로써 그 결과에 따른 미래 상황에 대비한다.

위기 유형에 맞는 맞춤형 위기 커뮤니케이션 전략을 경험적으로 제시한 것이 상황적 위기 커뮤니케이션 이론(Situational Crisis Communication Theory: SCCT)이다. 이 이론에 따르면 조직은 위기 상황에서 위기의 종류와 특성을 유형화하고 그 위기 유형에 적합한 위기 커뮤니케이션 전략을 구사해야 한다. SCCT는 귀인 이론을 바탕에 둔 위기 유형별 커뮤니케이션 전략 이론으로(Coombs & Holladay, 2002) SCCT를 구성하는 요소는 크게 위기 대응 전략, 위기 상황 유형 그리고 위기로 인한 조직의 명성 손실을 최소화하기 위해 위기 유형과 대응 전략을 매칭하는 체계적 시스템 등으로 구분된다(Coombs, 2007).

이 이론은 조직이 위기 발생의 원인이라는 인식을 바탕으로 위기 상황의 어떠한 요소들이 영향을 미치고 있는지 파악하게 한다. 이를 통해 조직의 이해관계자로부터 조직 평판이 어떻게 형성되는지를 규명하며 책임성을 바탕으로 상황 대응을 조합해 특정 위기 상황에서 어떤 전략이 가장 효과적인지에 대한 가이드라인을 제공한다(Coombs, 2007). 이 이론에서는 조직의 책임성이 낮은 위기 유형에서는 공격 전략의 활용을 제안하는가 하면, 조직의 책임성이 높은 사고나 과실의 유형에서는 방어 전략의 활용을 제시한다. 조직의 책임 정도에 따라서 위기의 종류를 유형화하고 위기관리 커뮤니케이션 전략이 다르게 시행되어야 한다는 것을 강조한 이 이론에서는 귀인 이론과 관련된 위기관리 커뮤니케이션 전략을 분류하고 있다. 우선, 위기를 초래한 비난자에 대응하여 힘을 사용하여 공격하는 '비난자 공격 전략(attack the accuser)', 위기 존재 자체를 거부하는 '부인 전략(denial)', 책임을 최소화 하는 '변명 전략(excuse)', 위기에 관련된 피해를 최소화하는 '합리화 전략(justification)', 주요 공중들을 칭찬하거나 조직이 과거 그들에게 좋은 일을 했음을 상기시키는 '환심 사기 전략(ingratiation)', 위기의 재발을 방지하거나 위험에 대한 피해 보상을 제안하는 '시정 조치 전략(corrective action)' 그리고 위기에 대해 조직이 모든 책임을 인정하고 용서를 구하는 '사과 전략(full apology)' 등이 있다(김영욱, 박소훈, 차희원, 2004; 이재은, 2012). 이러한 유형화 연구에서 두드러지는 특징은 각 위기 커뮤니케이션을 책임성의 정도에 따라 구분하려는 점이다. 특히 쿰즈(2007)는 공격이 가장 책임을 지지 않는 조직의 위기관리 방식이라며 부인, 변명, 합리화, 환심 사기, 시정조치, 사과로 갈수록 조직은 점점 더 책임성을 수용하는 태도를 보인다고 설명했다. 이러한 책임성에 따른 해석은 위기 커뮤니케이션에 대한 단순한 유형화를 이론적으로 발전시키는 데 도움을 주고 있다.

위기 커뮤니케이션의 이론화 과정은 이러한 유형화 접근에서 시작해 점점 더 커뮤니케이션과 공중의 수용 정도 사이의 인과관계를 밝히는 단계로 발전하고 있다. 특히 위기 커뮤니케이션의 의미 공유 측면을 연구하는 수사학 차원의 접근도 활발한 연구 분야로 등장하고 있다. 수사학 등 다른 학문의 위기 커뮤니케이션 관련 연구들을 종합해 위기 상황에서 조직이 사용할 수 있는 커뮤니케이션 수단을 만들어 내는 유형화 접근 방식은 PR 커뮤니케이션의 과도한 조직 중심주의를 탈피하려는 이론적인 논의를 선도하고 있다.

유형화 접근 방식은 조직의 전략적인 목적 달성보다는 커뮤니케이션 현상 자체를 강조하면서 조직-공중 간 또는 공중 간 관계성에 대한 의미 공유를 강조하고, 공동체 관계의 회복을 통해 건전한 공동체를 형성하고자 한다. 주로 미디어, 조직 등의 자료, 텍스트 등을 연구 대상으로 쟁점 관리, 위기 커뮤니케이션 등 공중을 대상으로 한 커뮤니케이션 활동을 분석하면서 연구자들은 대인 커뮤니케이션 연구 성과에 근거해 커뮤니케이션 자체에 중점을 둔 의미 해석적이고 미시적인 연구를 하는 경향이 있다. 특히 공동체주의적 관점에서 연구자들은 사회 속의 다양한 주체가 커뮤니케이션을 통해 관계를 형성하고, 이러한 관계가 공동체의 가치를 형성하고 발전시켜 나간다는 것에 관심을 기울이고 있다(Kruckeberg & Starck, 1988). 최근에는 이러한 관점이 더욱 발전해 조직과 공중을 확실하게 구분하는 기능주의 시각보다는 공중을 대상이 아니라 의미의 공동창조자로 보면서 좀 더 평등한 관계의 형성과 의미 해석을 강조하는 위기 커뮤니케이션 이론이 주목받고 있다(Taylor, 2010).

커뮤니케이션 관점에서 공중은 커뮤니케이션 대상이 아니라 자유로운 정보의 교류와 이해를 통한 상호작용의 주체라 할 수 있다. 이 때문에 위기 커뮤니케이션에서는 커뮤니케이션 목표의 달성이 아니라 커뮤니케이션 과정 자체를 존중하며, 사회발전을 위한 진정한 관계 형성을 통해 위기를 극복하는 방안을 모색하는 노력이 요구된다.

이 책은 갈등과 반목에 허덕이는 우리 사회가 혹시 PR 이론에 근거한 조직-공중 간 커뮤니케이션 활동에 관심을 갖는다면 그 갈등을 순기능적 측면에서 활용할 수 있지 않을까 하는 기대에서 시작됐다. 저자들은 모두 "정치, 경제, 사회, 문화를 막론하고 어느 분야에서나 갈등과 반목을 반복하고 있는 우리 사회에 상호호혜적 관계를 표방하는 다양한 PR 이론이 적용되면 어떨까?"라는 궁금증을 갖고 있었다. 저자들은 PR 커뮤니케이션 활동이 선전(propaganda) 활동의 일환이라는 점에 동의하지 않는다. 그보다는 PR 커뮤니케이션의 이론적인 정체성을 갈등 문제해결을 위한 조직-공중 간 커뮤니케이션 과정에서 찾지 않는 현실을 걱정한다. 그래서 다양한 유형의 사회적 갈등을 법과 제도에 근거한 소송이나 떼법 논리에 따른 시위로 해결하는 것에 이의를 제기한다. 저자들이 채택한 다양하고 구체적인 갈등과 위기 사례들은 조직-공중 간 상호호혜적 관계 형성을 위한 PR 커뮤니케이션 활동을 통해 해결할 수 있음을 보여 주고 있다. 그 과정에서 PR 커뮤니케이션 이론이 어떠한 역할을 할 수 있는지, 그 이론적 개념, 특성, 적용 가능성 등이 이 책에는 담겨 있다. 이 책을 통해 독자들이 우리 사회에서 갈등을 빚고 있는 구체적·실질적 이슈와 사례를 대상으로 조직-공중 관계성 측면에서 PR 커뮤니케이션 이론을 적용할 경우 그 대립과 갈등이 어떻게 해소될 수 있는지, 이를 통해 위기관리가 어떻게 가능한지 깨닫는 기회를 얻기 바란다.

김영욱(2003). PR 커뮤니케이션. 이화여자대학교출판부.

김영욱(2013). PR 커뮤니케이션 이론의 진화. 커뮤니케이션북스.

김영욱, 박소훈, 차희원(2004), "한국인의 집단주의 성향과 귀인 성향 그리고 위기 커뮤니케이션 수용간의 관련성: 국가위기로서의 IMF상황을 중심으로", 한국언론학보, 48(4), 271-298.

김정남, 박노일, 김수진(2014). 공중 상황이론의 수정과 진화: 문제해결 상황이론을 중심으로. 홍보학연구, 18(1), 330-366.

김활빈, 구윤희(2021). 대학입시 정책 수용에 영향을 미치는 요인으로서의 상황적 인식, 동기 및 커뮤니케이션 행동의 역할에 관한 연구: 문제해결 상황이론의 적용을 중심으로. 언론과학연구, 21(3), 89-128.

박한나, 진범섭(2024). 글로벌 10대 기업의 DEI(다양성, 형평성, 포용성) 전략 및 커뮤니케이션에 관한 탐색적 고찰. 광고PR실학연구, 17(1), 32-63.

이재은(2012). 위기관리학. 대영문화사.

최윤희(1994). 기업의 위기관리와 PR 전략. 한국경제신문사.

최윤희(2002). 현대PR론. 나남.

Ajieh, P., & Uzokwe, U. (2014). Effective application of the coorientation communication model in disseminating agricultural information: A review. Asian Journal of Agricultural Extension, Economics and Sociology, 3(3), 217-223.

Bernays, E. (1923). Crystallizing public opinion. New York: Horace Liveright.

Blumer, H. (1966). The mass, the public, and public opinion. In B. Berelson & M. Janowitz (Eds.), Reader in public opinion and communication (pp. 43-50). NY: Free Press.

Chwe, M. S. Y. (2013). Rational ritual: Culture, coordination, and common knowledge. Princeton University Press.

Cobb, R. W., & Elder, C. D. (1972). Participation in American politics: The dynamics of agenda building. Boston: Allyn & Bacon.

Coombs, W. T. (2007), Protecting Organization Reputations During A Crisis: the Development and Application of Situational Crisis Communication Theory, *Corporate Reputation Review, 10*(3), 163-176.

Coombs, W. T. (1995). The development of guidelines for the selections of the appropriate Crisis-response strategies: Choosing the right words. *Management Communication Quarterly. 18*, 452

Coombs, W. T., Holladay, S. J. (2002), Helping Crisis Managers Protect Reputational Assets Initial Tests of the Situational Crisis Communication Theory, *Management Communication Quarterly, 16*(2). 165-186.

Dewey, J. (1927). The public and its problems. NY: H. Holt and Company.

Edelman, M. (1985). *The symbolic uses of politics.* Chicago: University of Chicago Press.

Ellul, J. (2021). *Propaganda: The formation of men's attitudes.* Vintage.

Grunig, J. E. (1997). A situational theory of publics: Conceptual history, recent challenges and new research. In D. Moss, T. MacManus, & D. Vercic (Eds.), *Public relations research: An international perspective* (pp. 3-48), London: ITB Press

Grunig, J. E. (2003). Constructing public relations theory and practice. In B. Dervin & S. Chaffee, with L. Foreman-Wernet (Eds.), *Communication, another kind of horse race: Essays honoring Richard F. Carter* (pp. 85-115). Cresskill, NJ: Hampton Press.

Grunig, J. E., & Hunt, T. (1984). *Managing public relations.* New York: Holt, Rinehart and Winston.

Grunig, J. E., Dozier, D. M., Ehling, W. P., Grunig, L. A., Repper, F. C., & White, J. (1992). *Excellence in public relations and communication management.* Hillsdale, NJ: LEA.

Grunig, J. E., Hon, L. C. (1999), *Guidelines for measuring relationships in public relations*, The Institute for Public Relations.

Hallahan, K. (2001). The dynamics of issues activation and responses: An issue process model. *Journal of Public Relations Research, 13*(1), 27-59. DOI:10.1207/S1532754XJPRR1301_3

Kim, J. N., & Grunig, J. E. (2011). Problem solving and communication action: A situational theory of problem solving. *Journal of Communication, 61*(1), 120-149.

Kruckeberg, D., & Starck, K. (1988). *Public relations and community: A reconstructed theory*. New York: Praeger.

Ledingham, J. A., & Brunig, S. D. (2000). *Public relations as relationship management: A relational approach to public relations*. Hillsdale, NJ: LEA.

Leitch, S., & Neilson, D. (2001). Bringing publics into public relations: New theoretical frameworks for practice. In Heath, R. L. (Eds.). *Handbook of public relations* (pp. 127-138). California. Sage Publications.

PRSA (2023). DEI toolkit. https://www.prsa.org/home/get-involved/diversity-equity-and-inclusion-month

Roper, J. (2005). Symmetrical Communication: Excellent public relations or a strategy for hegemony?. *Journal of Public Relations Research, 17*(1), 69-86.

Sellnow, D. D., & Sellnow, T. L. (2014). Instructional principles, risk communication. In T. L. Thompson (Ed.), *Encyclopedia of health communication* (pp. 1181-1182). Thousand Oaks, CA: Sage.

Sellnow, D. D., Lane, D. R., Sellnow, T. L., & Littlefield, R. S. (2017). The IDEA model as a best practice for effective instructional risk and crisis communication. *Communication Studies, 68*(5), 552-567.

Sellnow, T. L., & Sellnow, D. D. (2010). The instructional dynamic of risk and crisis communication: Distinguishing instructional messages from dialogue. The Review of Communication, 10(2), 112-126. doi:10.1080/15358590903402200

Sellnow, T. L., & Sellnow, D. D. (2013). The role of instructional risk messages in communicating about food safety. In *Food insight: Current topics in food safety and nutrition* (p. 3). International Food Information Council.

Sellnow-Richmond, D. D., George, A. M., & Sellnow, D. D. (2018). An IDEA model analysis of instructional risk communication in the time of Ebola. *Journal of International Crisis and Risk Communication Research, 1*(1),

135-166.

Taylor, M. (2010). Public relations in the enactment of civil society. In R. L. Heath (Ed.), *The Sage handbook of public relations* (pp. 5-16). Hillsdale, NJ: LEA.

Tjosvold, D. (1991). *Team organization: an enduring competitive advantage*. Chichester, England: Wiley.

Tjosvold, D. (1998). Cooperative and competitive goal approach to conflict: accomplishments and challenges. *Applied Psychology: An International Review, 47*, 285-342.

Weaver, C. K., Motion, J., & Roper, J. (2006). From propaganda to discourse(and back again): Truth, power, the public interest, and public relations. J. L'Etang & M. Pieczka (Eds.), *Public relations: Critical debates and contemporary practice* (pp. 7-21). Mahwah, NJ: LEA.

Welch, D. (2015). *Propaganda, power, and persuasion from world war I to Wikileaks*. I. B. Tauris & Company.

제2장

제주 강정마을 해군기지 건설 갈등 과정에서의 PR

쟁점 진행 모형의 적용

● 김천수(명지대학교)

정책은 사회문제를 해결하고 공동의 목표를 달성하기 위한 수단이다(사공영호, 2008). 그러나 문제를 어떻게 정의하고, 공동의 범위를 어떻게 설정하느냐에 따라 정책의 내용과 방향은 달라진다. 어떤 사람들에게는 문제가 되는 상황이 다른 사람들에게는 전혀 문제가 되지 않을 수 있으며, 한 공동체의 목표가 다른 공동체에는 중요하지 않을 수 있다. 이처럼 특정 집단의 문제를 해결하기 위한 정책이 다른 집단에는 새로운 문제를 초래할 수 있고, 특정 공동체의 목표를 달성하기 위한 정책이 다른 공동체에 물질적 또는 정신적 피해를 줄 수 있다. 요컨대, 모든 이해관계자를 만족시키는 정책을 수립하는 것은 사실상 불가능하다.

최대한 많은 이의 공감을 얻는 정책을 마련하고 이를 효율적으로 시행하기 위해서는 소통이 필수적이다. 합리적인 정책을 수립하기 위해서는 가능한 한 해당 문제와 관련된 모든 이해관계자에게 소통의 기회를 제공해야 한다. 이러한 소통 과정에서 이해관계자들은 자신의 의견을 표현할 수 있을 뿐만 아니라, 다른 이해관계자들의 관점을 이해하고 수용할 기회를 얻는다. 이를 통해 이해관계자들은 상호이해를 바탕으로 협력하며 문제해결을 위한 정책의 수립에 한 걸음 더 다가설 수 있다. 이러한 소통과 협력의 과정은 정책의 실효성을 높이고, 실행 과정에서 발생할 수 있는 갈등을 최소화하는 데 중요한 역할을 한다.

정책 수립과 시행에 있어 소통의 중요성은 누구나 공감할 수 있는 부분이다. 그러나 현실은 다르다. 공항, 고속도로, 소각장, 방사성 폐기물 처리장 등 국가 시설 구축을 위한 정책이 추진되는 과정에서 정부와 지역 공동체 간의 갈등이 반복적으로 발생하고 있다. 전북 부안의 방사성 폐기물 처리시설 유치, 경북 영덕의 원자력 발전소 유치, 경기 화성 매향리의 미군 사격장 폐쇄, 경기 평택 대추리의 미군기지 확장, 경남 밀양의 송전탑 건설, 경북 성주의 고고도 미사일 방어 체계(THAAD) 배치 등을 둘러싼 갈등이 대표적인 사례들이다. 이러한 국책사업들은 지역 주민들의 강력한 반대에 직면했다. 그러나 정부는 충분한 소통 없이 사업을 강행했다. 그 결과, 지역 공동체는 정부에 대한 깊은 불신을 갖게 되었고, 찬반으로 나뉜 주민들 간의 갈등은 사업이 완료된 이후에도 지속되었다. 결국, 마을공동체는 해체되고 주민들 삶의 질은 크게 악화되었다.

제주의 강정마을도 유사한 갈등을 겪었으며, 현재까지도 그 여파가 지속되고 있다. 제주 서귀포 강정마을은 2007년 5월 해군기지 건설 후보지가 되었다. 대한민국 해군은 강정마을에 1조 300억 원을 투입해 2014년까지 함정 20여 척이 정박할 수 있는 군항 부두와 크루즈 선박 2척이 계류할 수 있는 민간 부두를 포함하는 해군기지 건설계획을 발표했다. 강정마을 주민들은 정부의 계획에 강하게 반발했지만, 정부와 지역 주민 사이의 극심한 갈등 속에서도 해군기지는 2010년 1월에 착공되어 2016년 2월에 준공되었다. 해군기지가 완성된 이후에도 지역 주민들 간의 갈등은 계속되었으며, 정부와 지방자치단체 그리고 지역 주민들의 다양한 노력에도 나누어진 마을과 해체된 주민공동체는 예전의 모습을 회복하지 못하고 있다(정영신, 2018).

적절한 소통 없이 추진된 대규모 국책사업은 시행 과정에서 수많은 갈등을 초래했을 뿐만 아니라, 그 갈등에 효과적으로 대처하지 못했다. 사업 중에 발생한 갈등의 대부분은 법적 분쟁으로 이어졌다. 2012년, 대법원은 해군기지 건설계획을 취소해 달라며 강정마을 주민이 국방부 장관을 상대로 낸 사업계획 승인 처분 무효 확인 소송에서 국방부의 손을 들어 줬다. 2019년에도 대법원은 밀양 송전탑 건설 공사에 반대했던 주민들에게 징역 6개월에서 1년, 집행유예 2년, 벌금 200만 원 등의 유죄를 선고했다. 이처럼 당사자들을 승자와 패자로 나누는 법원의 판결은 갈등을 근본적으로 해결하는 데 도움이 되지 않는다. 오히려 이러한 판결은 갈등을 사람들의 마음에 깊이 뿌리내리게 하여 해결을 더욱 어렵게 만든다. 당연한 이야기지만 갈등의 근본적인 해결은 당사자 사이의 소통과 상호이해를 통해서만 가능하다.

이 장은 해군기지 건설을 둘러싼 제주 강정마을의 갈등 사례를 쟁점 진행 모형(Issue Process Model)을 통해 살펴본다. 이를 통해 대규모 국책사업과 같은 정부 정책의 수립 및 추진 과정에서 발생할 수 있는 갈등을 관리하고 해결하기 위한 PR의 역할을 고찰한다. 쟁점 진행 모형은 할라한(Hallahan, 2001)이 제안한 이론으로, 공중별 쟁점 관리 전략을 체계적으로 정리한 것이다. 이 모형은 특정 쟁점을 확산하기 위한 쟁점 활성화(issue activation) 과정과 이에 대응해 조직이 취하는 쟁점 대응(issue response) 과정으로 구성된다. 쟁점 활성화 과정에서는 활동가들이 사회적 주목을 받기 위해 쟁점을 제기하고 확산시키기 위한 노력과 전략을 논의하며, 쟁점 대응 과정에서는 조직이 이러한 쟁점을 어떻게 관리하는지를 다룬다.

이 장의 구성은 다음과 같다.

첫째, 제주 해군기지 건설을 둘러싼 정부와 강정마을 주민과의 갈등 내용을 시간적 흐름에 따라 살펴본다.

둘째, 쟁점 과정 모형을 검토하고, 이어서 갈등 상황에서 정부와 강정마을 주민들이 활용한 전략들을, 모형을 활용해 분석한다.

셋째, 이러한 전략들에 대한 평가를 통해 해군기지 건설과 관련된 갈등이 법적 분쟁이 아닌 소통과 상호이해를 통해 해결될 가능성을 탐구한다. 이러한 과정을 통해, 정부 정책의 수립과 시행 과정에서 발생하는 갈등을 관리하고 해결하기 위한 PR의 역할과 가능성을 가늠해 본다.

 ## 제주 강정마을 해군기지 건설을 둘러싼 갈등

해군기지 건설로 극심한 갈등을 겪고 있는 강정마을은 매우 높은 자연 생태적 가치를 지닌 지역이었다. '강정(江汀)'이라는 이름은 '물이 많이 나는 마을'이라는 의미에서 유래했으며, 마을 옆을 흐르는 강정

천은 한라산에서 시작된 물줄기를 바다로 내보내는 중요한 역할을 한다. 이 지역은 하천 바닥에서 솟아오르는 용천수가 다른 지역보다 많아 지하수 특별관리지역으로 지정되었으며(윤여일, 2017), 강정마을 해안은 생태계보전지역 및 해양보호구역(환경부, 2002), 생물권보전지역(유네스코 & 제주특별자치도, 2002), 천연기념물 442호(문화재청, 2004) 등 총 4개의 보호지역으로 둘러싸여 있다(홍성만, 2018). 특히, 해군기지가 들어선 지역은 제주특별자치도 특별법상 절대보전구역으로 지정된 곳이었다.

강정마을은 공동체성이 강한 마을로, 마을 자치와 관련된 모든 사항을 주민들이 민주적으로 결정해 왔다(윤여일, 2019). 강정마을은 물이 풍부해 제주도 내에서 유일하게 논농사가 가능했고, 그 덕분에 제주의 다른 마을보다 비교적 부유한 지역이었다(정영신, 2018). 주민들이 협력해 논농사를 지으며 얻어 낸 풍부한 산물은 강정마을이 강한 공동체성과 민주성을 갖추게 한 중요한 요소였다. 마을공동체는 노인회, 청년회, 4-H회, 부녀회, 민속 보존회, 감귤 작목회, 화훼 작목반, 경자 갑장회, 마을 원로회, 어촌계 등 다양한 자생 단체로 구성되어 민주적으로 운영되었다. 마을 앞 해변에 자리 잡고 있던 구럼비 바위는 마을의 공동체성과 민주성을 상징하는 역사 문화적 장이었다(정영신, 2018). 그러나 정부는 이러한 의미를 지닌 구럼비 바위를 2012년 3월, 해군기지 건설을 위해 파괴했다.

평화로운 자연생태 마을이었던 강정마을에서의 갈등은 2007년 4월, 소수의 주민이 모여 해군기지 유치를 결정한 마을 임시총회에서 시작됐다. 국방부는 1993년 제주도에 해군전략기지를 설치하기로 하고, 1995년 이를 국방중기계획에 반영하면서 제주 화순항을 후

53

보지로 검토했다. 2002년 해군은 화순항을 최적지로 선정하고 해양수산부에 부두 사용을 요청했으나, 지역 주민들의 반대에 부딪힌 해양수산부는 건설계획을 유보했다. 이후 정부는 2005년 '제주 해군기지 추진기획단'을 공식화하고, 후보지를 위미항으로 변경해 발표했으나, 이 역시 2007년 3월 지역 주민들의 강력한 반대에 부딪혀 무산되었다. 위미항 계획이 무산된 지 한 달이 지난 2007년 4월, 소수의 강정마을 주민은 비공개 임시총회를 개최하고 10분 만에 해군기지 유치를 결정했다(이승록, 2017a).

해군기지 유치 결정 과정의 절차적 하자는 많은 논란을 불러일으켰다(홍성만, 2018). 2007년 당시 강정마을의 주민 수는 약 1,900명이었으나, 회의에 참석한 인원은 87명에 불과했다. 회의에 대한 주민설명회도 없었고, 공고에는 '해군기지 관계의 건'으로만 표기되어 있어, 주민들은 회의 내용을 충분히 알 수 없었다. 또한 규약에 따라 공고는 최소 일주일간 게시되어야 했으나, 이마저도 지켜지지 않았다(정영신, 2018). 그런데도 당시 김태환 제주도지사는 이 건의를 받아들여 해군기지 유치 결정을 공식화했다. 이에 반발한 주민들은 '강정 해군기지 유치 반대위원회'를 결성하고 활동을 시작했으나, 국방부는 이를 무시하고 강정마을 해안을 해군기지 건설 지역으로 결정했다. 그러나 제주 지역에서 해군기지 철회와 반대의 목소리가 거세지면서, 강정마을 주민들은 찬반투표를 통해 압도적으로 해군기지 반대를 결정했고, 유치를 추진한 마을회장을 해임하고 새로운 회장을 선출했다(한애리, 2007).

민주적 절차를 통한 주민들의 반대에도 불구하고 해군기지 건설이 계속 추진되자 갈등은 더욱 격화되었다. 강정마을회는 임시총회에서 이루어진 유치 결정을 무효화하고, '강정 해군기지 유치 건의 무효 확인 및 행정절차 정지' 청원서를 국회에 제출했다. 주민들의 반대가 지속되자, 2008년 9월 11일 정부는 해군기지를 최대 15만 톤 규모의 크루즈 선박이 기항할 수 있는 민·군 복합형 관광미항으로 만들겠다는 계획을 발표했다. 그러나 해군기지 내 민항이 보조적인 역할에 불과하다는 사실이 드러나면서 논란이 더욱 커졌다(문준영, 2017b). 같은 달 17일에는 해군, 국정원, 경찰, 제주도 관계자들이 반대 주민들을 구속해야 한다는 데 의견을 모으면서, 민심은 더욱 악화하였다(김봉현, 2017). 그 결과, 2009년 8월에는 비록 저조한 투표율로 인해 투표함이 열리지 않았지만, 전국 광역단체장 중 최초로 제주도지사에 대한 주민소환 투표가 벌어지기에 이르렀다(이승록, 2017b). 9월에는 마을 주민들이 환경영향평가 전면 재조사를 촉구하는 공동 기자회견을 열었으나(좌용철, 2009a), 12월에는 제주도의회가 강정 절대보전지역을 해제함으로써 군사기지 공사를 위한 행정절차에 착수했고(좌용철, 2017b), 항만 공사 건설계획이 확정되었다.

주민들의 반대 운동은 소송과 시민사회단체와의 연대를 통해 지속되었다. 2010년 1월, 강정마을 주민들은 제주도지사를 상대로 '절대보전지역 해체 처분 무효 확인 소송 및 집행정지'를 신청했다. 4월에는 천주교 제주교구 평화의 섬 특별위원회, 강정마을회, 법환 어촌계, 평화를 위한 그리스도 모임, 제주 군사기지 범대위원회 등 시민사회단체와 강정마을 주민들은 해군기지 착공을 결사적으로 저지하겠다고 선언했다. 2010년 7월, 서울행정법원이 국방부의 해군기지 건설 변경 계획을 합법으로 판결하자, 강정마을회는 제주도 내다른 후보지를 대상으로 한 객관적 재조사를 전제로 조건부 수용 의

55

사를 밝혔다. 2010년 10월, 제주도는 강정마을회의 제안을 수용해 입지 재선정 작업을 시작했으나 후보지였던 화순리와 위미1리가 반대 의견을 내놓으면서 무산되었다(좌용철, 2010c). 이후 강정마을 주민들은 제주도의 조건 이행이 불충분하다는 이유로 조건부 수용을 철회하고, 재의결을 거쳐 반대 의사를 확고히 했다. 그러나 제주도는 강정마을 해군기지 건설을 수용한다는 뜻을 발표했고, 2011년 2월 강정마을 해안에 기지 건설을 위한 사무소가 설치되었다.

해군기지 건설 공사 진행 과정에서도 갈등은 끊이지 않았다. 특히 강정마을 주민들을 지지하는 외부의 목소리가 이어졌다. 세계적인 여성운동가 글로리아 스타이넘(Gloria Steinem)은 『뉴욕타임스』기고와 〈CNN〉인터뷰를 통해 해군기지 건설 반대 뜻을 밝힌 데 이어, 강정마을 직접 방문하고 MBC 라디오 〈손석희의 시선 집중〉에도 출연하여 해군기지 반대 의견을 피력했다(곽재훈, 2011). 또한 세계적인 석학인 미국 MIT의 노엄 촘스키(Noam Chomsky) 교수도 제주 해군기지 건설 반대 의사를 표명했다. 그러나 정부의 뜻을 지지하는 법원 판결이 이어지면서 반대 주민들의 입지는 점점 좁아졌다. 더불어, 정부는 서울과 경기지역 경찰력을 비롯한 공권력을 투입해 강정마을 주민들과 시민사회단체를 불법 사찰하고 시위를 강제로 진압했으며, 이 과정에서 주민과 활동가 500여 명이 연행되기도 했다(이상민, 2012). 또한 UN 인권특별보고관이 강정마을을 방문해 진압 과정에서의 인권 탄압 실태를 조사하기도 했다(노화정, 2013). 다음의 〈표 2-1〉은 제주 해군기지 건설사업 추진 과정에서의 이해관계자 대응을 시간순으로 정리한 것이다.

일시	주요 활동	이해관계자
1993. 12.	제주 전략기지 신규소요 결정(156차 합동참모회의)	국방부
1995. 12.	1997-2001 국방중기계획 반영	
1999~2001.	제주 해군기지 후보지 검토(후보지 선정: 화순항)	
2002. 7.	도민 대책위 결성하여 화순항 결사반대	
2002. 12. 26.	중앙항만정책심의회: 화순항 해군 부두 건설계획 유보 결정	해양수산부
2007. 4. 26.	강정마을회 임시총회: 해군기지 유치 결정(기자 회견)	강정마을회
2007. 5. 14.	해군기지 강정동으로 유치 결정 발표	제주도
2007. 5. 18.	강정 해군기지 유치 반대위원회 출범	강정마을회 외
2007. 6. 8.	제주 해군기지 건설 지역 강정마을 해안으로 결정 통보	국방부→제주도
2007. 6. 11.	제주 해군기지 결정 철회 '6월 총력 투쟁' 선포 기자회견	도민대책위원회
2007. 8. 10.	임시총회에서 유치 결정한 마을회장 해임	강정마을회
2007. 8. 20.	강정마을 해군기지 찬·반 주민투표: 반대 확정 및 신임 마을회장 선출(투표: 725, 반대: 680, 찬성: 35, 무효: 9)	강정마을회
2007. 12. 28.	부대조건하에 2008년 예산 174억 통과	국회 예결위원회
2008. 4. 14.	제주 해군기지 건설사업 사전환경성검토서(초안) 주민설명회 계획 관련 성명 발표	강정마을회
2008. 9.	민·군 복합형 관광미항 건설 결정	국가정책조정회의
2008. 11. 13.	해군기지 유치 결정한 마을 임시총회 무효 선언	강정마을회
2008. 11. 27.	강정 해군기지 유치 건의 무효확인 및 행정절차 정지 청원서 국회 제출	강정마을회
2008. 12. 11.	공동 생태계 조사 계획 논의 민관합동회의 무산	
2008. 12. 17.	환경영향평가 협의 내용 동의안, 절대보전지역 변경 동의안 도의회 본회의 강행 통과	제주도의회

1. 제주 강정마을 해군기지 건설을 둘러싼 갈등

일시	주요 활동	이해관계자
2008. 12. 22.	공유수면 도 연안 관리위원회 심의 통과	
2009. 4. 20.	국방부 해군기지 사업 환경영향평가 미 실시에 따른 국방·군사시설 사업실시계획 무효 확인 소송 및 집행정지 신청	강정마을 주민 외 (서울행정법원)
2009. 5. 5.	강정 해군기지 관련 〈PD수첩〉 방영	
2009. 8. 6.	제주도지사 주민소환 투표 발의: 제주도지사 직무 정지	
2009. 9. 30.	환경영향평가 무효 및 전면 재조사 촉구 공동 기자회견	강정마을회 외
2009. 11. 4.	환경영향평가 위원 대상 손해배상청구소송 돌입 기자회견	강정마을회
2009. 12. 14.	절대보전지역 해제 동의안 심의: 부결	제주도의회
2009. 12. 17.	절대보전지역 변경 동의 가결	제주도의회
2009. 12. 28.	항만 공사 건설 실시계획 확정	
2010. 1. 25.	절대보전지역 해제 처분 무효 확인 소송 및 집행정지 신청(제주도지사 피고: 도의회 변경 동의 절차 위법 이유)	강정마을 주민 외
2010. 4. 23.	해군기지 착공 결사적 저지 천명	제주 지역 단체들
2010. 4.	공유수면매립 승인 처분 취소 소송	강정마을 주민 외
2010. 7. 15.	해군기지 건설계획 취소 소송: 최초 계획 무효, 변경 계획 합법 판결	서울행정법원
2010. 8.	제주도에 해군기지 조건부 수용 제안	강정마을회
2010. 8. 26.	해군기지 건설 갈등 해소 특별위원회 구성	제주도의회
2010. 10. 31.	제주도에 조건부 수용 백지화 표명(조건 이행 불충분)	강정마을회
2011. 2. 28.	해군기지 사업 부지는 절대보전지역으로 공유수면매립 불가 이유로 '공유수면매립 집행정지' 신청(기각)	강정마을회 외
2011. 3. 15.	'절대보전지역 변경(해제) 동의 취소' 의결	제주도의회

일시	주요 활동	이해관계자
2011. 5. 13.	제주 해군기지 공사 일시 중단 요구(야 5당)	진상조사단
2011. 5. 17.	공사 중단 촉구 기자회견	제주도의회
2011. 7.	공권력 행사 현장 확인, 공권력 행사 방식과 공사 강행 절대 반대 기자회견	제주도의회 의장
2011. 8. 1.	공권력 투입 반대, 평화적 해결 촉구 릴레이 활동 개시	제주도의회 의원
2011. 8.	해군기지 건설 갈등 해소를 위한 6인 회동 개최 및 공동 발표문 채택(평화, 상호 존중, 신속)	지역 출신 국회의 원,도지사, 의장등
2011. 9. 1.	제주 해군기지 문제의 평화적 해결 촉구	전국 공무원노조
2011. 11. 4.	제주 해군기지 불법 공사 시민감시단 출범	강정마을회
2011. 12. 25.	불법 공사 중단 요구 및 현행범 체포 규탄 기자 회견	강정마을회
2011. 12. 27.	해군기지 공사 피해 환경분쟁조정 신청	강정마을 주민
2012. 2.	지역 발전 사업계획 확정	국가정책조정회의
2012. 3.	구럼비 바위 발파 시작	
2013. 5~10.	육상 민군 공동시설과 군사시설 착공	
2013. 6. 4.	UN 인권옹호자 강정마을 방문, 찬반 주민 비공 개 면담	UN 특별보고관
2015. 1. 31.	군 관사 공사 방해 천막철거 행정대집행	
2016. 2. 26.	제주 해군기지 준공식	
2017. 1. 23.	공동체 회복 사업 추진 결정과 추진위 모집(정기 총회)	강정마을회
2017. 10. 31.	강정지역 주민공동체 회복지원 조례안 수정 가결	제주도의회
2017. 11. 30.	제주 해군기지 관련 주민과 단체 등 대상의 구상 권 청구 소송에 강제 조정안 제시	법원
2017. 12. 12.	법원의 강제 조정안 수용 의사 표시	정부(국무회의)
2017. 12. 26.	대통령에게 강정 주민 특별사면 건의	제주도지사

출처: 홍성만(2018), pp. 191-192.

1. 제주 강정마을 해군기지 건설을 둘러싼 갈등

2 쟁점 진행 모형

1) 쟁점 관리와 쟁점의 역동성

쟁점 관리(issue management)는 조직이 관련된 쟁점이 공중의제로 확산하는 과정에서 이를 모니터링하고 분석하며, 공중과 전략적으로 소통하여 쟁점이 조직에 유리하게 전개되도록 하는 공중관계(Public Relations) 활동이다(Hallahan, 2001). 쟁점은 고정된(static) 것이 아니며, 공중의 관심은 시간에 따라 역동적으로(dynamic) 변화한다(Hallahan, 2001). 쟁점이 사회적으로 중요하고, 시기적으로 적절하며 간단할수록 그리고 과거에 유사한 쟁점을 경험한 적이 있을 때 공중의 관심은 증가한다(Cobb & Elder, 1972). 또한 쟁점 관리자들의 조직화 정도(Cobb & Elder, 1972), 지속적이고 장기적인 홍보(Ellul, 1965), 미디어 활용(Ryan, 1991), 재정 자원(Edelman, 1985) 등 그들의 전문성과 노력에 따라 공중의 관심도 달라진다. 쟁점은 본질적으로 권력과 투쟁을 수반하며, 이를 관리하는 사람들은 조직적으로 행동한다(Hallahan, 2001).

쟁점 진행 모형(Hallahan, 2001)은 쟁점의 진행 상황에 따라 조직이 활용할 수 있는 다양한 쟁점 관리 전략을 공중 특성에 맞게 체계적으로 정리한 것이다. 이 모형은 쟁점의 역동성을 쟁점 활성화(issue activation)와 쟁점 대응(issue response)이라는 두 개념의 변증법적 과정으로 설명한다. 쟁점 활성화는 문제인식(problem recognition), 쟁점 확인(issue identification), 쟁점 확산(issue expansion), 주장 형성(claims making) 등 활동가들이 주도하는 과정을 나타낸다. 반면, 쟁점 대응은 쟁점 활성화를 이끄는 이들이 목표로 삼는 대상, 주로 조직이나 공공기관이 과거 행위를 방어하거나 정책 변화를 최소화하기 위해 수행하는 활동을 말한다. 따라서 쟁점 진행 모형을 제대로 이해하려면 기존 PR의 조직 중심적인 관점을 넘어, 쟁점의 진행 과정을 전체적으로 조망해야 한다. 또한 갈등 상대를 단순히 대결(confrontation)의 대상으로 간주하거나 소통의 목표를 상대를 굴복시키는 데 두는 관점에 유의해야 한다.

2) 쟁점 진행 모형의 공중 세분화

쟁점 진행 모형은 쟁점에 대한 공중의 지식(knowledge)과 관여도(involvement) 수준에 따라 공중을 분류한다(Hallahan, 2001). 여기서 지식은 능력(ability) 요인으로, 개인이 특정 주제에 대해 가지고 있는 신념, 태도, 전문성 등을 의미한다. 지식수준이 높은 사람은 해당 주제와 관련된 정보와 주장을 지식수준이 낮은 사람보다 더 효율적으로 처리할 수 있다. 반면, 관여도는 동기 요인으로, 특정 주제에 관심을 두고 소통하려는 개인의 성향(predisposition)을 의미한다. 관여도는 일반적으로 개인이 특정 쟁점과 관련되어 있다고 느끼는 정도(Grunig & Repper, 1992) 또는 중요하다고 인식하는 정도(Petty & Cacioppo, 1986)로 정의된다. 쟁점에 대한 관여도가 높은 사람은 관여도가 낮은 사람보다 쟁점이 관련된 행동에 나설 가능성이 높다.

쟁점 진행 모형은 공중을 지식수준과 관여도에 따라 비활동 공중(inactive publics), 환기 공중(aroused publics), 활동 공중(active publics), 인지 공중(aware publics), 비공중(nonpulics)으로 구분한다. 비활동 공중은 지식과 관여도가 모두 낮은 공중으로, 주로 평범한 사람들로 구성된다. 시간이 지나면서 이들이 쟁점에 노출되고 이를 인식하기 시작해 쟁점에 대한 관여도가 높아지면 환기 공중이 된다. 환기 공중은 쟁점에 대해 지식수준은 낮지만, 관여도가 높은 공중으로, 사회운동에 참여할 수 있는 잠재 집단을 포함한다. 환기 공중의 지식수준이 높아지면 쟁점에 대한 지식과 관여도가 모두 높은 활동 공중으로 발전한다. 활동 공중은 쟁점에 대해 가장 적극적인 태도와 행동을 보이며 시민사회단체나 이익단체의 지도자 등이 이에 해당한다. 반면, 인지 공중은 쟁점에 대한 지식수준은 높지만 관여도가 낮은 공중을 의미한다. 이들은 사회의 다양한 쟁점에 대해 풍부한 지식을 가지고 있지만 특정 쟁점에 대해서는 행동하지 않는 집단으로, 일반적으로 교육 수준과 사회적 지위가 높은 여론 주도층인 변호사, 언론인, 종교 지도자, 교수, 공무원 등이 포함된다. 끝으로, 쟁점에 대해 모르고 관심도 없는 집단은 비공중으로 분류된다.

쟁점은 활성화와 대응이라는 두 가지 방향으로 전개될 수 있다(박종민, 2014). 특정 쟁점에 대한 공중의 지식수준과 관여도는 고정된 것이 아니라 변화할 수 있다. 특정 쟁점이 어떤 조직에 기회로 작용하는 경우, 조직은 그 쟁점을 사회의 주요 의제로 부각하기 위해 비활동 공중을 환기 공중으로, 나아가 활동 공중으로 전환하기 위한 전략적 노력을 기울인다. 반면, 특정 쟁점이 조직에 위협이 될 경우, 조직은 해당 쟁점 관련 활동 공중을 환기 공중, 비활동 공중, 또는 인지 공중으로 전환하기 위해 노력한다. [그림 2-1]은 이러한 쟁점의 변증법적 전개 방향을 시각적으로 보여 준다.

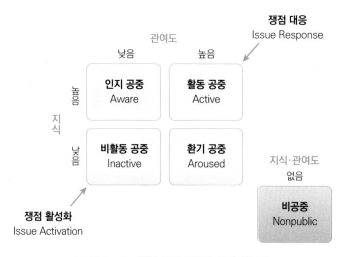

┃그림 2-1┃ 쟁점 진행 모형과 공중 세분화

출처: Hallahan (2001), p. 34.

3) 쟁점 활성화(Issue Activation)

쟁점 활성화는 쟁점에 대한 지식수준과 관여도가 낮은 비활동 공중이 문제를 인식할 때 시작된다. 문제인식(problem recognition)은 개인의 기대와 실제 경험이 일치하지 않을 때 발생하며, 이는 개인이 상황을 직접 겪거나 쟁점 관련 정보를 접했을 때 발생할 수 있다. 따라서 활동가들은 직접 소통(direct contact), 미디어 홍보(media publicity), 광고(advertising) 등을 통해 비활동 공중이 쟁점에 관해 관심을 두고 주목하도록 유도한다(issue arousal).

쟁점에 관심을 가지게 된 사람들은 해당 쟁점의 세부 사항을 파악하고 자신과의 관련성을 깊이 이해하면서 환기 공중으로 전환된다. 이들은 가족, 친구, 전문가, 대중 매체 등과 소통하며 쟁점에 대한 정보를 적극적으로 탐색하고 지속해서 관찰한다. 환기 공중은 이러한

2. 쟁점 진행 모형

정보 수집 활동을 통해 문제가 실제로 존재하고 널리 퍼져 있음을 확인하고(validation), 그 문제가 모두에게 중요한 사안이라는 점에 대해 합의를 형성한다(consensus building). 또한 쟁점에 이름을 붙이고(labeling) 문제의 원인과 해결 방안을 찾기 위해 노력하면서(remedy seeking) 활동 공중으로 발전하게 된다. 활동가들은 이들의 쟁점에 대한 이해와 지식수준을 높이기 위해 관련 정보를 지속해서 제공하여 쟁점에 대한 인식을 더욱 강화한다. 이를 통해 환기 공중은 자신의 정체성을 인식하고, 연대감과 집단의식을 형성하게 된다.

쟁점에 대한 지식수준이 높아지면서 환기 공중은 문제해결에 적극적으로 나서는 활동 공중으로 변화한다. 이들은 이전보다 목표가 명확해지고, 구체적인 정보탐색을 통해 자신의 한계를 깨닫게 되며, 이를 통해 쟁점을 더욱 깊이 이해하게 된다. 이러한 과정을 통해 일부는 활동 공중으로 발전하지만, 한계를 극복하지 못한 사람들은 비활동 공중으로 돌아가기도 한다. 이 과정에서 조직화(organizing)는 공중이 행동에 적극적으로 나서도록 하는 데 중요하다. 활동가들은 리더십 형성, 조직 구축, 인력 배치, 자금 조성 등의 조직화 활동을 통해 사람들이 하나로 행동할 수 있도록 지원한다. 또한 이들은 다른 활동가들과 연합을 구축하고(coalition-building), 미디어를 통해 주장을 펼침으로써(media advocacy) 쟁점을 대표한다(representation).

쟁점에 대해 풍부한 지식을 가지고 있지만 관여도가 낮은 인지 공중은 쟁점 활성화 과정에서 환기 공중과 활동 공중의 활동을 관찰자로 지켜보거나, 협조적인 집단으로 활동한다. 이들은 쟁점과 관련한 특별한 노력을 기울이지 않지만, 일상적인 정보탐색을 통해 자연스럽게 쟁점을 인식한다. 여론 주도층(opinion leader)으로서 이들은 많은 이와 문제를 논의하고 정보를 공유하며 조언을 제공함으로써 비활동 공중과 환기 공중의 인식과 행동에 영향을 미친다.

인지 공중은 주로 개입(intervention)을 통해 쟁점에 참여한다. 개입은 인지 공중이 쟁점을 사회적으로 중요하며 해결이 필요하다고 판단할 때 발생하며, 이는 일반적으로 윤리적 또는 도덕적 관심 때문에 동기 부여된다. 반면, 개입은 활동가들의 직접적인 요청으로 이루어지기도 하며, 이는 상호 이익의 원칙에 따라 진행된다. 즉, 활동가들은 자신의 목표를 달성하기 위해 언론 기고, 지지 표명, 재정 지원 등의 방법으로 인지 공중에게 개입을 요청하고, 인지 공중은 이러한 참여를 통해 자신의 전문적 또는 직업적 목표를 실현할 수 있다. 인지 공중의 관심과 참여는 쟁점에 정당성을 부여하고, 해당 쟁점이 폭넓은 지지를 받고 있다는 인식을 형성함으로써 활동가나 활동 공중의 협상력을 강화할 수 있다.

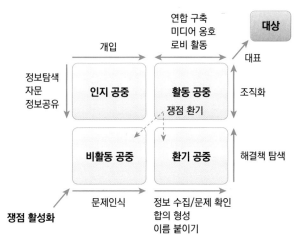

▌그림 2-2▌ 쟁점 활성화 과정

출처: Hallahan (2001), p. 37.

4) 쟁점 대응(Issue Response)

조직은 활동가들이 쟁점을 조직에 불리한 방향으로 활성화하려는 시도에 대응한다. 쟁점 진행 모형에서는 조직의 쟁점 대응 전략을 공중의 특성에 따라 네 가지로 구분한다(Hallahan, 2001). 비활동 공중에게는 예방 전략(prevention), 환기 공중에게는 개입 전략(intervention), 활동 공중에게는 협상 전략(negotiation), 인지 공중에게는 교육 전략(education)을 제시한다. 이 네 가지 전략은 다시 16가지의 전략들로 세분화된다(〈표 2-2〉 참조).

┃표 2-2┃ **공중별 쟁점 대응 전략**

공중 (전략)	옹호 (advocacy)	혼합 (between)	수용 (accomodation)
활동 공중 (협상)	회피	인정 협상	양보
환기 공중 (개입)	가시적 협조 억제	대외 활동	모니터링 협력 문의 대응
인지 공중 (교육)	미디어 옹호	로비활동	동맹 구축
비활동 공중 (예방)	환심 사기 평판 강화	성과 모니터링 품질 보장	여론조사 시장 모니터링

출처: Hallahan (2001), p. 51.

(1) 활동 공중 대응 전략: 협상 전략

조직은 활동 공중을 대상으로 협상 전략(negotiation-based strategies)을 사용한다(Hallahan, 2001, pp. 43-44). 다음은 협상 전략의 주요 방법

들이다.

첫째, 조직은 자기 뜻을 견고히 유지하기 위해 활동 공중과의 협상을 피할 수 있다(avoidance). 그러나 활동 공중은 쟁점에 대해 충분한 지식과 높은 관심이 있으며, 쟁점을 대표하려는 강한 의지가 있으므로 쉽게 물러서지 않는다.

둘째, 조직은 활동 공중의 요구나 주장을 단순히 인정하는 방식을 사용할 수 있다(acknowledgement). 이는 겉으로는 상대의 주장을 받아들이는 것처럼 보이지만, 실제로는 시간을 끌기 위한 전략으로 활용되는 경우가 많다. 이는 주로 쟁점이 자연스럽게 사라지거나 법적 판단 등과 같은 다른 방식으로 해결될 것이라는 기대에서 비롯된다. 따라서 이러한 단순한 인정은 진정성 있는 대화로 이어지지 않으며, 오해를 초래할 수 있다.

셋째, 조직이 활동 공중의 주장이 옳다고 판단할 경우, 양보를 선택할 수 있다(concession). 하지만 문제가 중요하지 않다고 판단하거나, 양보하는 것이 다른 대안보다 비용이 적게 든다면 조직은 양보할 수 있다. 하지만 양보로 인해 관계 악화, 부정적 이미지 확산, 협상 장기화, 복잡한 법적 규제 등의 문제로 더 큰 비용이 발생할 수 있다.

넷째, 조직은 활동 공중과의 협상에 나설 수 있다(bargaining). 협상은 양측이 원하는 조건에 대해 주고받으면서 합의에 도달하는 대면 소통 전략이다. 협상은 조직이 더 이상 양보할 수 없는 상황에서 시작된다. 갈등 중재(conflict mediation)나 해결(resolution)은 제삼자가 개입하여 소통을 돕는 특수한 형태의 협상이며, 중재 재판(arbitration)은 중재자가 법적 권한에 따라 분쟁 해결을 위한 최종 결정을 내리는 방식이다.

2. 쟁점 진행 모형

(2) 환기 공중 대응 전략: 개입 전략

조직은 쟁점에 관한 관심은 높지만, 지식수준이 낮은 환기 공중을 대상으로 개입 전략(intervention-based strategies)을 활용할 수 있다(Hallahan, 2001, pp. 44-45). 쟁점 상황에서 다른 사람들이 활동 공중에 동참하여 그 규모가 커지는 것은 조직에 매우 불리하다. 따라서 조직은 쟁점에 높은 관심을 가진 환기 공중을 대상으로, 이들이 활동 공중으로 전환되지 않도록 개입할 수 있다.

첫째, 조직은 쟁점에 관심을 두고 정보를 탐색하는 개인과 단체의 활동을 관찰할 수 있다(monitoring). 특히, 지역사회에서 발생한 쟁점의 경우, 조직은 불만을 가진 사람들의 의견을 파악하고 상황을 자세히 관찰해야 한다. 지역사회의 영향력 있는 사람들과 접촉하는 대외 활동(outreach)은 그들의 의견을 모니터링하고 대화를 시작하는 데 유용하다.

둘째, 조직은 환기 공중이 조직화하기 전에 그들과 신뢰 관계를 형성하여 협력에 나설 수 있다(collaboration). 하지만 이러한 접근이 단순한 보여 주기식에 그친다면 효과를 기대하기 어렵다.

셋째, 조직은 쟁점에 관심이 많은 환기 공중의 정보탐색 활동에 효과적으로 대응할 수 있어야 한다(inquiry handling). 그러나 많은 조직이 문제를 예방하기보다는, 문의를 무시하거나 반박하는 등 부적절하게 대응한다. 그 결과, 좌절감을 느낀 환기 공중은 활동 공중에 동참하려는 강한 동기를 갖게 된다. 따라서 환기 공중의 일상적인 정보탐색에 대한 현명한 대응은 쟁점 확산 방지에 매우 중요하다.

넷째, 조직은 상대에게 가시적으로 협조하는 전략을 선택할 수 있다(co-optation). 가시적 협조는 겉으로는 협력을 표방하지만 실제로는 협력의 효과를 감소시키려는 활동을 의미한다. 이러한 활동은 단기적으로는 쟁점의 확산을 억제하여 조직에 유리하게 작용할 수 있지만, 장기적으로는 불신을 초래하고 조직의 평판을 해칠 수 있다. 예를 들어, 조직은 자문위원회와 같은 기구를 구성하여 마치 쟁점에 관심이 있는 것처럼 보이게 하거나, 활동 공중의 지도자를 고용해 그들의 쟁점 추진 의지를 약화할 수 있다. 또한 조직은 상대 집단의 지도자를 공격하여 그를 향한 공중의 신뢰를 약화하는 방식으로 대응할 수 있다.

다섯째, 조직이 환기 공중을 대상으로 선택할 수 있는 전략은 억제(containment) 전략이다. 억제 전략은 쟁점을 흐릿하게 만들어 환기 공중이 행동할 필요성을 느끼지 않도록 하는 활동이다. 이 전략에는 조직이 이미 문제해결을 위한 계획을 마련해 실행 중이라고 주장하거나, 문제해결을 어렵게 만드는 외부 요인(예: 정부, 경제 상황 등)을 강조하여 문제의 원인이 다른 곳으로 돌리고 책임을 회피하는 방식이 포함된다.

(3) 인지 공중 대응 전략: 교육 전략

조직은 인지 공중에게 교육 전략(education-based strategies)을 통해 자기 의사를 명확히 전달하여, 그들이 활동 공중의 주장에 쉽게 동의하거나 지지하지 않도록 할 수 있다(Hallahan, 2001, pp. 45-46). 앞서 설명한 것처럼, 조직은 환기 공중의 우려를 해소함으로써 쟁점의 진화를 막을 수 있다. 그러나 이에 못지않게 중요한 것은 제삼자인 인지 공중의 지지를 확보하는 것이다. 이를 위해 조직은 활동가들의 주장에 대응하고, 쟁점에 대한 자기 입장을 강화하며, 조직의 주장이나 역할의 정당성에 강조하는 전략을 사용한다. 즉, 인지 공중에게 조직의 생각이 담긴 정보를 제공하여, 이들이 다른 공중에게도 영향을 미치도록 하는 것이다.

교육 전략의 첫 번째 세부 전략은 다음과 같다.

첫째, 동맹 구축(alliance building)이다. 동맹 구축은 조직이 갈등에 직접 관여하지 않는 주요 이해관계자와 관계를 맺고 정보를 공유하는 활동을 말한다. 이는 특정 집단에 분쟁 개입을 요청하는 연합 구축(coalition building)과는 달리, 장기적으로 신뢰를 쌓고 협력을 강화하기 위해 정보를 공유하는 데 초점을 맞춘다.

둘째, 미디어 옹호(media advocacy)와 로비 활동(lobbying)이다. 미디어 옹호와 로비는 활동가들이 미디어와 정부 관계자들을 쟁점에 참여시키는 방식과 유사하다. 그러나 조직은 활동가들과는 달리, 쟁점에 대한 주목을 피하거나 논의 자체를 억제하려는 목표를 가지고 있다. 쟁점을 억누르기가 어려울 때 조직은 자기 입장이 우선으로, 혹은 최소한 동등하게 다루어지기를 원한다. 자금력이 풍부한 조직은 이를 위해 쟁점 광고(issue advertising)를 활용하기도 한다.

조직은 인지 공중을 대상으로 동맹 구축, 미디어 옹호, 로비 활동과 같은 교육 전략을 활용할 수 있지만, 이외에도 보상과 처벌과 같은 직접적인 권력뿐만 아니라 자신들의 권위를 통해서도 인지 공중의 지지를 확보할 수 있다.

(4) 비활동 공중 대응 전략: 예방 전략

조직은 쟁점에 관심이 없는 비활동 공중의 주의를 분산시켜 쟁점에 대한 주목을 예방하기 위한 전략(prevention-based strategies)을 구사할

제2장 제주 강정마을 해군기지 건설 갈등 과정에서의 PR

수 있다(Hallahan, 2001, pp. 46-48). 조직은 비활동 공중이 미디어 보도, 인지 공중, 정부 조치와 관련한 정보 등에 접근하는 것을 완전히 차단할 수는 없다. 그러나 비활동 공중이 접하는 정보의 흐름을 조정하고 환기 공중의 우려를 줄임으로써 쟁점의 확산을 방지할 수 있다.

첫째, 조직은 비활동 공중의 관심을 추적하기 위해 여론조사(poll taking)와 시장 모니터링(market monitoring)을 활용할 수 있다. 여론조사는 사람들의 의견 분석에 사용되며, 모니터링은 행동 패턴을 추적하는 데 초점을 맞춘다. 만약 조사 결과 대중이 쟁점에 관심이 없다는 것이 드러나면 조직은 활동 공중, 환기 공중, 인지 공중에게 집중할 수 있다. 반면, 대중의 관심이 높다면 모든 공중을 대상으로 한 소통 전략을 고려해야 한다.

둘째, 성과 모니터링(performance monitoring)과 품질 보증(quality assurance) 전략을 활용할 수 있다. 조직의 성과와 품질 관리는 대중의 부정적인 반응을 방지하는 데 중요한 역할을 한다. 조직이 공중의 기대에 부응하면, 조직을 상대로 하는 활동가들이 관심을 끌거나 비활동 공중을 설득하기가 어려워진다. 그러나 성과에 문제가 발생하면, 이는 비활동 공중이 쟁점을 인식하게 하거나 미디어의 관심을 집중시키는 계기가 될 수 있다.

셋째, 비활동 공중을 대상으로 하는 예방 전략으로 환심 사기 (ingratiation)를 활용할 수 있다. 환심 사기는 조직이 공중에게 지속해서 제공하는 가치를 강조하여 긍정적인 이미지를 구축하는 전략이다. 이는 조직이 쟁점에 대해 직접적으로 설명하기보다는, 공중이 조직과 긍정적인 관계를 유지하도록 유도하는 방식이다. 비활동 공중은

2. 쟁점 진행 모형

쟁점에 대한 조직의 설명보다는 자신에게 돌아오는 혜택에 더 관심을 가질 가능성이 높으므로, 기관 광고(institutional advertising) 등을 활용하여 이러한 전략을 효과적으로 수행할 수 있다.

마지막 예방 전략은 평판 강화(reputation enhancement)이다. 평판 강화는 조직이 사회에 긍정적으로 보이기 위해, 활동가들이 제기하는 쟁점보다 환경 보호, 예술 진흥, 지역사회 지원 등과 같은 사회적으로 칭찬받을 만한 활동을 강조하는 것을 말한다. 이를 통해 비활동 공중은 활동가들이 제기한 비판과 조직이 강조하는 긍정적인 면을 비교하게 되어, 조직에 대해 긍정적인 인식을 갖도록 유도할 수 있다.

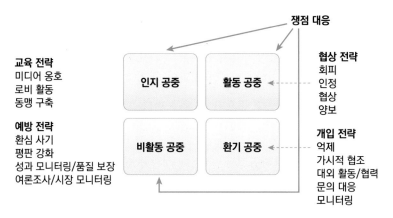

┃그림 2-3┃ 쟁점 대응 과정

출처: Hallahan (2001), p. 43.

3 쟁점 진행 모형을 통해 본 제주 해군기지 갈등

1) 강정마을 주민들의 쟁점 활성화

(1) 해군기지 갈등 관련 공중

2007년 4월 26일 강정마을 임시총회에서 제주 해군기지 유치 결정이 내려졌지만, 이 결정에는 마을 대다수 주민의 의견이 반영되지 않았다. 절차적 정당성이 부족한 해군기지 유치 결정을 제주도가 수용하고 공식화하자, 이에 반대하는 강정마을 주민들은 자신의 의견을 세상에 알려야 했다. 정부의 힘은 강력했지만, 강정마을 주민들의 힘은 상대적으로 약했다. 따라서 이들이 공권력에 맞서기 위한 유일한 방법은 제주 해군기지 건설 갈등의 쟁점을 부각해 많은 이들이 자기 입장을 지지하도록 하고, 여론을 자신들에게 유리한 방향으로 이끄는 것이었다.

강정마을 주민들의 쟁점 활성화(Issue Activation)를 위한 PR 캠페인은 다양한 공중을 고려하여 진행되었다.

첫 번째 대상은 비활동 공중으로, 이들은 강정마을 해군기지 쟁점에 대한 지식수준과 관여도가 모두 낮은 집단이다. 여기에는 평범한 일반 국민과 제주도민이 포함되며, 이들은 강정마을 해군기지를 둘러싼 쟁점을 인식하지 못한 사람들이다. 비활동 공중은 쟁점에 대한 지식과 관여도가 모두 낮지만, 문제를 인식하게 되면 환기 공중과 활동 공중으로 발전할 수 있다. 이러한 문제인식은 이들이 쟁점에 대해 가지고 있던 상식과 기대가 어긋날 때 발생한다.

두 번째 대상은 환기 공중으로, 이들은 쟁점에 대한 지식수준은 낮지만, 관여도가 높은 집단이다. 시민단체와 같이 개발과 환경문제에 관심이 많은 일부 집단이 여기에 해당하며, 제주도민이나 육지에 거주하는 대한민국 국민일 수 있다. 환기 공중은 쟁점에 대해 높은 관심을 보이지만 정보가 부족한 집단이다. 이들은 문제해결을 위해 정보를 수집하고 문제를 확인하면서 쟁점의 존재를 인식하고, 쟁점에 이름을 붙이며 특성을 이해하면서 활동 공중으로 발전하게 된다. 따라서 활동가들은 이 과정을 지원하기 위해 다양한 노력을 기울인다.

세 번째 대상은 인지 공중으로, 이들은 쟁점에 대한 지식수준은 높지만, 관여도가 낮은 집단이다. 여기에는 제주도를 포함한 한국의 언론 종사자, 국회의원 등 정치인, 법조인, 종교인 그리고 대학교수 등 학계 인사들이 포함된다.

네 번째 대상은 활동 공중은 지식수준과 관여도가 모두 높은 집단으로, 이들은 강정마을의 반대 운동에 적극 찬성하는 제주 및 다양한 지역의 환경단체와 종교단체가 포함될 수 있다.

(2) 활동 공중의 PR 활동

쟁점 활성화를 위한 PR 캠페인을 위해서는, 먼저 강정마을 주민들이 반대 활동을 위한 조직으로 자신들을 체계화하고 조직화해야 한다(organizing). 동시에 세력 확장을 위해 다른 단체들과 연합을 구축하고(coalition-building), 미디어를 활용해 자신들의 주장을 널리 알리는 데 힘써야 한다(media advocacy). 이를 통해 강정마을 주민들은 비활동 공중과 환기 공중에게 쟁점을 환기하고(issue arousal), 인지 공중의 참여를 끌어내며 정부를 대상으로 쟁점을 대표할 수 있게 된다(representation).

먼저, 활동 공중인 강정마을 주민들은 마을회를 반대 활동을 위한 조직으로 개편했다. 강정마을회 산하에 '반대 대책위원회'와 '보전 전략위원회'를 설치하고 각각의 책임자를 임명했으며, 활동 분야에 따라 미디어 분과와 대외협력 분과를 구성하는 등 조직을 체계화했다. 각 위원회는 강정마을 개발을 위한 외부의 계획을 거부하고, 독립적으로 발전 계획을 수립하며 반대 활동을 총괄적으로 이끄는 임무를 맡았다. 미디어 분과는 마을 소식지, 소셜미디어, 홈페이지, 포털 카페 등을 활용한 소통 활동을 주도했다. 대외협력 분과는 반대 활동에 참여하는 사람들에게 잠자리와 먹거리를 제공하기 위해 비닐하우스와 마을회관 등의 공간을 마련하고, 쌀과 반찬 등을 준비하기 위해 외부 단체들과 협력 관계를 형성하는 데 주력했다. 또한 주민 반대 활동의 구체적인 방법을 조직화하여 실천했다. 예를 들어, 마을 주민들을 조별로 편성해 24시간 활동하며 일정 시간에 교대하는 방침을 세우거나, 마을 공터에 마을 홍보관을 마련해 주민 중심의 홍보활동을 펼쳤다.

강정마을 주민들은 전국의 시민단체, 환경단체, 인권 단체 등과 연대하여 세력을 확장하고 문제를 전국으로 확산시켰다(연합 구축, coalition-building). 이를 통해 지역 갈등을 전국적인 이슈로 전환하고, 다양한 집회와 시위를 조직하며 더 많은 공중의 지지와 협력을 끌어냈다. 2011년, 강정마을 주민들은 '제주 군사기지 저지와 평화의 섬 실현을 위한 범도민대책위(이하 범대위)' '생명평화결사' '개척자들' '평화와 통일을 여는 사람들(이하 평통사)' 등 116개 단체로 구성된 '제주 해군기지 건설 저지를 위한 전국대책회의'와 함께 반대 운동을 펼쳤다. 범대위는 강정마을 주민들과 함께 해군기지 건설과 관련한 다양한 성

3. 쟁점 진행 모형을 통해 본 제주 해군기지 갈등

명과 논평을 발표하고, 대규모 집회를 개최하는 등 미디어 옹호(media advocacy) 활동에 나섰으며(강재병, 2007; 김태홍, 2011), 생명평화결사는 '생명 평화 100일 제주 순례' 활동을 통해 100일 동안 강정마을에 머물며 지친 주민들에게 힘을 보탰다(허호준, 2019b). 또한 종교 공동체인 개척자들은 오랜 기간 강정마을에 머물며 평화 활동을 진행하기도 했다(임안섭, 2012). 이로써 일부 강정마을 주민들로 시작된 반대 활동 조직은 시간이 지나면서 제주뿐만 아니라 전국의 많은 단체가 참여하는 전국 규모의 조직으로 성장했다. 이를 통해 강정마을 주민들은 해군기지 쟁점을 대표하는 단체로서 정당성을 확보했다.

강정마을 주민회는 쟁점을 대표하는 조직으로서 주장을 형성하고, 제주도와 정부를 대상으로 대화를 요구하는 한편, 소송을 제기했다(대표, representation). 먼저, 강정마을 주민들은 제주도와 정부를 대상으로 대화를 요구했다. 그러나 정부는 이에 별다른 반응을 보이지 않았고, 제주도는 유치 결정 후 1년 4개월이 지나서야 대화에 나섰다(윤철수, 2008). 대화는 순조롭게 진행되지 않았다. 강정마을 주민들은 불만과 원성을 쏟아냈지만, 제주도는 이에 별다른 반응을 보이지 않았다. 오랜만에 이루어진 대화는 결국 아무런 성과 없이 끝났다. 다음으로, 강정마을 주민들은 해군기지 건설을 위한 정부와 제주도의 결정에 맞서 소송, 청원서, 주민소환 투표 발의 등의 방법으로 대응했다. 2008년 11월, 주민들은 강정 해군기지 유치 건의 무효확인 및 행정절차 정지 청원서를 국회에 제출했으며, 2009년 4월에는 서울행정법원에 국방·군사시설 사업실시계획 무효확인 소송 및 집행정지를 신청했다. 같은 해 9월에는 제주도지사 주민소환 투표 발의를 끌어냈고, 2010년 1월에는 절대보전지역 해제 처분 무효 확인 소송 및 집행정지를 신청하는 등 해군기지 건설 반대에 노력을 기울였으나, 이러한 시도들은 모두 성공적이지 않았다.

(3) 비활동 공중의 문제인식을 위한 PR 활동

비활동 공중의 문제인식을 촉진하기 위한 강정마을의 PR 활동은 해군기지 유치 결정 과정에서의 절차적 하자와 강정마을 환경보전의 정당성을 알리는 데 집중되었다. 마을의 운명을 결정하는 과정에서 드러난 절차적 부당성과 자연환경의 파괴는 민주적 사고를 지닌 평범한 시민들의 기대와 상식에 어긋나며, 이러한 불일치는 지식과 관여도의 수준이 낮은 비활동 공중이 문제를 인식하도록 한다(문제인식, problem recognition).

비활동 공중을 대상으로 한 절차적 부당성과 강정마을 환경보전의 정당성 환기는 주로 기자회견, 단식 농성, 문화제, 종교행사, 시민 평화 대행진 등 의사 사건(pseudo-event)의 형식을 빌려 상징적 행동과 저항을 펼침으로써 언론의 관심을 끄는 방식이었다. 2007년 6월 제주도 군사기지 반대 도민 대책위원회가 개최한 '6월 투쟁' 선포 기자회견(문상식, 2007), 2008년 10월 시민단체와 함께 진행한 릴레이 동조 단식 농성(강홍균, 2018), 2010년 12월 제주도의회 앞에서 개최한 침묵시위(김두영, 2010) 등이 그 대표적인 예다. 강정마을 주민들과 반대 활동에 참여한 다양한 단체가 주도한 이러한 의사 사건들은 제주의 지역 언론뿐만 아니라 전국적인 언론을 통해 자신들의 입장을 적극적으로 알리고 여론의 관심을 끌어냈다. 이러한 활동의 목적은 쟁점에 대한 지식과 관심이 적은 사람들이 문제를 인식하도록 돕는 것이었으며, 이를 통해 이루어진 쟁점 활성화는 강정마을 주민들의 대정부 협상력 강화에도 기여했다.

(4) 환기 공중을 대상으로 한 PR 활동

환기 공중은 쟁점에 대한 관여도는 높지만, 그들이 가진 정보는 이에 비해 부족하다. 따라서 환기 공중을 대상으로 한 PR 활동은 주로 그들이 쟁점을 이해하고 그 특성을 파악할 수 있도록 정보를 제공하는 데 초점을 맞춘다(issue identification, consensus building, labeling). 이를 통해 환기 공중이 쟁점 해결을 위한 방법을 탐색하고(remedy seeking), 궁극적으로 활동 공중으로 전환할 수 있도록 돕는다.

상징적 행동과 저항의 메시지가 담긴 의사 사건을 개최해 언론의 관심을 끄는 것이 비활동 공중의 문제인식을 위한 활동이었다면, 쟁점에 높은 관심을 가진 환기 공중을 대상으로 하는 PR 활동은 주로 강정마을 조직의 미디어 분과가 운영하는 마을 소식지, 소셜미디어, 홈페이지, 포털 카페 등을 통해 이루어졌다. 언론은 조직 활동에 대한 일반적인 정보를 제공하는 데 반해, 주민들이 운영하는 미디어는 자세한 정보를 전달한다. 또한 비활동 공중과 같은 평범한 시민들에게는 유력한 대중 매체를 통한 우연적 정보 노출이 효과적이지만, 쟁점에 대한 관여 수준이 높은 사람들은 문제해결을 위한 정보탐색 동기가 있으므로, 마을 미디어는 정보 저장소로서 중요한 역할을 한다.

강정마을의 해군기지 반대 활동 기록을 모아 놓은 포털 다음의 카페 '구럼비야 사랑해'는 환기 공중을 대상으로 한 PR 활동에서 매우 중요한 역할을 한다. 이 온라인 카페에는 '강정 생명 평화 대행진' '인간 띠 잇기' '구럼비 기억 프로젝트' '강정 국제 평화영화제' 등 강

78

정마을 주민들과 연대 단체들이 해군기지 반대를 위해 펼친 활동 기록들이 체계적으로 정리되어 있다. 또한 제주 지역 언론뿐만 아니라 전국 및 해외 언론에서 다룬 강정마을 관련 기사들도 모두 정리되어 있어, 환기 공중은 쟁점에 대해 깊이 이해할 수 있는 정보를 얻을 수 있다. 이러한 자료들은 대중 매체를 통해 접하기 어려운 정보를 제공하여, 환기 공중이 해군기지 반대 운동이 환경 및 평화 운동으로서 갖는 특성을 이해하는 데 중요한 역할을 한다. 더불어, 강정마을 소식지인 '강정 이야기'와 소셜미디어, 홈페이지도 이와 비슷한 역할을 한다. 이러한 매체들은 환기 공중이 쟁점에 대해 더 깊이 이해하고(issue identification), 쟁점의 특성에 맞는 이름을 붙이고(labeling), 다양한 해결책을 모색할 수 있는 기반을 제공한다. 이를 통해 환기 공중은 쟁점 해결을 위한 구체적인 방법을 탐색하며(remedy seeking), 궁극적으로 활동 공중으로 전환될 가능성을 키워 간다.

(5) 인지 공중을 대상으로 한 PR 활동

강정마을 주민회와 관련 조직들은 사회적 영향력이 큰 언론인, 종교인, 학자 등 여론 주도층(opinion leader)으로 구성된 인지 공중이 쟁점에 개입(intervention)하도록 노력을 기울였다. 인지 공중은 쟁점에 대한 지식수준은 높지만, 이에 대한 관여도는 상대적으로 낮을 수 있다. 그러나 이들은 일상생활 속에서 쟁점에 대한 정보를 찾고, 정부와 언론에 자문을 제공하거나 자신의 정보를 공유하면서 쟁점 활성화에 영향을 미친다. 앞서 언급한 바와 같이, 기자회견과 집회 등과 같은 의사 사건을 통한 언론 보도의 유도는 비활동 공중이 의도치 않게 관련 정보를 접하고(unintentional exposure) 문제를 인식하게 만드는 방법이다. 반면, 인지 공중을 대상으로 한 쟁점 활성화는 여론 주도층과 우호적인 관계를 형성하고, 이들에게 지속해서 정보를 제공하고 협력하는 방식으로 이루어진다.

강정마을 주민회와 관련 단체들이 언론 관련 인지 공중을 대상으로 펼친 PR 활동의 대표적인 성과 중 하나는 2009년 5월 방영된 MBC 〈PD 수첩〉이다. 이 방송은 해군기지 유치 결정 과정에서 드러난 절차적 하자를 집중적으로 지적하며, 그로 인해 분열된 강정마을을 조명했다. 방송은 특히 마을의 자연환경 보존의 정당성을 강조하고, 정부와 제주도, 경찰, 국정원 등 관계기관이 주민 갈등을 조장하고, 반대하는 주민들의 구속을 모의한 사실을 보도했다. 이와 함께 2013년 1월 〈뉴스타파〉는 특집 프로그램을 통해 마을공동체의 파괴와 강정마을 반대 운동의 상징인 구럼비 바위 폭파에 저항하는 주민들과 이 과정에서의 정부의 공권력 남용 문제를 집중 조명했다. 이러한 보도를 통해 해군기지 건설 문제는 전국적 의제로 확장되었다.

강정마을 주민회의 PR 활동은 국내외 단체들을 대상으로도 전개되었다. 2011년 갈등이 심화하자, 주민들은 참여연대의 개입을 요청했다. 참여연대는 강정마을을 방문 조사한 후, 국제 사회에 해군기지 건설의 부당성을 알리기 위해 노력했다. 그 결과, 해군기지 반대 운동은 전 세계 100여 개 단체의 지지를 얻는 데 성공했다. 참여연대의 이러한 노력으로, 2012년 제21차 유엔인권이사회에서 유엔 특별보고관은 강정마을의 인권침해에 대해 한국 정부를 대상으로 공식 질의에 나섰다(김한솔, 손제민, 2012). 한국 정부가 응하지 않자, 2013년 특별보고관이 직접 강정마을을 찾아 실태를 조사했다(오석준, 2013). 또한 강정마을회는 2015년 국제 평화국(International Peace

Bureau: IPB)으로부터 '션 맥브라이드 평화상'을 수상하면서 해군기지 반대 운동의 정당성을 국제적으로 인정받았다(문준영, 2015a). 국제적 인정과 지지는 강정마을의 평화와 인권을 위한 국제 연대를 확장하는 데 중요한 역할을 했으며, 동시에 한국 정부에 대한 국제적 압력으로 작용했다.

강정마을 주민회의 PR 활동은 국내외 학자들과 저명인사들의 지지를 끌어내는 데 성공했다. 2011년 4월, 제주대학교 신용인 교수는 『제주의소리』 기고문을 통해 강정마을 해군기지 반대 운동에 대한 직접적인 참여 의사를 밝혔다. 또한 2014년 3월, 일본 게이센여학원대학교 이영채 교수는 『한겨레』에 기고한 칼럼에서 강정마을의 현실과 안보 논리에 희생된 주민들의 고통을 안타까워했다. 국내외에서 이어진 저명인사들의 지지도 주목할 만하다. 2012년 6월, 법륜스님은 강정마을을 방문하여 주민들과 간담회를 갖고, 정부에 소통을 촉구하며 강제집행 중지를 요청했다. 해외에서는 세계적인 언어학자 노엄 촘스키 교수가 강정마을 해군기지 건설에 반대하고, 주민들의 자연보호와 평화 수호 노력을 지지했다(강홍균, 2011). 촘스키 교수의 지지는 제주 출신 화가 고길천 씨와 다큐멘터리 감독 신은정 씨가 미국 대학교를 돌며 강정마을의 해군기지 건설 반대 운동을 다룬 영상을 상영하는 프로그램을 통해 이루어졌다. 또한 강정마을 주민회는 교황청에 편지 보내기 운동을 벌여, 2014년 8월 한국을 방문한 프란치스코 교황이 서울 명동성당에서 집전한 미사에 초청받는 성과를 이루기도 했다(김현종, 2014). 이와 같은 국내외 인지 공중의 지지는 강정마을 주민회의 정당성을 강화하고, 이를 통해 쟁점을 대표하는 조직으로서의 대정부 협상력 강화에 이바지했다.

2) 정부의 쟁점 대응

(1) 쟁점 대응 관련 정부의 공중과 대응 전략

강정마을 해군기지 건설과 관련된 갈등을 관리하기 위해 정부가 우선하여 대응해야 할 주요 공중은 강정마을 주민회와 이들과 연대하는 다양한 시민단체로 구성된 활동 공중이다. 이들은 해군기지 건설에 반대하며, 쟁점 활성화를 위해 노력하는 핵심 집단이다. 정부는 이들에게 회피(avoidance), 인정(acknowledgement), 양보(concession), 협상(bargaining) 등을 포함한 협상 전략(negotiation-based strategy)을 통해 대응할 수 있다.

두 번째 공중은 해군기지 건설에 관심은 있지만 이해도가 낮은 환기 공중이다. 이들은 앞서 살펴본 쟁점 활성화 과정에서의 환기 공중과 유사한 집단이며, 정부는 이들이 활동 공중으로 전환되지 않도록 활동가들이 제공하는 정보와 상반된 반대로 정보를 제공해야 한다. 이를 위해 정부는 억제(containment), 가시적 협조(co-optation), 대외 활동(outreach), 협력(collaboration), 문의 대응(inquiry handling), 모니터링(monitoring) 등의 개입 전략(intervention-based strategy)을 활용할 수 있다.

세 번째 공중은 인지 공중으로, 이는 활동가들의 PR 대상이었던 인지 공중과 같은 집단이다. 언론인, 종교인, 학자, 저명인사 등 여론 주도층을 포함하며, 정부는 이들에게 미디어 옹호(media advocacy), 로비 활동(lobbying), 동맹 구축(alliance building) 등 교육 전략(education-based strategy)을 통해 접근할 수 있다.

네 번째 공중은 비활동 공중으로 쟁점에 대한 문제의식을 아직 느끼지 못한 평범한 시민들로 구성된 집단이다. 정부는 이들을 대상으로 환심 사기(ingratiation), 평판 강화(reputation enhancement), 성과 모니터링(performance monitoring), 품질 보장(quality assurance), 여론조사(poll taking), 시장 모니터링(market monitoring) 등의 예방 전략(prevention-based strategy)을 활용하여 대응할 수 있다.

(2) 정부의 쟁점 대응

강정마을 해군기지 건설과 관련하여, 활동 공중에 대한 정부의 대응은 협상과 양보보다는 회피와 인정 전략에 무게를 두었다. 강정마을 주민회는 꾸준히 협상을 요구했다. 그러나 정부와 제주도는 주민들의 이러한 요구에 적극적으로 응하지 않았다. 제주도와 주민들과의 첫 대화는 해군기지 유치가 결정된 지 1년 4개월 후인 2008년 8월 21일에 이루어졌다. 그러나 이 대화는 실질적인 협상이라기보다는 제주도가 펼친 인정 전략에 가까웠다. 쟁점 진행 모형(Issue Process Model)에 따르면, 협상(bargaining)은 양측이 원하는 조건을 주고받으며 합의에 도달하는 대면 소통 전략이다. 반면에 인정(acknowledge)은 표면적으로는 요구를 받아들이는 듯 보이나, 실제로는 시간을 끌면서 쟁점이 사라지거나 다른 방식으로 해결되기를 기대하는 전략이다. 김태환 제주도지사는 당시 대화에서 '이야기를 듣고 감동했다'라며 주민들의 요구에 공감하는 듯한 모습을 보였으나, 실질적인 답변을 내놓지는 않았다(윤철수, 2008). 이러한 발언은 주민들의 요구를 회피하기 위한 제스처였으며, 정부가 강정마을 주민회를 협상 대상자로 인식하지 않았음을 보여 준다. 이 대화는 20일 후인 2008년 9월 11일에 정부가 국가정책조정회의를 통해 해군기지 건설을 최종적으로 결정함으로써 인정 전략의 일환이었다는 점이 분명해졌다.

3. 쟁점 진행 모형을 통해 본 제주 해군기지 갈등

이는 제주도가 진정한 대화를 위한 실질적인 협상의 의지가 없이, 단순히 시간을 벌기 위해 대화에 나섰음을 입증한다.

정부는 해군을 통해 강정마을 주민회를 대상으로 기만이 가미된 가시적 협조전략도 활용했다. 가시적 협조(co-optation)는 표면적으로는 협력을 표방하지만, 실제로는 협력의 효과를 약화하는 전략이다. 이러한 전략은 주로 활동 공중의 지도자나 핵심 인물을 매수하거나 고용해 그들의 쟁점 추진 의지를 약화하는 방식으로 이루어진다. 2007년 4월에 있었던 해군기지 유치 결정은 일부 찬성 주민들만 모여 이루어진 것이었다. 이에 따라 강정마을회는 같은 해 6월, 해군기지 찬반투표를 위한 임시총회를 개최했으나, 찬성 측 주민들이 난입해 마을 총회장을 점거하고 투표함을 탈취하는 사건이 발생하면서 총회는 무산되었다(허호준, 2007a). 경찰조사에 따르면, 해군은 사전에 찬성 측 주민들과 모의하여 이들에게 투표함 탈취를 지시한 것으로 드러났다. 해군의 개입으로 정부는 해군기지 건설 반대 운동을 단기적으로 지연하는 데 성공했으나, 장기적으로는 정부에 대한 공중의 불신을 초래했다. 이는 갈등을 해결하기보다는 심화시키고, 활동 공중과의 협력을 어렵게 하는 결과로 이어졌다.

정부는 강정마을 주민들의 해군기지 건설 반대 운동에 대응하기 위해 다양한 억제 전략을 사용했다. 억제 전략(containment)은 쟁점을 흐릿하게 만들고 문제해결을 어렵게 하는 외부 요인을 강조하여 프레임을 전환한다. 이를 통해 비활동 공중과 환기 공중이 쟁점에 대해 행동할 필요성을 느끼지 않게 함으로써 쟁점의 확산을 막는다. 또한 이러한 전략은 문제의 원인을 다른 곳으로 돌리고 책임을 회피하는 데 주로 사용된다.

경제적 보상과 해군기지 건설의 법적 정당성을 강조한 정부의 전략은 대표적인 억제 전략에 해당한다. 먼저, 정부는 강정마을 주민들에게 경제적 보상을 제시하며 반대 운동을 약화하려 했다(심준섭, 2012). 주민들은 환경보전, 평화 그리고 마을공동체 보존을 위해 다양한 시민사회단체와 연대하여 해군기지 건설에 반대했다. 그러나 정부는 이에 맞서 경제적 보상을 강조하며 쟁점을 경제적 문제로 전환하려 했다. 또한 정부는 강정마을 사태를 둘러싼 법적 절차를 부각하며, 해군기지 건설의 법률적 정당성을 내세우며 쟁점의 초점을 법적 논의로 전환하고자 했다(최영길, 2012). 이는 주민들이 주장하는 환경 보호와 공동체 보존이라는 본질적인 요구를 무시하고, 경제적 이해관계와 법적 정당성을 강조하여 쟁점의 확산을 저지하려는 시도이다. 이러한 전략들은 갈등을 해결하기보다는 쟁점을 경제적 이익과 법적 정당성의 문제로 축소하고, 쟁점의 핵심인 환경 보호와 공동체 보존에 대한 논의를 희석하여 정부의 책임 회피를 돕는다.

주민 간 갈등을 유도하고, 공세적인 법 집행을 통해 해군기지 반대 운동의 불법성을 부각한 정부의 대응은 억제 전략으로 해석될 수 있다. 2008년 9월, 도지사가 강정마을 주민들과 대화를 위해 만난지 한 달도 채 되지 않은 시점에서, 제주도 환경부지사, 해군, 경찰, 검찰, 국정원 등 관계자들이 비밀회의를 열고 해군기지 건설과 관련한 대책을 논의했다. 회의에서 참석자들은 주민 간의 분열이 해군기지 추진에 도움이 된다고 판단했고, 찬성 측 주민들이 문제를 제기할 경우, 외부 세력 개입을 차단하기 위해 공세적인 법 집행을 하기로 합의했다(김익태, 2009). 더 나아가, 청와대, 제주도, 해군, 국정원, 국군사이버사령부 등은 인터넷 댓글 조작을 통해 조직적으로 여론에 대응했던 사실이 드러났다(김찬년, 2019). 이러한 정부의 전략은 환경 보호와 공동체 보존이라는 반대 운동의 핵심 쟁점을 흐리면서, 해군기지 반대 운동을 불법 행위로 프레임 전환하여 쟁점의 활성화를 억제하려는 시도이다. 억제 전략은 비활동 공중과 환기 공중을 대상으로 하여, 그들이 쟁점에 대해 공감하거나 참여하지 않도록 정부 입장에 유리한 정보를 제공하고 반대 세력의 주장을 약화하는 데 활용된다.

4 사회 갈등과 PR

강정마을 주민들과 정부는 제주 해군기지 건설을 둘러싼 갈등에 각기 다른 PR 전략을 통해 대처했다. 주민들은 해군기지 건설의 민주적 절차성 하자와 환경 보호라는 명분을 중심으로 쟁점을 활성화하는 등 대정부 협상에서 유리한 입지를 확보하기 위해 다양한 활동을 펼쳤다. 기자회견, 단식 농성과 같은 의사 사건을 통해 언론의 주목을 받았고, 마을 미디어와 온라인 카페를 통해 환기 공중에게 필요한 정보를 제공하면서 공감을 끌어냈다. 또한 주민들과 시민사회단체들은 국내외 학자, 언론인 그리고 유명 인사들과의 연대를 통해 국내외의 관심과 지지를 받기도 했다.

반면, 정부는 주민들과 시민사회단체의 요구에 소극적으로 대응하면서, 경제적 보상과 해군기지 건설의 법적 정당성을 강조하며 쟁점 확산을 저지하기 위해 노력했다. 특히, 주민 간 갈등을 유도하고 반대 운동의 불법성을 부각하며, 과잉 진압을 통해 정부의 입장을 강화하고 널리 알리려 했다. 여론 조작을 위한 댓글 작업과 같은 수단을 통해 여론의 흐름을 조정하고, 반대 쟁점의 본질인 환경 보호와 공동체 보존이라는 주민들의 주장을 희석하려고 했다. 그러나 이러한 대응은 정부에 대한 주민들의 불신을 더욱 심화시켰으며, 갈등을 해결하기보다는 오히려 장기화하는 결과로 이어졌다.

쟁점 진행 모형을 통해 바라본 강정마을 사례는 정부와 주민 간의 갈등이 소통을 통해 해결되지 못하고 법적 절차에 의존하게 된 이유를 분명히 보여 준다. 강정마을 주민들과 시민사회단체들은 해군기지 반대 운동 조직을 체계화하고 외부 단체와의 연대를 통해 쟁점을 분명히 했다. 이들은 비활동 공중의 문제인식을 촉진하고, 환기 공중에게는 관련 정보를 제공하며, 인지 공중의 지지와 개입을 끌어내기 위한 다양한 활동을 전개했다. 이러한 노력을 통해 주민들은 국내외의 주목을 받으며 쟁점을 활성화했다. 그러나 정부는 가장 먼저 대응해야 할 공중인 강정마을 주민들과 시민사회단체를 외면하거나 그들의 요구에 소극적으로 대응했다. 대신 쟁점의 본질을 흐리고, 활동 공중 외의 다른 공중에게는 자신들의 의도대로 틀 짓기(framing)된 정보를 제공함으로써 쟁점의 확산을 막으려 했다. 결과적으로 이러한 정부의 대응은 주민들과의 소통을 막아 갈등을 복잡하게 했고, 비윤리적이라는 비판을 받으며 불신을 초래했다. 그 결과, 갈등 해결은 법원에 의존하게 되었다.

모든 이해관계자가 만족하는 정책을 수립하고 실행하는 것은 사실상 불가능하다. 따라서 갈등을 초래할 수 있는 쟁점을 효과적으로 관리하는 것은 정부 핵심 업무 중 하나다. 그러나 이번 사례 분석에서 알 수 있듯이, 정부의 쟁점 관리 방식은 상호호혜성을 강조하는 PR의 기본 원칙과는 거리가 있었다. 정부는 갈등 당사자와의 진정한 소통을 시도하기보다는, 자신의 입장을 관철하기 위해 비윤리적이고 일방적인 방법을 선택했다. 특히, 정부가 2007년에 해군기지 건설 사례를 갈등관리 최우수 사례로 선정하고, 이를 공무원 교육자료로 활용하겠다고 발표한 점은(김민주, 2007), 정부의 쟁점 관리 철학과 능력에 의문을 불러일으킨다. 해군기지 건설로 인해 공동체가 파괴된 강정마을 주민들은 수십 년이 지난 지금도 고통에 시달리고 있다. 이러한 상황이 국민의 행복을 보장해야 할 정부의 일방적인 결정과 비효율적인 갈등관리에서 비롯되었다는 점에서 깊은 우려를 낳는다. 앞으로 이러한 상황의 재발을 방지하기 위해서라도 정부의 쟁점 관리에 공중과의 우호적 관계를 고려하는 PR의 개념과 이론을 적극적으로 적용할 필요가 있다.

지금 우리 사회는 강정마을 해군기지 건설과 같이 심각한 갈등으로 이어질 수 있는 수많은 쟁점에 직면하고 있다. 예를 들어, 환경부의 기후변화 대응을 위한 댐 건설 계획(김정수, 오윤주, 2024)과 전라도 지역에서 생산된 전력을 수도권에 공급하기 위한 한국전력의 송전선로 신설 계획(김창효, 2024)은 모두 특정 지역 주민공동체의 희생을 전제로 한 국책사업이라는 점에서 강정마을 해군기지 건설과 유사한 성격을 띤다. 2003년 전북 부안에서 방사성 폐기물 처리시설 유치를 둘러싸고 발생한 유혈 사태와 2010년대 초 밀양 송전탑 사건 역시 비슷한 갈등 사례로 꼽힌다. 지난 20년간 이들 국가 기간 시설 건설과 관련된 갈등에 대응하는 정부의 방식에는 큰 변화가 없었다. 정부는 사업의 성공적인 추진을 위해 해당 지역 주민들의 희생을 강요하고 고통을 외면하며, 갈등을 감추고 억제하는 데만 급급했다. 그 결과, 대부분의 갈등은 법원으로 향했고, 갈등으로 인한 상처는 치유되지 못한 채 방치되고 있다.

조직과 공중 간의 상호호혜적 관계를 강조하는 PR은 정부가 쟁점과 갈등을 관리하는 데 있어 소통과 이해의 관점을 제공한다. 소통과 이해를 통한 갈등 해결은 단순히 정부의 역량을 보여 줄 뿐만 아니라 사회의 성숙도를 보여 주는 지표가 될 수 있다. 소통을 통해 갈등을 해결하는 과정에서 당사자 간의 상호이해가 증진되며, 그로 인해 집단 간 협력과 타협의 여지가 생겨 사회의 유연성과 안정성이 증대된다. 이러한 유연성은 집단 간의 조화로운 상호작용을 가능하게 하여 사회가 더 지속 가능하고 안정적인 방향으로 나아갈 수 있도록 돕니다. 반면, 법적 해결 방식은 명확한 규정과 판결에 따라 이루어지므로 당사자들 사이에 여유를 허용하지 않는다. 집단 간의 대화와 타협이 배제된 사회는 점차 경직성을 띠게 되고, 이는 대립과 분열을 심화시켜 갈등의 빈도를 높일 가능성이 크다. 따라서 PR을 통해 쟁점과 갈등을 관리하는 것은 법적 절차에 의존하는 경직된 방식에 비해, 사회의 조화와 통합을 유지하고 갈등을 예방하는 데 중요한 역할을 할 수 있다.

이 글은 우리 사회에서 발생하는 갈등을 해결하는 데 PR 이론이 어떻게 활용될 수 있는지에 대한 질문에서 시작되었다. 이를 위해 쟁점 진행 모형(Hallahan, 2001)을 활용하여, 강정마을 주민들과 정부 간에 벌어진 제주 해군기지 건설을 둘러싼 갈등 사례를 분석했다. 분석은 주민들이 쟁점을 활성화하기 위해 전개한 PR 활동과 이에 대응하는 정부의 전략을 구체적으로 보여 준다. 이를 통해 양측이 갈등에 어떻게 대처했는지, 그리고 그 활동이 적절했는지에 대해 논의했다. 다만, 이 분석은 언론 보도 내용을 중심으로 이루어졌다는 한계가 있다. 보도되지 않는 PR 활동이나 내부 전략에 대한 정보는 다루지 못했기 때문에, 이 글에서 논의된 내용은 강정마을 주민들과 정부가 펼친 모든 활동을 포괄하는 것이 아님을 유념해야 한다. 그럼에도 불구하고, 이 책은 PR 연구자와 실무자들에게 쟁점 진행 모형이 갈등관리에 어떻게 적용될 수 있는지, 그리고 갈등관리를 어떻게 분석할 수 있는지에 대한 통찰을 제공한다. 이를 통해 사회 갈등이 법적 해결에만 의존하지 않고, 구성원들이 대화와 협상을 통해 주체적으로 갈등을 해결할 수 있는 사회를 기대해 본다.

 생각해 볼 문제

1. 국책사업 수행 과정에서 정부가 추진하는 조직 중심의 일방적인 PR 활동이 지니는 윤리적 문제를 고민해 보자.
2. 갈등관리를 위한 정책 PR 과정에서 법적 절차와 소송에 의존하지 않고, 소통으로 갈등을 해결할 방안을 고민해 보자. 공중과의 상호이해를 증진하기 위한 구체적인 소통 전략은 무엇이 있을지 생각해 보자.
3. 쟁점 진행 모형을 다른 갈등 사례에 적용하여 분석해 보자. 예를 들어, 환경부의 기후 대응 댐 건설, 전라도 송전선로 신설, 밀양 송전탑 사건, 부안 방사성 폐기물 처리시설 유치 등의 사례에서 갈등이 어떻게 진행되고 관리되었는지를 분석해 보자.
4. 갈등 당사자들이 펼친 다양한 PR 활동을 조사한 후, 이를 쟁점 진행 모형의 단계에 맞게 분류해 보고 그 이유를 분석해 보자. 각 단계에서 어떤 PR 활동이 효과적이었는지를 비교·분석해 보자.

고광안, 이종민(2018). 정부 정책 PR에 있어서 공중별 특성에 따른 조직의 대응 전략 연구: 할라한(Hallahan)의 이슈 처리 모델을 중심으로. 광고연구, 116, 5-37.

사공영호(2008). 정책이란 무엇인가? 정책의 수단적 가치에 대한 반성. 한국정책학회보, 17(4), 1-36.

윤여일(2017). 강정, 마을에 대한 세 가지 시선. 환경사회학연구 ECO, 21(1), 71-109.

정영신(2018). 해군기지를 둘러싼 투쟁과 강정마을 공동체의 변동. 탐라문화, 58, 149-183.

홍성만(2018). 국책사업을 둘러싼 갈등에서 마을공동체 분열과 치유·회복을 위한 정부 역할 탐색. 한국공공관리학보, 32(2), 183-210.

Cobb, R. W., & Elder, C. D. (1972). Participation in American politics. *The dynamics of agenda building.* Boston: Allyn & Bacon.

Edelman, M. (1985). *The symbolic uses of politics.* Chicago: University of Chicago Press.

Ellul, J. (1973). Propaganda. *The formation of men's attitudes.* New York: Vintage.

Hallahan, K. (2001). The dynamics of issues activation and responses: An issue process model. *Journal of Public Relations Research, 13*(1), 27-59. DOI:10.1207/S1532754XJPRR1301_3

Ryan, C. (1991). *Prime time activism.* Boston: South End Press.

강재병(2007. 9. 13.). "해군기지 즉각 철회하라" 도청 앞 시위. 제주일보. https://www.jejunews.com/news/articleView.html?idxno=194516

강홍균(2011. 9. 20.). 노엄 촘스키 "제주 해군기지 건설 반대" 재천명. 경향신문. https://www.khan.co.kr/national/national-general/article/201109201610001

곽재훈(2011. 8. 18.). 글로리아 스타이넘 "제주 해군기지는 결국 MC 기지". 프레시

안. https://www.pressian.com/pages/articles/62550

강홍균(2008. 10. 8.). 제주 강정마을 해군기지 반대 릴레이 단식. 경향신문. https://www.khan.co.kr/local/Jeju/article/200810131636261#csidxaa67 7a632d13c6d8852749e6c4ec233

김두영(2010. 12. 30.). 강정마을 주민들, 도의회 앞서 '침묵시위'. 헤드라인제주. https://www.headlinejeju.co.kr/news/articleView.html?idxno=105380

김민주(2007. 12. 17.). "최악의 갈등 조장 사례가 최우수 모범 사례냐". 서귀포신문. https://www.seogwipo.co.kr/news/articleView.html?idxno=28083

김봉현(2017. 4. 26.). 국정원·경찰·해군·제주도, 반대 세력 구속 '짬짜미'. 제주 의소리. https://www.jejusori.net/news/articleView.html?idxno=190103

김익태(2009. 1. 19.). 해군기지 유관기관 회의록 단독 입수. KBS 제주. https:// news.kbs.co.kr/news/pc/view/view.do?ncd=6835439

김정수, 오윤주(2024. 7. 30.). 비 80㎜만 내려도 가득 차는 댐이 '기후대응댐'? 한겨 레신문. https://www.hani.co.kr/arti/society/environment/1151446.html

김찬년(2019. 5. 29.). 제주 강정마을 과잉 진압… 흙은 댓글 공작. MBC. https:// imnews.imbc.com/replay/2019/nwdesk/article/5335788_28802.html

김창효(2024. 9. 5.). "재생에너지 필요 기업이 생산 지역으로 이전해야"… 송전 선로 건설 논란. 경향신문. https://www.khan.co.kr/environment/ environment-general/ article/202409051815031

김태홍(2011. 8. 1.). 희망의 그림자 몰려드는 강정마을. 제주환경일보. https:// www.newsje.com/news/articleView.html?idxno=13374

김한솔, 손제민(2012. 9. 13.). '강정마을 인권침해' 유엔 질의, 정부 100일 넘게 묵살. 경향신문. https://www.khan.co.kr/national/incident/article/201209 132153445

김현종(2014. 8. 11.). 강정마을 주민 3명 교황 집전 미사에 초대. 제주일보. https://www.jejunews.com/news/articleView.html?idxno=1753163

노화정(2013. 6. 3.). UN 인권 특별보고관 4일 제주강정마을 현지조사. 뉴스1. https://www.news1.kr/local/jeju/1160415

문준영(2015a. 10. 26.). 강정마을, 123년 역사 국제평화기구 평화상 수상. 프레시안. https://www.pressian.com/pages/articles/130691

문준영(2017b. 4. 26.). 떼지 못한 꼬리표, "무늬만 민군복합항' 논란. 제주의소리.

https://www.jejusori.net/news/articleView.html?idxno=190072

오석준(2013. 5. 29.). 유엔 인권 특별보고관 강정마을 찾는다. 제주도민일보.
　　https://www.jejudomin.co.kr/news/articleView.html?idxno=39278

윤철수(2008. 8. 21.). 포문 연 '대화', 그러나 '갈등의 골'은 깊었다. 미디어제주.
　　https://www.mediajeju.com/news/articleView.html?idxno=48574

이상민(2012. 5. 1.). 2년 동안 강정마을에선…주민·활동가 500명 연행, 육지 경찰
　　9,000명 투입. 제주도민일보. https://www.jejudomin.co.kr/news/
　　articleView.html?idxno=31557

이승록(2017a. 4. 26.). 잘못 끼운 첫 단추…강정 '10년 비극'의 시작. 제주의소리.
　　https://www.jejusori.net/news/articleView.html?idxno=190084

이승록(2017b. 4. 26.). '일방통행' 광역단체장 전국 첫 '주민소환'. 제주의소리.
　　https://www.jejusori.net/news/articleView.html?idxno=190099

임안섭(2012. 10. 18.). 개척자들, 터전 불타도 평화 운동은 더욱 뜨겁게. News &
　　Joy. https://www.newsnjoy.or.kr/news/articleView.html?idxno=192346

좌용철(2009a. 9. 30.). 해군기지 사업부지 환경성 조사 전면 재 실시 해야. 제주의
　　소리. https://www.jejusori.net/news/articleView.html?idxno=69614

좌용철(2017b. 4. 27.). 국방·군사시설 실시계획 승인…강정, 벼랑 끝 투쟁. 제주의
　　소리. https://www.jejusori.net/news/articleView.html?idxno=190086

좌용철(2010c. 10. 13.). 위미1리 이어 화순도 '반대'…입지 재선정 '불발'. 제주의소리.
　　https://www.jejusori.net/news/articleView.html?idxno=89408

최영길(2012. 7. 5.). 대법원, "제주 해군기지 건설사업 합법" https://www.lawtimes.
　　co.kr/news/65487

한애리(2007. 8. 20.). 강정 주민, 해군기지 절대적 '반대'. 미디어제주. https://
　　www.mediajeju.com/news/articleView.html?idxno=30067

허호준(2007a. 6. 20.). 강정마을 주민 충돌 '해군기지 찬반투표' 무산. https://
　　www.hani.co.kr/arti/area/area_general/217215.html

허호준(2019b. 10. 20.). 생명평화결사 '강정에 힘 보탤 때'. 한겨레. https://www.
　　hani.co.kr/arti/area/area_general/466371.html

제3장

환경문제해결을 위한
PR 커뮤니케이션
문제해결 상황이론의 적용

● 김활빈(강원대학교)

 ## 1 서론: 환경문제

　대기나 바다와 같은 자연환경은 우리와 항상 함께 존재하고 있어서 평소에는 그 소중함을 느끼지 못하는 경우가 많다. 하지만 자연환경에 문제가 생겨 우리에게 위해를 주는 단계에 이르면 비로소 문제의 심각성을 인식하고 문제의 해결책을 찾거나 책임 소재에 관심을 갖는다. 평소에 맑은 공기가 미세먼지나 황사로 오염되어 시야가 흐려지거나 숨쉬기가 불편해지면 마스크를 쓰거나 기사를 검색하면서 그 원인을 찾는다. 환경문제는 우리의 감각기관으로 문제점을 지각하면서 시작되는 경우가 많다. 미세먼지가 발생한 하늘과 오수로 오염된 강이나 호수를 보면 문제가 있다는 점을 바로 알기가 쉽지만 그렇지 않은 환경문제도 적지 않다. 예를 들어, 기후변화로 인하여 발생하는 환경문제는 그 인과관계를 특정하여 쉽게 설명하기 어렵고, 당장 큰 피해가 나타나지 않기 때문에 그것을 문제로 인식하지 못하는 경우가 많다. 또한 레이첼 카슨(Rachel Carson, 1962)의 『침묵의 봄』에서 밝혔듯이 살충제가 해충을 구제하기 위해 사용되었지만 살충제에 오염된 벌레를 먹은 상위 포식자인 새들이 죽게 되는 의도하지 않은 문제가 환경문제에서 발생할 수 있음을 보여 주었다. 이 책으로 인해 무차별적인 농약 살포의 문제점이 지적되었고, DDT와 같은 살충제의 사용이 실제로 줄어들었다.

환경 위기 혹은 환경 갈등은 현재 인류뿐만 아니라 미래 세대까지 위협하는 문제로 그 위험성이 나날이 커져가고 있다. 또한 환경에 대한 문제는 세계적으로도 큰 주목을 받고 있다. 세계경제포럼(World Economic Forum: WEF)이 2024년에 발표한 〈Global Risks 2024〉에 따르면 환경 분야 위험인 '기상 이변'이 가장 높은 순위를 차지했다(이미화, 2024). 글로벌 위험을 경제·환경·사회·기술·지정학의 5개 분야에 대하여 현재, 단기(향후 2년 내) 위험, 장기(향후 10년 내) 위험으로 구분하여 발표하고 있는데, 단기 위험에서도 환경 분야는 '기상 이변'(2위)과 '오염'(10위)이 순위에 들었다(〈표 3-1〉 참고). 장기 위험으로 보면 상위 10위 안에 모두 5개의 환경 위험이 순위에 들었다. 1위는 '기상 이변'이었고, 2위 '급격한 지구 시스템 변화', 3위 '생물다양성 손실 및 생태계 붕괴', 4위 '천연자원 부족' 그리고 10위 '오염'의 순이었다. 기후변화 대응 실패 및 환경오염 등으로 인해 향후 지구 생태계가 심각한 위험에 직면할 것으로 예상된다는 것이다. 환경문제는 현재보다 미래에 더 큰 문제가 될 것으로 예측되고 있는데, 이로 인해 현세대가 문제해결에 적극적으로 나서지 않을 수도 있다. 예를 들어, 기후변화의 위험에 대한 경고가 꾸준히 제기되고 있지만, 국가 간 협력이 쉽지 않고 국내에서도 다양한 이해관계자에 의해 사회적 의제

순위	현재 글로벌 위험 요인	향후 2년 내 직면할 글로벌 위험 요인	향후 10년 내 직면할 글로벌 위험 요인
1	기상 이변	역정보 및 허위정보	기상 이변
2	AI가 생성한 역정보 및 허위정보	기상 이변	급격한 지구 시스템 변화
3	사회·정치 양극화	사회 양극화	생물다양성 손실 및 생태계 붕괴
4	생활비 위기	사이버 위협	천연자원 부족
5	사이버 위협	국가 간 무력 충돌	역정보 및 허위정보
6	경기 침체	경제적 기회 불평등	AI 기술의 부작용
7	핵심 상품 및 자원의 공급망 붕괴	인플레이션	비자발적 이주
8	국가 간 무력 충돌 확대 및 발발	비자발적 이주	사이버 위협
9	핵심 인프라에 대한 공격	경기 침체	사회 양극화
10	식량 공급망 붕괴	오염	오염

출처: 이미화(2024).

로 설정되지 못하는 경우도 많다.

　환경에 대한 관심과 문제의식이 늘어나면서 환경 커뮤니케이션도 함께 등장했다. 환경 커뮤니케이션이란 환경에 대한 커뮤니케이션으로 OECD에 따르면 환경적 지속가능성 실현을 목표로 정책수립, 공중참여, 프로젝트 집행을 위해 커뮤니케이션 과정 및 미디어를 계획적·전략적으로 활용하는 소통활동이다(이은택, 김활빈, 2023). 환경 커뮤니케이션을 통해 환경에 대한 이슈가 무엇인지 논의되며, 공중이 이를 사회적 문제로 인식하게 되면 해결을 위하여 서로 소통하고 정보를 교환하며 사회적 논의를 위한 공론장을 제공하는 일련

97

의 과정들을 모두 포함한다. 공중이 환경문제를 인식하고 의견을 나누는 과정은 주로 미디어를 통해서 이루어진다. 신문과 방송과 같은 레거시 미디어는 여전히 환경문제에 대하여 이슈를 제기하고 해결책을 제시하는 기능을 담당하고 있다. 또한 디지털 미디어 플랫폼에서는 많은 사람이 참여하여 정보를 공유하고 서로의 의견을 교환하고 있다. 이 과정에서 일반 시민들과 이해관계자들은 특정 환경문제에 대한 공중으로 발전하기도 하며, 공중의 적극적 참여를 통해 환경문제가 미디어 의제에서 정책 의제화되고 궁극적으로 문제가 해결되기도 한다.

환경 커뮤니케이션은 기본적으로 PR의 성격을 가진다. 주로 환경문제와 관련된 기업이나 정부, 공공기관과 같은 조직이 공중을 상대로 이슈를 관리하고, 조직의 입장에서 위험이 감지되면 위기로 나아가지 않도록 조치를 취하며, 만약 위기가 발생하면 위기가 확산되지 않도록 적극적으로 대처하고 커뮤니케이션을 한다. 환경문제와 관련된 커뮤니케이션을 보면 해당 문제와 관련된 조직과 공중 사이의 커뮤니케이션이 대부분이다. 그리고 환경부와 같은 중앙행정부의 담당 부처와 지방자치단체가 조직의 활동을 규제하거나 공중을 위해 정보를 제공하는 등의 활동을 하고 있다.

앞서 언급했듯이 환경문제가 당장 피해가 없거나 위해가 특정되지 않을 경우 사회적 의제로 발전하지 못하게 되어, 공중의 형성이 쉽지 않을 수 있다. 그리고 지역적 차원에서 환경문제가 발생할 경우 전국적 차원의 의제화가 쉽지 않다. 사회적 의제로 채택되지 못하고 공중이 형성되지 못할 경우 환경문제는 특정 집단의 이해관계에 따라 움직이기 쉽다. 따라서 환경문제해결에 있어서 공중의 형성이 필요하고 이들의 적극적 소통과 참여를 통해 사회적 의제로 발전시켜야 문제해결에 다가갈 수 있다.

이 장에서는 환경문제를 발생시키는 환경재의 특성과 환경문제의 특징을 먼저 살펴보고, 이를 PR 이론 가운데 김정남과 그루닉(Kim & Grunig, 2011)이 주창한 문제해결 상황이론(Situational Theory of Problem Solving: STOPS)을 활용해 구체적인 환경문제에 대한 공중 세분화 과정 및 공중의 커뮤니케이션 행동이 어떻게 이루어지는지 살펴보고자 한다.

 ## ② 환경문제의 특징과 PR 커뮤니케이션

1) 환경재의 특성과 공유지의 비극

환경문제는 주제와 범위가 매우 다양하고 광범위하기 때문에 모든 측면을 다루기가 어렵다(강은숙, 김종석, 2022). 이 장에서는 공기, 강과 호수 및 산림과 같은 자연환경을 대상으로 논의를 하고자 한다. 우리가 일반적으로 자유롭게 이용했던 환경인데, 이는 환경재라 부를 수 있다. 환경재의 가장 큰 특성이 바로 공유재(common goods)인데, '공유지의 딜레마' 혹은 '공유지의 비극'을 초래하는 공유재의 성격으로 인하여 많은 환경문제가 발생하고 있다.

일반적으로 재화와 서비스는 배제성(excludability)과 경합성(rivalry)을 기준으로 네 가지 유형으로 나눌 수 있다(〈표 3-2〉 참고). 공유재는 경합성과 비배제성(non-excludability)을 특성으로 한다. 비재제성은 대가를 치르지 않아도 소비에서 배제할 수 없는 특성이며, 경합성은 한 사람이 상품을 소비할 경우 다른 사람은 그 상품을 소비할 수 있는 기회가 줄어드는 특성을 의미한다. 예를 들어, 개인이 소유한 목초지와 지역 공동체가 공동으로 소유하는 목초지를 비교해 보면 그 차이를 알 수 있다. 개인 소유의 목초지는 주인이 관리를 하지만, 공동소유의 목초지는 누구나 이용할 수 있지만(비배제성), 누군가의 가축이 목초지를 이용하면 다른 주민의 가축이 이용할 수 있는 풀은 줄어들게 된다(경합성). 이러한 공동 소유의 목초지, 즉 공유지는 모든 사람이 함께 사용하지만 누구도 아껴서 쓰려고 하지 않는다. 이를 '공유지의 비극'이라 부르며, 자연환경 역시 이러한 특성을 가지고 있기에, 적절한 통제가 이루어지지 않으면 결국 환경문제가 발생하고 환경이 파괴되기에 이른다는 것이다(이준구, 이창용, 2020).

▌표 3-2▐ 재화와 서비스의 분류

		경합성	
		크다	작다
배제성	크다	사적재(private goods)	요금재/클럽재(toll/club goods)
	작다	공유재(common goods)	공공재(public goods)

출처: 강은숙, 김종석(2022), p. 46.

환경문제는 오래전부터 존재했지만, 산업혁명 이후 산업화가 본격적으로 진행되면서 심각해진 것이 사실이다. 산업화가 초래한 환경문제의 대표적인 예가 런던 '대스모그 사건'인데, 20세기 중반 런던에서 공장에서 내뿜는 매연으로 인하여 수많은 사람이 사망했었다. 한국에서도 1970년대 이후 경제개발이 본격적으로 이루어지면서 심각한 매연이나 오폐수 문제를 겪었고, 최근에는 미세먼지 피해를 입기도 했다.

이러한 환경문제가 발생하는데, 그 해결이 어려운 이유는 다음과 같다(이준구, 이창용, 2020).

첫째, 환경문제는 외부성(externalities)이 존재하기 때문에 발생하는데, 이로 인하여 시장의 조정을 통해서 해결이 어렵다. 외부성이란 특정 행동이 제3자에게 의도하지 않은 혜택 혹은 손해를 가져다주면서 그 대가를 받지도 않고 지불하지도 않는 현상을 이르는 말이다. 기업은 비용을 줄이기 위해서 폐수를 적절히 처리하지 않고 강이나 호수에 그대로 배출하여 환경오염이 발생해도 시장은 그것을 통제할 수 없다. 외부성이 존재하면 시장의 자원배분이 정상적으로 작동하지 않게 되는 것이다.

둘째, 환경문제는 갑자기 심각해지는 경우가 많기 때문에, 이를 사전에 대비하지 않는 경우가 많다는 것이다. 환경오염의 초기 국면에서 사람들은 그저 불편함 정도로만 생각하다가 오염이 진행되면 갑자기 위험한 상태로 들어설 수 있다. 런던에서 발생한 스모그도 사전에 예측을 제대로 하지 못했었다. 이러한 환경문제를 해결하기 위하여 경제학자들은 정부 개입을 통한 해결(시장 실패의 조정자)이나 정부 개입이 아닌 자발적 협상을 강조하는 코오즈 정리(Coase theorem)[1]를 제시하기도 한다.

한편 PR 커뮤니케이션 차원에서 김영욱(2021)은 위험의 대상이

---

[1] 코오즈는 외부성과 관련된 문제에 상호성(reciprocity)이 있기 때문에 정부의 간섭이 오히려 바람직하지 않은 결과가 나올 수 있다고 지적하면서, 이해당사자의 자발적 협상에 의해 환경문제를 포함한 외부성의 문제를 풀 수 있다고 주장하였다(이준구, 이창용, 2020).

공유재이기 때문에 실제 문제해결을 위한 행동으로 옮기지 않는 경우가 발생한다고 진단하고, 문제해결을 위하여 분명하고 명확한 커뮤니케이션이 필요하다고 주장한다. 이에 환경문제해결을 위하여 관련 지식과 도덕적 가치를 공중에게 알리는 것이 중요하며, 실제 개인이 환경보호에 나설 경우 자신에게 어떠한 이익이 돌아올 수 있는지 알려 주어야 한다. 또한 개인적 차원에서 본인이 얻는 편익도 중요하지만, 환경문제를 해결하기 위해서는 사회적인 차원에서 구성원 사이에 네트워크가 잘 작동할 수 있는 공동체를 만들어야 할 것이다.

2) 환경문제의 특징

우리는 자연환경 속에서 살아가고 있다. 단순히 살아간다기보다는 맑은 공기를 통해 호흡을 하고, 맑은 물을 마시며, 토양에 농사를 지어 양식을 얻는다. 자연과 상호작용을 통해서 살고 있는 것이다. 따라서 환경문제는 생태계와 밀접하게 관련되어 있으며 생태학적 접근이 필요하다(윤경준, 2024).

환경정책학에서는 환경문제의 특징을 크게 네 가지로 나누어 설명하고 있다(강은숙, 김종석, 2022; 신연재, 2023; 윤경준, 2024).

첫째, 환경문제는 상호의존성을 가지고 있다. 이는 생태학적 시각으로 환경문제를 대처하기 위해서 지구를 하나의 시스템으로 이해하는 것이 필요하다. 왜냐하면 지구 환경 내에 각 구성요소가 상호의존적인 결합을 하고 있기 때문이다. 특정 환경문제가 다른 환경문제와 상호의존성을 가진다는 점에서 복합성이라고도 한다. 예를 들어, 지구 환경의 구성요소인 바다에 오염물질이 대량으로 유입될 경우 해양오염 문제만 문제가 되는 것이 아니다. 해양 생태계를 이루는 구성요소에 영향을 주고, 해안가에 있는 토양에도 영향을 미치는 등 복잡하게 얽힌 관계 속에서 문제를 파악하고 적절한 대처를 찾아야 하는 어려움이 있다.

둘째, 환경문제에서 인과관계는 비선형성(non-linearity)을 가진다. 인과관계의 비선형성은 원인과 결과가 비례적 관계를 가지지 않으며 인과관계의 추적이 어렵다는 뜻이다. 이는 환경문제가 본질적으로 상호의존성 혹은 복합성을 가지고 있기 때문에, 그 인과관계가 상당히 복잡하다는 것을 의미한다. 기후변화의 예에서 대기 중에 이산화탄소의 증가로 지구 온도가 상승하지만, 일정한 수준을 넘어서면 예측하기 어려운 집중 호우나 폭설, 가뭄 등이 자주 발생하는 경우가 이에 해당한다.

셋째, 환경문제는 비가역성(irreversibility)을 가진다. 비가역성이란 특정한 지점, 즉 임계점(threshold point)을 넘어서면 원래 상태로 돌이키기 어렵다는 뜻이다. 임계점을 정확히 알 수 있다면 관리가 가능할 것이다. 하지만 환경문제에서 정확한 임계점을 모르는 경우가 많다. 과거에 오존층이 파괴되어 갈 때 그 인과관계를 비교적 명백히 파악하고 해결책을 제시하여(예: 프레온 가스 배출 규제) 현재 오존층은 정상 상태로 돌아왔다. 하지만 기후변화 문제는 인과관계에서부터 의견 충돌이 있는 상태로 후발 경제개발 국가에서 온실가스 배출에 대한 강력한 규제가 어려운 실정이다. 일부 학자들은 지구 평균 기온이 지속해서 증가하고 있으며, 임계점이 얼마 남지 않았다고 경고하고 있다.

넷째, 환경문제는 초국가성과 지역성을 가진다. 환경문제는 시공간적으로 광범위하게 영향을 미치며, 전 지구적으로 영향을 미치는 경우가 많다. 환경문제는 오염이 발생하면 상당한 시간이 지난 다음 피해가 나타나기도 하며, 오염 발생지역과 상당히 멀리 떨어진 지역에 영향을 미치기도 한다. 기후변화는 전 지구적으로 영향을 미치고 있으며, 미세먼지 문제도 초국가성을 특징으로 한다. 따라서 환경문제는 한 국가에서만 대처한다고 해결되는 것이 아닌 국가 간 협력이 필요한 경우가 많다. 국제환경협약을 통한 해결 노력이 중요한 이유다.

3) PR 커뮤니케이션

환경문제는 정부와 기업 그리고 지역 주민이나 전체 국민 사이의 관계에서 이해관계 차이로 발생하는 경우가 많다. 자연환경을 개발하는 사업이 대표적이다. 과거에 KTX 개설 공사로 천성산에 도롱뇽 서식지가 파괴되는 문제가 제기되어 단식과 소송까지 진행되는 사회적 갈등을 겪었다. 최근에는 설악산에 추가로 케이블카를 설치하는 문제로 지자체와 환경단체가 대립하면서 환경영향평가 부동의 및 행정심판 등 갈등이 적지 않았다. 지역개발과 환경보전 사이에서 가치 충돌이 사회적 충돌로 이어진 것이다. 지역적 이슈로서 환경문제도 많지만, 기후변화나 미세먼지 문제와 같이 초국가적 문제도 적지 않다. 국제적 문제에서는 이해당사자와 이해관계가 더 광범위하고 복잡하다.

환경문제는 기업의 활동으로 발생하기도 하지만, 정부와 지자체

의 정책에서 나오기도 한다. 과거에는 정책이 결정되면 공중에게 일
방향적으로 전달되는 과정을 거쳤다. 정책을 입안하고 집행하는 일
은 기본적으로 국회, 지방의회, 행정부처 및 지자체가 담당한다. 그
리고 이 과정에 정당, 이익집단, 시민단체, 언론, 전문가 집단 그리고
다양한 이해관계자가 참여해 영향을 주고받는 일이 증가하고 있다.
즉, 공중이 다변화되고 있고 비공식적인 정책 참여 공중이 늘고 있
는 것이다(배지양, 2015). 환경문제 역시 비공식적 정책 참여 공중이
증가하고 있는데, 자연환경이 많은 사람과 이해관계를 가질 수 있기
때문이다. 따라서 환경문제를 해결하기 위하여 이해당사자로서 공
중이 누구인지, 그리고 공중을 대상으로 하는 PR 커뮤니케이션이 어
떻게 이루어져야 하는지 이해하는 일이 매우 중요하다.

(1) 공중의 상황이론과 공중의 세분화

공중에 대한 이해 그리고 공중관계에서 PR 커뮤니케이션을 설명
하는 대표적 이론으로 그루닉과 헌트(Grunig & Hunt, 1984)가 제시한
공중의 상황이론(situational theory of publics)이 있다. 처음에는 조직 내부
구성원들을 분류하기 위하여 제시되었지만, 조직을 넘어서 일반 공
중의 세분화를 위한 이론적 분석 틀로 사용되고 있다(김영욱, 2003).
상황이론은 공중이 특정한 상황 혹은 사회문제에 대하여 서로 다른
인지적 과정을 거치며 이러한 인지과정의 결과가 공중의 커뮤니케
이션 행동(정보 추구와 정보 처리)으로 이어진다고 설명한다. 즉, 사회적 문
제나 상황에 대하여 공중이 어떻게 생각하는지에 따라서 서로 다른
커뮤니케이션 행동을 한다는 것이다. 상황이론은 공중의 인지과정
을 세 가지 변수를 가지고 설명하는데, 문제인식(problem recognition), 제

105

2. 환경문제의 특징과 PR 커뮤니케이션

약인식(constrained recognition) 그리고 관여도(level of involvement)이다. 문제인식은 특정 상황에 대하여 공중이 그것을 문제로 인식하는지 여부를 의미한다. 예를 들어, 기후변화에 대하여 본인에게 특별한 영향을 미치고 있지 않다고 생각하거나 관련 경험도 없을 경우 기후변화를 사회적 문제로 인식하지 않을 것이다. 많은 사람이 기후변화를 사회적 문제로 인식하지 않는다면 변인의 측정에서 문제인식 정도가 매우 낮게 나올 것이다. 제약인식은 상황에 대한 행동을 제약할 수 있는 제약 혹은 장애 요소에 대한 인식이다. 문제를 해결하는 과정에서 개인이 지각하는 제약이나 장애라는 점에서 건강 신념 모형(Becker, 1974)의 지각된 장애와 유사한 개념이다. 기후변화에 대해서 사회적 문제라고 인식한다 하더라도 제약인식이 높으면 문제해결을 위한 동기로 이어지지 않을 수 있다. 관여도 혹은 관여인식은 문제 상황에 대하여 공중이 어느 정도 관계를 가지고 있는지에 대한 정도를 의미한다. 문제적 상황이나 이슈에 대한 개인적으로 생각하는 중요성 정도라고 볼 수 있다. 상황이론에서 문제인식과 제약인식은 커뮤니케이션 행동에 나설지 여부에 주로 영향을 미치며, 관여도는 커뮤니케이션 행동을 적극적으로 할지 여부에 영향을 미친다(정현주, 2021).

그루닉(Grunig, 1997)은 문제인식, 제약인식, 관여도를 통해 공중을 활동 공중(active publics), 인지 공중(aware publics), 잠재 공중(latent publics) 그리고 비활동 공중(nonpublics)으로 세분화했다. 문제인식과 관여도가 높고 제약인식이 낮으면 활동 공중에 해당한다. 특정 상황에 대하여 이를 문제로 인식하고 자신과 관련이 높으며 해결하는 데 특별한 제한을 인식하지 않는 경우이다. 문제인식과 관여도는 높지만 제약인식도 높으면 인지 공중으로 분류했다. 잠재 공중과 비활동 공중은 모두 문제인식과 관여도가 낮은 공중이다. 하지만 제약인식이 낮으면 잠재 공중으로 높으면 비활동 공중으로 분류된다.

이러한 공중 세분화 방법을 실제 사례인 세월호 사건에 적용하여 당시 공중을 분류한 연구가 있다(천명기, 김정남, 2016). 온라인 설문 조사를 통해 세월호 사건에 대한 문제인식, 제약인식, 관여도를 측정했는데, 38%가 활동 공중으로, 32.6%는 인지 공중으로, 27.4%는 잠재 공중으로 분류되었다. 비활동 공중은 2.0%에 불과했다. 문제 인식과 관여도가 높은 활동 공중과 인지 공중이 70%에 이르렀는데, 많은 사람이 세월호 사건에 대해 적극적으로 커뮤니케이션 행동을 하고자 했으며 관계 당국은 이에 대응하여 공중을 진정시킬 수 있는 PR 커뮤니케이션 프로그램을 실시할 것을 제안하기도 했다(천명기, 김정남, 2016). 한편 전 세계적으로 유행한 코로나19 팬데믹 이슈를 가지고 공중 세분화를 실시한 연구도 있다(김활빈, 구윤희, 노기영, 2023). 코로나19에 대하여 무려 72.1%가 활동 공중으로 분류되었다. 인지 공중은 24.9%, 잠재 공중은 2.5% 그리고 비활동 공중은 불과 0.6%였다. 코로나 팬데믹과 같이 전국민에게 직접적인 위해와 피해를 가져온 이슈에서는 문제인식과 관여도가 매우 높게 나타난 것이다. 공중 세분화 연구에서 알 수 있듯이, 특정한 상황이나 사회적 이슈에 대하여 공중이 해당 상황을 어떻게 인지하고 있는지 파악할 수 있으면, 관련 조직은 적절한 PR 커뮤니케이션을 통해 효과적인 대응을 할 수 있을 것이다. 이는 환경문제에서도 충분히 적용될 수 있다.

(2) 문제해결 상황이론

공중의 상황이론은 많은 PR 연구에서 활용되었지만 디지털 미디어 환경 변화로 이론의 수정 및 확장이 불가피하게 되었다(김영욱, 2013). 상황이론에서 세 가지 독립변인이 영향을 미치는 종속변인으로 정보 추구와 정보 처리가 제시되는데, 다양한 소셜미디어 플랫폼이 등장하고 많은 사람이 더 능동적이고 쌍방향적 커뮤니케이션 행동에 나서면서 종속변인의 확장이 필요하게 된 것이다. 이러한 커뮤니케이션 행동 범위를 넓혀서 특정한 상황에 대한 해결책을 제시하는 이론적 틀로서 문제해결 상황이론(situational theory of problem solving)이 등장했다(Kim & Grunig, 2011).

문제해결 상황이론은 상황이론에서 제시한 공중의 네 가지 유형 중에 활동 공중과 자각 공중만을 대상으로 하고 있으며, 종속변인으로서 커뮤니케이션 행동이 특정한 문제적 상황이 발생했을 때 공중의 입장에서 문제해결을 위한 상황적 대응기제로 활용될 수 있다(김정남, 박노일, 김수진, 2014). 문제해결 상황이론은 정보의 수집과 의사결정 과정보다는 사회적으로 주목받는 문제를 해결하기 위한 상황에 더 강조점을 두고 있으며, 그러한 문제해결로서 공중의 다양한 커뮤니케이션 행동을 고려하고 있다.

문제해결 상황이론은 기존의 상황이론이 제시한 세 가지 변수가 문제해결을 위한 상황적 동기(situational motivation for problem solving)에 영향을 줄 수 있다고 한다([그림 3-1] 참고). 예를 들어, 기후변화로 인한 대형 태풍의 발생이나 이상 기온 현상 등이 발생했을 때 이를 문제상황으로 인식하고 이를 해결하는 데 제약이 크지 않다고 여기면서 이러한 상황이 본인과 관련되었다고 생각할수록 기후변화로 인한 문제상황을 해결하기 위한 상황적 동기가 증가한다고 본다. 그리고 상황적 동기가 증가하면 공중의 커뮤니케이션 행동이 다양하게 나타나게 된다. 커뮤니케이션 행동에 직접 영향을 미칠 수 있는 추가적 독립변인으로 준거지침(referent criterion)이 고려되는데, 특정 상황에서 문제해결을 위한 공중이 겪었던 경험이나 배경지식을 포함한다. 기후변화로 인한 특정한 상황이 자주 발생하여 개인이 직접 겪는 경험이나 미디어를 통해 얻게 되는 지식 등이 해당되는데, 미디어가 주목하거나 소셜미디어에서 언급이 많을수록 준거지침 정도가 증가할 수 있다.

상황적 동기는 커뮤니케이션 행동에 영향을 줄 수 있다. 이러한 커뮤니케이션 행동은 [그림 3-1]과 같이 크게 세 가지 유형으로 구분될 수 있고 적극적 행동과 소극적 행동에 따라 여섯 가지 유형으로 세분화된다(Kim & Grunig, 2011).

첫째, 정보의 선택(information selection)은 적극적인 정보의 선별(forefending)과 소극적인 정보의 수용(permitting)으로 나뉜다.

둘째, 정보의 전달(information transmission)은 적극적인 정보의 전파(forwarding)와 소극적인 정보의 공유(sharing)로 유형화된다.

셋째, 정보의 취득(information acquisition)은 적극적인 정보의 추구(seeking)와 소극적인 정보의 주목(attending)으로 구분된다.

문제해결 상황이론은 등장 이후에 다양한 상황에 이론적 적용을 시도해 왔으며, 최종 종속변인을 커뮤니케이션이 아닌 예방 행동이나 정책지지 및 수용 등을 투입하여 모형의 확장이 시도되고 있다(김활빈, 구윤희, 2021; 정원준, 2022; 최홍림, 최준혁, 2022). 예를 들어, 최홍림과 최준혁(2022)은 환경문제인 미세먼지 저감을 위한 행동조

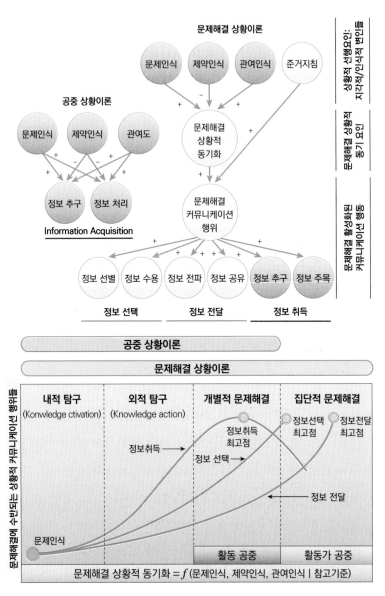

문제해결 상황이론

문제인식 제약인식 관여인식 준거지침

상황적 선행요인:
지각적/인식적 변인들

－ ＋ ＋

문제해결
상황적
동기화

＋

문제해결 상황적
동기 요인

문제해결
커뮤니케이션
행위

＋ ＋ ＋ ＋ ＋

정보 선별 정보 수용 정보 전파 정보 공유 정보 추구 정보 주목

정보 선택 정보 전달 정보 취득

문제해결 활성화된
커뮤니케이션 행동

공중 상황이론

문제인식 제약인식 관여도

＋ － － ＋ ＋

정보 추구 정보 처리

Information Acquisition

공중 상황이론

문제해결 상황이론

| 내적 탐구
(Konwledge ctivation) | 외적 탐구
(Knowledge action) | 개별적 문제해결 | 집단적 문제해결 |

정보취득
정보취득
최고점

정보선택
최고점

정보전달
최고점

정보 선택

정보 전달

문제인식

활동 공중 활동가 공중

문제해결에 수반되는 상황적 커뮤니케이션 행위들

문제해결 상황적 동기화 = f (문제인식, 제약인식, 관여인식 | 참고기준)

▌그림 3-1▐ 공중의 상황이론과 문제해결 상황이론

출처: 김정남 외(2014).

치를 종속변인으로 투입해 문제해결 상황이론의 확장 모형을 검증했다. 온라인 설문조사 결과를 분석했는데, 문제해결 상황이론에서 예측한 경로가 대부분 검증되었다. 하지만 커뮤니케이션 행동 가운데 정보 전달은 미세먼지 저감행동을 예측과 달리 오히려 감소시키는 것으로 나타났다. 즉, 정보를 많이 전달할수록 미세먼지와 관련한 문제상황에서 실천적 행동이 줄어든 것이다. 코로나19 팬데믹 상황을 살펴본 정원준(2022)의 연구에서도 유사한 결과가 나타났다. 이러한 결과는 무조건적인 정보 전달이 공중의 공감을 받지 못할 수 있으므로, 관련 조직의 정보 전달을 위한 전략에 신중을 기해야 함을 시사한다(최홍림, 최준혁, 2022).

결론적으로, 공중의 상황적 인식과 동기 등을 통해 다양한 커뮤니케이션 행동이 어떻게 전개될 수 있는지 설명해 주는 문제해결 상황이론을 통해 환경문제해결을 위한 PR 커뮤니케이션을 적용할 수 있을 것이다. 왜 환경문제가 사회적 이슈로서 주목받지 못하는지, 그리고 환경문제를 해결하기 위한 행동에 사람들이 적극적으로 나서지 않는 등의 이유 등도 공중의 상황이론과 문제해결 상황이론 등을 통해서 설명할 수 있을 것이다. 환경 관련 이슈를 다루는 조직의 입장에서 공중 및 공중의 커뮤니케이션 행동을 이해하고 설명하는 데 유용한 이론적 배경을 제공해 준다는 의의가 있다고 할 것이다.

3) 위험의 사회적 확산과 PR 커뮤니케이션

다양한 환경 관련 이슈는 궁극적으로 개인 건강에 위해를 가져오거나 사회적으로 위험 상황으로 진행될 수 있고, 이는 더 나아

111

가 사회적 위기에까지 이를 수 있다. 다양한 위험 요소가 사회적으로 어떻게 확산되는지 혹은 축소되는지를 설명하는 유용한 개념틀(conceptual framework)로 위험의 사회적 확산 모델(Social Amplification of Risk Framework: SARF)([그림 3-2] 참고)이 있다(김영욱, 2021; Kasperson & Kasperson, 1996). 위험의 기술적 문제와 위험인식 및 위험 관련 행동의 심리적, 사회학적, 문화적 관점과의 상호작용을 평가하는 데 이용된다(Kasperson, Webler, Ram, & Sutton, 2022). 기후변화나 미세먼지 문제와 같은 이슈는 개인적 그리고 사회적인 위험으로 인식되는데, 이러한 위험 인식이 사회적 확장 기제를 통해 확장 및 축소될 수 있다. 이때 미디어는 사회적 확산 혹은 감소 단계에서 가장 중요한 역할을 한다([그림 3-2] 참고). 위험은 크게 두 단계에서 확산 혹은 감소할지 결정되는데, 처음에 위험이 전파되는 경로와 그 위험에 반응하는 경로이다(김영욱, 2021). 위험이 사회적으로 퍼지기 위해서는 위험을 전파하는 입장에서 정보를 적극적으로 유통시켜야 하고, 이와 함께 정보를 접하는 입장에서 그 위험 정보를 진짜 위험으로 인식해야 하는 것이다. 기후변화와 관련하여 그 위험의 심각성을 경고하는 수많은 정보가 쏟아져 나오고 있지만, 역으로 위험성이 과장되었다는 반론 역시 많이 퍼져 있다. 이러한 상황에서 해당 정보를 모두 접할 경우 기후변화와 관련한 위험을 심각하게 받아들일지 여부가 확실하지 않을 수 있다.

제3장 환경문제해결을 위한 PR 커뮤니케이션

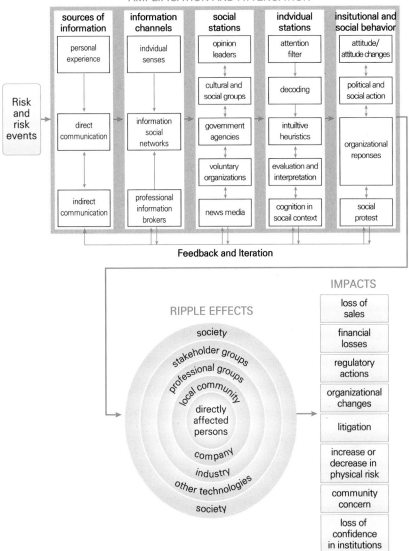

AMPLIFICATION AND ATTENUATION

sources of information	information channels	social stations	individual stations	insitutional and social behavior
personal experience	indvidual senses	opinion leaders	attention filter	attitude/ attitude changes
direct communication	information social networks	cultural and social groups	decoding	political and social action
		government agencies	intuiltive heuristics	organizational reponses
		voluntary organizations	evaluation and interpretation	
indirect communication	professional information brokers	news media	cognition in socail context	social protest

Risk and risk events

Feedback and Iteration

IMPACTS

RIPPLE EFFECTS

society
stakeholder groups
professional groups
local community
directly affected persons
company
industry
other technologies
society

loss of sales

financial losses

regulatory actions

organizational changes

litigation

increase or decrease in physical risk

community concern

loss of confidence in institutions

▎그림 3-2 ▎ 위험의 사회적 확산 모델

출처: Kasperson et al. (2022).

2. 환경문제의 특징과 PR 커뮤니케이션

한편 김영욱(2021)은 기후변화의 경우를 예시로 들면서 위험의 사회적 확산이 이루어져도 문제해결로 바로 이어지지 않을 수 있음을 시사했다. 위험이 사회적으로 확산되고 많은 사람이 위험성을 인식할 때 문제해결을 위한 노력과 정부에 대한 압력도 증가할 것이다. 그러나 기후변화의 경우 기후는 앞서 언급했듯이 공유재이기 때문에 개인이 스스로 먼저 나서서 문제를 해결하려고 하지 않고, 남들이 해결해 주기를 기다리는 사람이 많아지는 무임승차 문제가 발생한다는 것이다. 환경문제에는 공유재를 다루는 이슈가 많기 때문에 무임승차 문제해결을 위한 커뮤니케이션이 더 필요하다.

더욱이 환경을 둘러싼 문제와 이슈들은 전문가들이 다루는 과학적 사실과 연구의 영역이 핵심인 경우가 많다. 미세먼지를 둘러싼 문제가 대표적이다. 미세먼지가 어떻게 발생했는지에 대하여 충분히 밝혀지고 있지만, 미세먼지가 발생했을 때 어느 지역에서 발생한 미세먼지가 어떻게 이동했는지에 대한 명확한 대답이 쉽지 않다. 국내 발생 미세먼지와 국외 지역에서 유입된 미세먼지가 모두 존재하는 상황이기 때문이고, 어느 정도 추정만 이루어지고 있다. 특정한 지역에서 발생한 미세먼지의 근원지가 만일 국외 지역이 아닌 국내 지역이라는 분석의 기사가 보도되었을 때 많은 사람이 이를 믿지 않고 그 책임을 특정 지역이나 특정 국가 탓으로 돌리는 경우를 어렵지 않게 찾을 수 있다.

주요 언론이 이를 집중적으로 다루면 위험이 사회적으로 확산되는 데 도움이 된다. 최근의 디지털 미디어 환경에서는 기성 언론의 역할뿐만 아니라 소셜미디어상의 개인 역할도 결코 적지 않다. 소셜미디어 채널을 통해 전달되는 정보는 개인과 조직이 서로 상호작용하는 방식에 점점 더 많은 영향을 미치고 있고, 이는 온라인 네트워크 플랫폼을 통한 위험 증폭 양식에 직접적인 영향을 미치고 있다(Kasperson et al., 2022). 유통 경로로서 수많은 디지털 미디어 채널과 플랫폼이 존재하고 있고, 한번 노출되어 주목을 받기 시작하면 쉽게 축소되거나 사라지지 않는다. 앞서 다루었던 문제해결 상황이론에서 준거지침의 정도는 이러한 언론의 반복적 보도와 소셜미디어를 통한 확산 등을 통해 높아질 것이고, 공중의 커뮤니케이션 행동을 더욱 촉진시켜 줄 것이다. 결국 언론이 정확한 정보를 신속하게 제공하는 것이 어느 때보다 중요해지고 있다. 소셜미디어에서 유통되는 정보 가운데 개인이 생성한 것도 많지만, 기존 언론이 보도한 기사나 제작한 프로그램 등도 적지 않기 때문이다. 그리고 환경 관련 문제에서 위험성이 사회적으로 확산되어야 할 필요도 있지만, 필요 이상으로 확산되는 것도 문제일 수 있기 때문에 정확하고 신뢰할 수 있는 정보의 생산과 유통이 필요하다.

위험의 사회적 확산모델의 함의와 최근의 디지털 미디어 환경을 고려해 보면, 그 어느 때보다 환경문제가 발생했을 때 혹은 발생하기 이전에 사회적 소통, 즉 PR 커뮤니케이션이 중요한 역할을 할 수 있음을 알 수 있다. 공중이 환경문제에 대해서 어떻게 생각하는지, 그리고 그 문제를 미디어가 어떻게 주목하고 있는지를 통해서 환경문제와 관련된 조직이 PR 커뮤니케이션을 통해서 어떻게 대응을 해야 하는지 등을 종합적으로 이해할 필요가 있다.

3 환경 이슈 사례와 PR 커뮤니케이션

1) 기후변화

(1) 위험사회와 기후변화 담론

기후는 매일 경험하는 날씨와는 다르다. 계절에 따른 온도 변화 및 지역에 따른 혹독한 날씨와 온화한 날씨가 반복하는 것은 날씨의 변화이다. 하지만 기후변화(climate change)는 기후가 변한다는 말로써 오랜 기간에 걸쳐 나타나는 평균적인 날씨 패턴의 변화이다. 한국환경연구원 국가기후위기적응센터에 따르면 인간의 활동에 의한 온실효과 등의 인위적인 요인과 화산폭발, 성층권 에어로졸의 증가 등의 자연적 요인에 의한 효과를 포함하는 전체 자연의 평균 기후변동이다.[2] 이러한 기후변화를 야기하는 원인에 대하여 크게 인위적 요인과 자연적 요인으로 나눌 수 있다. 큰 규모의 화산이 폭발하는 경우나 태양 에너지의 변화와 같은 자연적 요인에 의해 기후가 바뀔 수 있으며, 온실가스나 에어로졸의 사용 그리고 산림 파괴 등과 같은 인위적 요인에 의해 기후변화가 야기된다. 국가기후위기적응센터는 기후변화를 기후위기로 지칭하고 있다는 점에서 기후변화는 단순히 기후의 평균상태의 변동으로 볼 것은 아니다. 환경분야에서 가장 광범위하게 논의되는 문제이자 위기이며, 그 결과는 각종 자연재해와 사건을 야기하고 있다.

기후변화는 앞서 언급했듯이 세계경제포럼이 발표한 글로벌 리

[2] https://kaccc.kei.re.kr/portal/climateChange/climatechange_list.do

제3장 환경문제해결을 위한 PR 커뮤니케이션

스크 순위에서 현재 1위 그리고 향후 10년에서도 1위를 차지할 만큼 환경문제로 인한 위기 발생가능성을 가장 높게 보고 있다. 2024년 조사된 기후변화에 대한 인식조사에 따르면(한국리서치, 2024)[3], 일상생활에서 기후변화를 체감한다고 응답한 사람이 87%로 매우 높게 나타났지만, 2019년에 조사된 인식조사 결과의 93%에 비하여 6% 포인트가 낮아졌다. 기후변화가 본인의 일상생활, 사회경제 활동, 재산 및 건강에 심각한 영향을 준다고 응답한 사람은 74%인데, 이는 2019년 인식조사 때의 82%에 비하여 8% 포인트 감소한 것이다. 인식조사에서 흥미로운 점은 기후변화로 인하여 발생하는 각종 피해에 대하여 전 세계적으로 심각해질 것이라는 인식보다 우리나라에서 심각해질 것이라는 인식이 상대적으로 낮게 나타났다. 즉, 나에게는 기후변화로 인한 심각한 피해가 덜 발생할 것이라는 낙관적 편견(optimistic bias)이 작용한 것으로 생각된다. 폭염이나 혹한 피해의 심각성에 대해 55% 대 50%였으며, 가뭄이나 홍수 피해의 심각성은 49% 대 40%로 우리나라에 미치는 피해의 심각성 인식이 낮았다. 특히 식물과 동물 종의 멸종(45% vs. 32%)과 해수면 상승으로 해안가 근처에서 살지 못하게 되는 문제(45% vs. 27%)의 심각성 인식은 더 큰 차이를 보여 주었다. 한편 기후변화 관련 뉴스와 정보에 대한 감정적 반응과 기후운동 참여 질문에 대하여 슬픔(84%)이나 불안감(81%)을 느끼는 것과 동시에 기후변화 해결을 위한 일을 해야 한다는 동기부여를 받았다(84%)는 응답이 많았다. 정보의 문제도 제기되

---

[3] 전국의 만 18세 이상 남녀를 대상으로 지역별, 성별, 연령별 비례할당추출을 하여 2024년 4월 18~22일 사이에 1,000명을 웹조사를 이용한 인식조사이다.

었는데, 기후 변화에 대한 다른 의견이 너무 많아 답답했다는 의견이 48% 그리고 정보마다 내용이 달라 혼란스러웠다는 응답도 47%에 이르렀다.

국제적 차원에서 인식조사 결과도 흥미롭다. 2024년 유엔개발계획(UNDP)과 영국의 옥스퍼드 대학교가 공동으로 진행하여 발표한 〈2024 시민 기후 투표(People's Climate Vote 2024)〉의 결과에 따르면[4], 전 세계 응답자의 80%가 정부의 기후변화 대응을 강화해야 한다고 응답했다(김정수, 2024). 국가별로 응답 결과는 상이했는데, 미국과 러시아는 66%, 중국은 73%로 평균보다 낮았지만, 이탈리아가 93%로 가장 높았고, 한국도 88%로 대응 강화 촉구 목소리가 높았다. 기후 변화에 대하여 전년보다 더 걱정된다고 응답한 사람은 53%로 덜 걱정한다고 응답한 15%와 비교하여 많은 차이가 있었다. 특히 기후변화의 영향에 대한 질문에서 전체 응답자의 69%는 거주지나 직장 선택과 같은 삶의 중요한 결정을 하는 데 영향을 받는다고 응답했다. 이 가운데 저개발 국가들에서 영향을 받는다는 응답자는 74%인 반면에 유럽과 북미 지역 응답자들은 각각 52%와 42%에 이르러 많은 차이가 있었다.

최근에 진행된 기후변화에 대한 사람들의 인식조사 결과를 보면 기후변화 자체에 대한 체감과 나에게 미치는 심각성을 충분히 인식하고 있었고, 그에 대한 정부의 대응을 강력히 요구하고 있었다. 다만 한국에서는 기후변화로 인한 구체적인 피해 발생의 심각성은 다

[4] 한국을 포함해 전 세계 77개 국가에서 7만 3,765명이 조사에 참여했으며, 무작위 휴대 전화 조사(RDD)로 진행되었다.

른 나라에 비해 우리나라가 적을 것이라는 낙관적 편견이 작동한 것으로 추정되며, 정보 흐름의 문제도 있는 것으로 파악된다.

(2) 국내 언론의 대응

국내 언론이 기후변화를 얼마나 자주 다루었는지 살펴보기 위하여 한국언론진흥재단에서 운영하는 '빅카인즈' 뉴스검색 서비스(bigkinds.or.kr)를 이용했다. 먼저, '기후변화'를 키워드로 하여 1990년부터 2023년까지 전국일간지에 실린 기사를 검색했는데, 모두 65,635개의 기사가 검색되었다. 그리고 같은 기간 검색어를 '기후위기'로 하여 기사를 검색했을 때 전국일간지에 실린 기사는 총 18,336개였다. 연도별 기사 수는 〈표 3-3〉에 제시했다.

연도별로 기후변화와 기후위기 관련 기사는 약간의 등락이 있긴 했지만 꾸준히 증가추세에 있었다. 기후변화 기사의 경우 2007년을 기점을 폭발적으로 증가했으며, 2020년 이후 더 많은 증가폭을 보여 주었다. 기후위기의 경우에도 2018년까지는 기사가 거의 없거나 많아야 28개 정도였지만, 2019년 395개를 기점으로 2020년 1,956개, 2021년 5,205개, 2022년 5,163개, 2023년 5,523개로 폭발적으로 증가했다. 이러한 기사 추이를 보면, 기후변화 이슈에 대하여 전국일간지는 2007년 이후에 주목을 하기 시작했다. 기후변화 문제에 더하여 기후위기로 인식될 정도로 해당 이슈의 문제의 심각성을 보여 주는 기사는 2019년 이후에 폭발적으로 증가했다. 주요일간지는 비교적 최근에 기후변화와 더불어 기후위기라는 용어를 기사에서 사용하면서 이슈의 심각성을 확산시키고자 한 것으로 파악된다.

연도	기후변화	기후위기	연도	기후변화	기후위기
1990	10	0	2007	1,162	2
1991	28	0	2008	2,267	11
1992	89	0	2009	3,775	13
1993	40	0	2010	3,471	10
1994	72	1	2011	2,104	2
1995	92	0	2012	1,924	5
1996	45	0	2013	1,915	6
1997	122	2	2014	1,716	2
1998	118	0	2015	3,157	28
1999	103	0	2016	2,316	4
2000	112	0	2017	2,318	7
2001	136	0	2018	2,297	2
2002	173	0	2019	3,794	395
2003	125	0	2020	5,588	1,956
2004	165	0	2021	9,949	5,205
2005	259	0	2022	8,460	5,163
2006	233	0	2023	8,500	5,523
			합계	65,635	18,336

(3) 기후변화 이슈와 PR 커뮤니케이션

지구온난화라는 용어 대신에 기후변화라는 용어를 사용했고, 최근에는 기후위기라는 용어의 사용이 급증하고 있다는 점은 주목할 만하다. 지구온난화는 기후변화 가운데 지구의 평균기온이 상승하는 점만 초점을 두고 있기 때문에, 현재의 평균기온 상승이 인위적인 요인에 의한 것임을 강조하는 것이라는 비판이 제기되었다. 이에 중립적 용어로 기후변화를 사용했지만, 그 심각성 수준이 증가함을 언론에서 인정하면서 기후위기에 이르고 있다.

언론이 기후변화에 대하여 2007년 이후 지속적으로 관심을 가져 주었고, 최근에는 기후위기라는 용어까지 자주 사용하였다. 또한 소셜미디어에서도 기후변화와 기후위기를 다루는 콘텐츠가 최근 증가했을 것이다. 이는 위험의 사회적 확산에서 제시한 특정한 이슈에 대한 위기나 위험인식이 한국 사회에 전파되는 데 미디어가 중요한 역할을 했을 것으로 추정된다. 최근의 인식조사에서도 기후변화에 대한 심각성 인식이 충분히 높으며, 정부의 적극적 해결을 요구하고 있다는 결과는 PR 커뮤니케이션을 통해서 사회문제해결이 가능할 수 있음을 보여 준다. 문제해결 상황이론에서 제시했듯이, 현재 기후변화가 우리사회의 문제적 상황임을 인식하는 문제인식 및 본인과 관련되었다고 인식하는 관여인식 모두 높은 상황이다. 여기에 제약인식을 낮추기 위해서는 기후변화 문제를 해결할 수 있는 개인이 실천할 수 있는 방안들을 널리 알리는 것이 필요하다. 왜냐하면 앞서 언급한 인식조사에서 기후운동으로 참여하는 정도가 매우 낮은 것으로 나타났는데, 이는 설문조사에 물었던 문항이 매우 제한적이라는 측면도 있지만, 아직 구체적으로 어떠한 기후변화 문제를 해결할 수 있는 방법을 잘 알지 못한 측면도 있기 때문이다. 인식조사에서 제시한 기부금 납부, 자원봉사 활동, 정치인에게 촉구 및 시위와 집회 참석만이 기후변화 해결방법이라고 제시하여 제약인식을 파악하기에는 무리가 있을 것이다.

결국 언론의 보도와 인식조사의 결과를 살펴볼 때 현재 한국사회에서 기후변화 이슈에 대한 문제의 심각성과 나와 관련된 일이라는

3. 환경 이슈 사례와 PR 커뮤니케이션

점이 충분히 알려졌고 인식된 것으로 파악되기 때문에, 기후변화 문제를 해결하기 위해서 개개인이 구체적으로 할 수 있는 방안을 알리는 것이 가장 중요하다고 할 것이다. 제약인식까지 충분히 낮춘다면 보다 많은 사람을 활동 공중이나 활동가 공중으로 만들어 주어, 문제해결을 위한 커뮤니케이션행위를 적극적으로 할 것이다. 따라서 기후변화 이슈와 관련된 정부와 지자체, 공공기관 그리고 관련 기업이나 단체들의 PR커뮤니케이션은 제약인식을 낮추는 데 초점을 두어야 할 것이다.

한편 탄소중립기본법에 따라 정부는 제3차 국가기후변화적응대책(2021~2025)을 수립하여 시행하고 있는데, 국가적 차원에서 기후변화에 적극적으로 대응하고 있다. 그리고 탄소중립기본법은 정부의 대응뿐만 아니라 지자체 그리고 공공기관 차원에서 기후변화적응대책을 세우고 있다. 이러한 국가적 차원의 대응에 따라 개인적 수준에 실천할 수 있는 다양한 행동대책을 표적집단별로 메시지 전략과 매체 전략을 세워서 커뮤니케이션하는 것이 필요하다. 또한 인식조사에서 정보의 문제도 제기되었기 때문에, 행동대책을 포함하여 기후변화와 관련된 정보를 정확하고 이해하기 쉽게 만들어야 하고 이러한 양질의 정보가 더 많이 유통될 수 있도록 PR 커뮤니케이션을 해야 할 것이다.

2) 후쿠시마 오염수

(1) 사건의 개요 및 오염수 방류 위험인식

2011년 3월 11일 후쿠시마 원자력 발전소가 동일본 대지진으로 인한 쓰나미에 의해 폭발하는 사고가 발생했다. 대지진이 발생하면서 원자로는 자동으로 셧다운되었고, 외부 전원이 끊겼으나 비상용 발전기로 냉각수를 공급할 수 있었다. 하지만 대지진과 함께 쓰나미가 발생했고, 이 쓰나미로 인해 발전소와 변전 설비가 침수되면서 백업용 배터리로 냉각수 공급을 했지만, 조치를 취하기 전에 배터리가 방전되어 냉각수가 공급되지 못했다. 이에 따라 3월 12일부터 원자로가 폭발하면서 노심용융이 발생했고 최악의 원전사고를 기록했다.

원전사고가 발생하고 12년이 지난 2023년 8월 24일부터 후쿠시마 오염수 혹은 오염처리수의 방류가 시작되었다. 오염수 방류로 인하여 바다로 인접한 한국, 중국 및 홍콩 등에서는 해양오염과 수산물에 대한 위험인식이 주요 환경문제로 등장했다. 오염수 방류는 향후 수십 년간 이어질 것이고, 한국 사회에서 일본과의 갈등 및 환경이슈는 지속될 전망이다.

일본 내에서 후쿠시마 오염수 방류 관련 여론조사를 살펴보면, 대체로 긍정적이다(최은미, 2023). 2023년 7~9월에 실시된 일본 언론사 여론조사를 보면, 방류 직전에는 긍정 답변이 53~58%였지만 방류 직후에는 49~68%로 대체로 증가했다. 전반적으로 긍정 여론이 높은 것으로 나타났지만, 처음부터 긍정적이었던 것은 아니었다. 2019년에 도쿄대학과 후쿠시마대학이 수산관련 유통업체를 대상으로 조사한 여론조사의 경우 오염수 해양 방류 찬성이 6.7% 그리고 반대는 66.9%에 이르렀다(최은미, 2023). 다만 2023년에 같은 조사에서는 찬성 32.2%와 반대 28.9%로 반대 의견이 절반 이하로 줄었고, 찬성 의견이 반대 의견을 다소 앞서는 것으로 나타났다.

한국에서는 후쿠시마 오염수 방류에 대한 인식은 일본과는 많은 차이를 보이고 있다. 2024년에 조사된 일본 후쿠시마 오염수 방류 관련 인식조사에 따르면(한국리서치, 2024)[5], 오염수 방류에 대하여 두려움과 불신이 안전함과 신뢰보다 큰 것으로 나타났다. 구체적으로 살펴보면, 오랜 시간이 지난 후 방사성 물질로 인한 피해가 나타날 수 있으므로 두렵다는 응답이 78%에 이르렀고, 도쿄전력에서 공개한 오염수 방류 관련 정보를 신뢰하기 어렵다는 응답 역시 77%에 달했다. 국제원자력기구(IAEA)의 오염수 방출 기준에 따르고, 방류 절차 확인 및 시료 검증을 철저히 하고 있어 안전하다는 응답은 25%에 불과했고(안전하지 않다는 응답은 68%), 우리나라와 일본해역에서 검출된 방사능은 인체에 무해한 수준이므로 안전에는 아무런 문제가 없다는 응답 역시 21%밖에 되지 않았다(문제가 있다는 응답은 73%). 후쿠시마 오염수 방류에 대한 관심도는 높은 수준이었는데, 관심 있다는 응답이 84%였고 관심 없다는 응답은 16%에 불과했다. 한편 후쿠시마 오염수 방류 전과 비교해서 해산물 섭취량의 변화를 물었는데, 해산물을 1년 전보다 많이 먹는다는 응답은 10%, 비슷하게 먹는다는 61% 그리고 적게 먹는다는 30%였다. 또한 36%의 응답자는 1년 전보다 해산물의 원산지를 자주 확인한다고 응답했고, 비슷하게 확인한다는 56% 그리고 덜 확인한다는 응답은 9%에 불과했다. 후쿠시마 오염처리수 방류 이슈에 대한 관심은 1년이 지난 시점에도 여전히 매우 높았고, 위험인식도 상당히 높은 것으로 나타났다. 그리고 이로 인

[5] 전국의 만 18세 이상 남녀를 대상으로 지역별, 성별, 연령별 비례할당추출을 하여 2024년 7월 12~15일 사이에 1,000명을 웹조사를 이용한 인식조사이다.

제3장 환경문제해결을 위한 PR 커뮤니케이션

해 해산물의 섭취가 줄었고, 원산지 확인도 더 자주 하는 것으로 나타난 것이다.

하지만 후쿠시마 오염수 방류에 대한 반대 여론은 방류 시점이 더 높았는데, 환경운동연합이 방류 전인 2023년 5월과 방류 이후인 2024년 8월에 조사한 결과를 비교해 보면 알 수 있다(김정진, 2024). 2023년 조사에서 85.4%가 반대했지만, 2024년 조사에서는 76.2%가 반대하여 약 9.2% 포인트가 감소했다. 이는 방류 1년이 지나면서 오염수 방류로 인한 심각한 문제가 발생하지 않았기 때문에 다소 감소한 것으로 추정된다. 하지만 방류와 관련하여 어떠한 문제나 사고가 발생하면 반대 여론 또한 급증할 것이다.

(2) 국내 언론의 대응

후쿠시마 오염수 방류에 대한 기사도 '빅카인즈' 서비스를 통해 확인해 보았다. 전국일간지를 대상으로 '후쿠시마 오염수'를 검색어로 하여 2011년부터 2024년 9월까지 기간으로 검색한 결과 총 7,995개의 기사가 검색되었다. 한편 '후쿠시마 오염처리수'로 검색어를 이용해 검색할 경우 총 170개의 기사가 검색되었다. 연도별 기사 수는 〈표 3-4〉에 제시했다.

2011년에 원전사고가 발생한 이후 간헐적으로 오염수를 다룬 기사가 있었지만, 오염수를 처리하고 방류하는 논의가 본격화된 2019년 이후에 기사가 급증했다. 그리고 실제 오염처리수가 방류된 2023년에 가장 많은 기사가 보도되었다. 증가한 언론 보도는 해당 이슈가 사회적으로 중요하다는 것으로 보여 준다. 특히 오염수 방류 기사에는 해양오염 문제나 수산물 위험에 대한 관련 기사들이 많았

125

는데, 이는 후쿠시마 오염수 방류 위험의 사회적 확산에 기여했다고 할 것이다.

한편 '오염처리수' 용어를 사용한 기사는 2022년 이전에는 없었고, 2023년에는 154개 그리고 2024년 9월까지 16개의 기사가 보도되었다. 오염처리수의 등장이 2023년에 처음 등장한 것은 일본 정부가 정한 공식 용어이기 때문이며, 국내 신문사는 대부분 오염처리수 대신 오염수를 기사에 사용하고 있는 것으로 나타났다. 이는 국무조정실을 비롯한 한국 정부에서 관련 브리핑을 할 때 후쿠시마 오염수라고 칭하고 있기 때문이다. 물론 오염처리수가 당사자 국가인 일본의 공식 용어이기는 하지만, 오염이 처리되었다는 인식을 심어 줄 수 있다는 점에서 국내 언론이 이를 잘 사용하지 않는 것으로 추정된다.

┃표 3-4┃ 전국일간지의 후쿠시마 오염수 및 오염처리수 기사 추이

연도	오염수	오염처리수	연도	오염수	오염처리수
2011	3	0	2018	4	0
2012	0	0	2019	177	0
2013	53	0	2020	207	0
2014	7	0	2021	729	0
2015	7	0	2022	154	0
2016	3	0	2023	6,146	154
2017	2	0	2024	503	16
			합계	7,995	170

(3) 후쿠시마 오염수 문제와 PR 커뮤니케이션

후쿠시마 원전사고에 대하여 언론은 지속적인 관심을 보여 주었는데, 이는 지리적으로 가깝고 바다로 접한 일본에서 발생한 사고였기 때문이다. 원전사고 이후 각종 환경문제가 발생했는데, 이는 일본 국내문제만 아닌 국제적 성격을 가지는 환경문제였다. 특히 오염수 방류는 인접 바다를 공유하고 있는 한국과 중국 등에서 큰 환경문제로 제기되었다. 공유재로서 바다는 비배제성과 경합성을 가진다. 즉, 바다는 일본과 한국 모두 이용할 수 있지만, 일본이 오염수를 방류하면 한국은 그로 인해 발생하는 피해를 받을 수밖에 없는 것이다.

언론은 실제 오염수가 방류된 시점 이전부터 해당 이슈를 보도해 왔고, 실제 방류가 시작된 2023년에는 많은 기사를 내놓았다. 이는 사람들이 오염수 방류가 사회적 문제이며 위험할 수 있다는 인식을 갖게 하는 데 영향을 미쳤을 것이다. 관련 기사에서 오염수 방류로 발생할 수 있는 피해를 보도했는데, 이를 통해 사람들의 해산물 섭취 및 원산지 확인과 같은 행동에도 영향을 받았을 것이다. 일본 정부의 관련 조치에 대해서도 보도를 했는데, 일본 정부에 대한 신뢰가 낮게 나타난 것은 오염수 방류가 여전히 위험하다는 인식 때문일 것이다. 이러한 언론 보도는 위험의 사회적 확산에서 시사하듯이 오염수 방류 문제 및 위험인식이 한국 사회에 퍼지는 데 미디어가 적지 않은 역할을 했을 것이다. 주류 언론뿐만 아니라 소셜미디어에서도 오염수 방류는 많은 콘텐츠를 만들어 내고 공유되었으며, 사람들이 서로의 의견을 교환하면서 더 널리 확산되는 데 기여했다. 특히 오염수 방류 이슈는 국내의 반일 감정이 고조될 수 있는 사건이 발생하면 함께 언급되기도 했다.

　최근에 진행된 인식조사의 결과를 보면, 많은 사람이 해당 이슈를 사회적 문제로 인식하고 있다. 또한 해산물 섭취를 줄이고 원산지를 자주 확인하는 행동을 보면, 본인과 관련되어 있는 문제로 인식하는 관여인식도 높다고 할 것이며 제약인식은 낮다고 할 것이다. 따라서 현재 후쿠시마 오염수 방류 문제에 대해서는 대부분 활동 공중 혹은 활동가 공중으로 분류할 수 있을 것이다. 이는 오염수 방류 문제를 해결하고자 하는 동기를 증가시키고, 활발한 커뮤니케이션행동으로 이어지고 있다.

　후쿠시마 오염수 방류로 인하여 발생하고 있는 환경문제는 관계 당국이 지속적으로 모니터링하고 있다. 해양수산부는 '후쿠시마 원전 오염수 방류 관련 일일브리핑'을 방류가 시작된 이후 지속적으로 해 오고 있으며, 해양·수산물방사능안전정보를 별도의 포털사이트로 제공하고 있다.[6] 원자력안전위원회도 '후쿠시마 오염수 처리계획 검토 및 모니터링 결과'[7]에 대하여 꾸준히 발표하고 있다. 이러한 공신력을 갖춘 관계 당국의 활동이 보다 많은 사람에게 알려질 필요가 있고, 여기에 PR 커뮤니케이션의 적극적 역할이 필요하다. 앞서 살펴봤듯이, 많은 사람이 오염수 방류 문제에 대한 문제해결 동기가 높고 커뮤니케이션 행동을 적극적으로 하고 있는 상황이기 때문에, 정확하고 신뢰성 있는 정보를 제공하는 것이 중요하기 때문이다. 오염수 방류 문제는 환경적 측면에서 수산물에 대한 불신을

[6] https://www.mof.go.kr/oceansafety

[7] https://www.nssc.go.kr/ko/cms/FR_CON/index.do?MENU_ID=2530

야기할 수 있고, 국제관계에서 일본과의 갈등을 일으킬 수 있다. 따라서 관계 당국을 비롯한 관련 기업과 조직 및 언론의 보다 적극적인 PR 커뮤니케이션 활동을 통해 해당 이슈가 더 큰 사회문제로 발전하지 않도록 관리해야 할 것이다.

3) 국내 환경문제와 PR 커뮤니케이션

앞서 살펴본 기후변화와 후쿠시마 오염수 방류는 국제적 환경문제로 언론과 전국민의 주목을 받아 문제인식 및 관여인식이 높으며 제약인식은 낮은 편인 환경 이슈이다. 하지만 국내에서 발생하는 많은 환경문제의 경우 지역의 문제로 인식되는 경우가 많아 사정이 다르다.

사회적 갈등을 야기하고 당사자들이 첨예하게 대립한 대표적 환경문제로 '천성산 도룡뇽 소송' 사건이 있다. 대화와 타협이 아닌 극단적 방법인 소송으로까지 이어진 환경문제였다. 경부고속철도를 건설하기 위해 경남 양산시 천성산 구간에 터널을 짓고자 했는데, 터널 굴착과 고속철 통과에 따른 각종 환경문제를 우려해 불교계와 환경단체가 심각하게 반발하였다. 환경단체들은 2002년 터널 착공 직후에 공사를 중단시켰지만, 2003년 공사가 재개되면서 환경단체는 천성산의 습지 보호를 이슈화하여 도룡뇽을 원고로 소송을 제기한 것이다. 1심과 2심 그리고 최종심인 대법원에서도 소송의 기각 결정이 내려지면서 사건은 일단락되었지만, 사회적 갈등으로 인한 피해가 컸다.

이러한 환경문제는 개발과 보전의 대립과 갈등으로 발생하게 되는데, 당사자들 사이에 화해와 평화적 해결이 쉽게 이루어지지 않는 경우가 많다. 지역의 개발을 위해 자연환경의 파괴가 어느 정도 용인되어야 한다는 주장과 환경을 보전해야 한다는 주장이 대립하는데, 많은 경우에 있어서 해당 지역민은 개발이익을 이유로 개발에 찬성한다. 개발에 반대하는 측은 주로 환경단체, 시민사회나 종교인 등이다. 개발과 보전을 둘러싼 환경문제가 자주 있었지만, 사회적으로 크게 주목을 받고 의제화된 경우는 많지 않다. 앞서 언급한 '천성산 도롱뇽 사건'이 대표적인 사례이다. 문제는 갈등을 크게 키워 사회적 주목을 받고 의제화시키려는 시도도 있는 것이 사실이며, 전국적 주목을 받지 못하고 지역 내에서만 이슈화된 경우 대부분 개발 당사자들의 입장이 관철되는 경우가 많다는 것이다.

2023년 환경부가 환경영향평가를 조건부로 통과시킨 설악산 국립공원 내 오색케이블카 설치 사업의 경우도 40여 년에 걸쳐 찬성과 반대의 논란이 있었지만 사실상 허가되었다. 설악산 케이블카 설치 문제는 관광지를 개발해 이익을 원하는 강원도와 양양군 및 해당 지역주민과 보전을 주장하는 환경단체 및 시민단체의 대립이었다. 논란과 갈등에 대한 주요 언론의 주목은 많지 않았고, 환경영향평가가 통과된 이후 많은 기사가 보도되면서 전국적 관심을 끌었다. 특히 다른 지자체에서 개발을 위해 케이블카의 설치를 고려하는 곳이 많고, 케이블카 설치를 환경 이슈로 실패한 지자체가 다시 추진하는 계기가 되었기 때문이다. 이슈의 전국적 의제화 및 환경 파괴로 야기될 수 있는 위험이 사회적으로 확산되는 데 실패한 사례이다.

자연환경의 개발을 무조건적으로 막을 수는 없다. 환경개발 문제가 사회적 갈등으로 발전하지 않고 건설적으로 해결되기 위해서는 관련 조직과 공중을 대상으로 하는 PR 커뮤니케이션이 적절하게 실행되어야 한다. 환경문제와 관련하여 지역 주민에게 피해 및 위해가 발생할 수 있다면, 적절한 언론관계를 통해 위험의 사회적 확산을 시도할 필요가 있다. 또한 지역 주민이 지역개발 이슈에만 집중하는 것을 막기 위하여 자연환경 개발 이슈가 사회적 문제로 인식할 수 있게 하며, 자신의 생활과 밀접한 관련을 가질 수 있고 환경보호를 위한 행동이 큰 문제가 되지 않음을 알려 주어야 한다. 이를 통해 지역주민들을 우선적으로 활동공중으로 만들고 다른 지역으로 확산시켜 나가는 전략을 사용할 필요가 있다. 개발을 추진하는 지자체나 기업의 입장에서도 개발과 관련된 사업이 환경에 미치는 영향을 투명하고 정확하게 제시하여 관련 공중을 설득해 나가는 방법이 요구된다. 결국 국내에서 진행되는 환경개발과 관련된 사례들에서도 관련 당사자들이 관련 공중을 이해하고 적절한 PR 커뮤니케이션 프로그램을 계획하고 실행하여 사회적 갈등으로 인한 소모를 막는 것이 필요하다.

 4 결론: 환경문제에서 사회적 갈등을 줄이는 PR 커뮤니케이션

환경과 관련된 문제는 국제적 수준이나 국내 수준에서 다양하게 전개될 것이고, 이전과 비교하여 환경문제로 발생하는 개인 및 사회적 피해는 심각해질 것이다. 불가항력적 자연재해도 있지만, 서로 오해하고 잘못된 커뮤니케이션으로 인하여 사회적 갈등으로 발전하

는 사례도 적지 않다. 이 장에서는 환경문제의 특징을 살펴보고, PR 커뮤니케이션 가운데 공중의 상황이론과 문제해결 상황이론 및 위험의 사회적 확산 등에서 제시하는 방안과 시사점 등을 통해 사회적 문제의 해결을 시도했다. 갈수록 복잡해지고 심각해지는 환경문제를 제대로 대응하지 못할 경우 사회적 갈등으로 인하여 소모되는 낭비가 개인적 수준과 조직적 수준 그리고 국가적 수준에서 상당할 것으로 예측된다. 따라서 여기에서 제시한 PR 커뮤니케이션뿐만 아니라 적용 가능한 다른 PR 커뮤니케이션 이론을 발굴하고 탐구하는 노력이 필요하다. 조직과 공중의 호혜적 관계를 형성하고 관리하는 활동이라는 PR의 본질을 다시 한번 생각하며, 환경문제의 해결에서도 공중에 대하여 충분히 이해를 해야 할 것이다. 끝으로 지역사회 및 지역에 있는 공중에 대한 특수성을 더 잘 이해하고 그들과 소통을 통해 환경문제가 지역 갈등으로 발전하지 않도록 세심한 전략이 필요할 것이다.

 생각해 볼 문제

1. 환경재의 특성으로 인하여 발생하는 공유지의 비극 현상의 최근 사례를 찾아보고, 해결을 위한 방안을 생각해 보자.

2. 환경 이슈 중에 레거시미디어가 주목하지 않았지만 소셜미디어에서 화제가 되어 사회적 확산이 이루어진 사례를 찾아보고, 이전의 환경 이슈가 사회적 의제가 되는 과정과 비교해 보자.

3. 기후변화와 후쿠시마 오염수 방류 이슈 이외에 국제적으로 문제가 되는 환경 이슈를 찾아보고, 국내 언론이 어떻게 주목하고 있으며 공중이 어떻게 형성되고 있는지 분석해 보자.

4. 국내 환경 이슈에서 당사자 간 갈등이 심해진 경우 이외에 관련 조직의 적절한 PR 커뮤니케이션 활동으로 해당 이슈가 위기를 맞이하거나 갈등으로 발전하지 않았던 사례를 찾아보고, 그 이유를 분석해 보자.

강은숙, 김종석(2022). 기후변화 시대 환경정책의 이해: 규제에서 넛지까지. 윤성사.

김영욱(2003). PR 커뮤니케이션: 체계, 수사, 비판 이론의 통합. 이화여자대학교출판부.

김영욱(2013). PR 커뮤니케이션 이론의 진화. 커뮤니케이션북스.

김영욱(2021). 위험불통사회: 위험과 과학의 민주화를 위한 커뮤니케이션 접근. 이화여자대학교출판문화원.

김정남, 박노일, 김수진(2014). 공중 상황이론의 수정과 진화: 문제해결 상황이론을 중심으로. 홍보학연구, 18(1), 330-366.

김활빈, 구윤희(2021). 대학입시 정책 수용에 영향을 미치는 요인으로서의 상황적 인식, 동기 및 커뮤니케이션 행동의 역할에 관한 연구: 문제해결 상황이론의 적용을 중심으로. 언론과학연구, 21(3), 89-128.

김활빈, 구윤희, 노기영(2023). 코로나 19 이슈에 대한 공중 세분화와 공중의 커뮤니케이션 행동 연구: 문제해결 상황이론을 중심으로. 사회과학연구, 62(3), 379-401.

배지양(2015). 정책 PR의 개념과 변화. 박종민, 배지양, 임종섭, 박경희, 최준혁, 정주용, 유영석, 황성욱, 정원준, 남태우, 전형준, 장지호, 조승호(2015). 정책 PR론. 커뮤니케이션북스.

신연재(2023). 환경문제와 국제관계. 울산대학교출판부.

윤경준(2024). 환경정책론(제2판). 대영문화사.

이미화(2024). 세계경제포럼(WEF) Global Risks 2024 주요 내용 및 시사점. KISTEP 브리프, 115, 1-12.

이은택, 김활빈(2023). 설득커뮤니케이션. 한국방송통신대학교출판문화원.

이준구, 이창용(2020). 경제학원론(제6판). 문우사.

정원준(2022). 위험정보 프로세싱(Processing) 다양화에 의한 코로나 예방 실천 행동 연구: 문제해결 상황이론을 확장하여. 한국광고홍보학보, 24(3), 69-103.

정현주(2021). 공중은 누구인가? 김현정 외 (편). 디지털 시대의 PR학 신론. 98-131. 학지사.

천명기, 김정남(2016). 적극적 공중에 대한 이해와 공중 세분화 방법에 대한 연구: 문제해결 상황이론(Situational Theory of Problem Solving)을 적용한 공중 세분화 방법론 제안. 홍보학연구, 20(3), 113-138.

최은미(2023). 일본 후쿠시마 오염수 방류의 영향과 향후 전망: 한국에의 함의. 아산정책연구원 이슈브리프, 2023-34.

최홍림, 최준혁(2022). 미세먼지 저감 행동 연구: 문제해결 상황이론을 응용하여. 광고PR실학연구, 15(2), 230-258.

Becker, M. H. (1974). The health belief model and personal behavior. *Health Education Monographs, 2*, 328-335.

Grunig, J. E. (1997). A situational theory of publics: Conceptual history, recent challenges and new research. In D. Moss, T. MacManus & D. Vercic (Eds.). *Public relations research: An international perspective* (pp. 3-46). London: Thomson.

Grunig, J. E., & Hunt, T. (1984). *Managing public relations.* New York: Holt, Rinehart, & Winston.

Kasperson, R. E., & Kasperson, J. X. (1996). The social amplification and attenuation of risk. *The Annals of the American Academy of Political and Social Science, 545*, 95-105.

Kasperson, R. E., Webler, T., Ram, B., & Sutton, J. (2022). The social amplification of risk framework: New perspectives. *Risk Analysis, 42*(7), 1367-1380.

Kim, J. N., & Grunig, J. E. (2011). Problem solving and communication action: A situational theory of problem solving. *Journal of Communication, 61*(1), 120-149.

김정수(2024. 6. 21.). 세계TLALS 80% "더 강한 기후대응 필요"… 미국·러시아는 66%뿐. 한겨레. https://www.hani.co.kr/arti/society/environment/1145923.html

김정진(2024. 8. 23.). "日 후쿠시마 오염수 방류 1년…반대여론 85%→76%." 연합뉴스. https://www.yna.co.kr/view/AKR20240823079300004

한국리서치(2024. 6. 4.). [기획] 기후변화 경각심, 약해지고 있는가? – 기후위기에
　　　대한 인식조사. https://hrcopinion.co.kr/archives/30034
한국리서치(2024. 8. 21.). [기획] 일본 후쿠시마 오염수 방류 관련 인식조사.
　　　https://hrcopinion.co.kr/archives/30661

연금 갈등 해결을 위한
정책 PR 커뮤니케이션
조직-공중 관계성 이론과 상호지향성 모델의 역할

● 홍문기(한세대학교)

① 연금 개혁안과 세대 갈등

지난 2024년 9월 4일, 보건복지부는 국민연금 개혁안을 발표했다. 이 연금 개혁안의 핵심은 국민연금 재정 안정성을 높이는 것이다. 그 내용을 구체적으로 살펴보면, 연령대별로 보험료율을 현 9%에서 13%로 속도를 달리해 상향 조정하기로 한 것이 확인된다. 여기에 소득대체율은 42%로 하되 자동조정장치를 도입하기로 했다. 이를 통해 총 1,147조 원에 대한 기금수익률을 현재의 4.5%에서 5.5%로 약 1%p 올려 인구 감소와 수급기간 연장으로 인한 재정적자를 해결하려는 것이다(배준희, 2024). 또한 정부는 출산과 군 복무 등 사회적 기여에 대한 보상 제도를 도입하는가 하면, 노후 소득 보장을 위해 기초연금을 40만 원으로 인상하기로 했다. 그런데 이러한 정부의 연금 개혁 방식이 세대 갈등을 불러일으킬 우려가 있다(주은선, 2024).

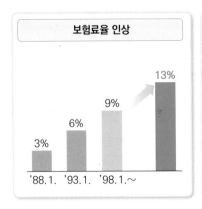
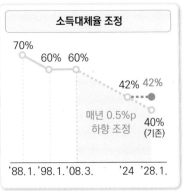

▌그림 4-1 ▌ 연금개혁 추진 방향

출처: 보건복지부(2024).

　연금 개혁안에 대해 청년 등 후속 세대는 "왜 우리는 더 내고 덜 받아야 하느냐?"에 대한 불만이, 50대 이상의 기성세대는 "처음에 주기로 한 것을 왜 안 주느냐?"는 불만이 쌓이고 있다. 이러한 불만은 정부에 대한 불만에서 시작해 세대 간 불만으로 이어지고 있다. 이 불만은 국민연금 도입 시 초기 가입자 수를 늘리기 위해 정부가 초기 가입자를 대상으로 연금 보험료는 적게 내고, 연금액은 많이 받도록 설계한 것에서 시작된다. 여기에 저출생 · 고령화 현상으로 연금을 낼 사람은 줄고, 받을 사람은 더 늘어났다는 이유로 그 책임을 국민 모두에게 지우고 있다. 한편, 기금 재정 상황을 무시하고 서로 덜 내고 더 받기만을 고집한다면 수십 년 동안 키운 연금 시스템 자체가 무너질 수 있다. 지금처럼 소득대체율 40%를 유지해도 보험료율을 20%까지 올리지 않으면 후속 세대가 막대한 빚을 떠안을 수밖에 없다고 정부는 주장하고 있다. 조속히 연금 개혁이 이루어지지 않으면 2056년에 연금재정은 소진될 수 있다(배준희, 2024).

┃그림 4-2┃ 연금 수지 불균형에 따른 기금 재정의 미래
출처: 보건복지부(2024).

　연금 제도 유지를 위해 보험료율 차등화는 불가피하다. 연금제도
를 지속적·안정적으로 운영하기 위해서는 연금을 이미 받고 있거
나, 곧 받을 고연령층은 연금 수령액의 감소를 수용해야 한다. 또한
급격한 저출생과 고령화로 인한 수급기간 연장 등을 감당해야 하는
후속 세대는 연금 납부액의 증가를 받아들여야 한다. 정부는 이번
연금 개혁안에 대해 세대 간 형평성 문제를 반영해 연금으로 인한
갈등 문제를 최소화하려 했다고 주장한다(보건복지부, 2024). 그런데
이에 대해 공중들은 어떤 의견을 갖고 있는지, 이 연금 개혁과 관련
된 서로 다른 세대 간 인식에는 어떠한 차이가 있는지 거의 확인되
지 않고 있다. 특히 정부의 연금 개혁안과 관련해 정부의 역할에 대
한 논의 없이 연금 지급을 위한 기금 재정 악화와 중장기적 연금 수
령액감소만 강조하는 것이 바람직한지에 대한 고민은 거의 없는 상
황이다. 이 때문에 연금 개혁안은 정부 연금 정책에 대한 불신은 물
론, 이로 인한 세대 간 갈등까지 우려되는 상황이지만 이를 어떻게

1. 연금 개혁안과 세대 갈등

해결할 것인지에 대해서는 거의 논의되지 않고 있다.

따라서 이 장에서는 정부의 연금 개혁안과 관련해 정부-공중 간 관계는 물론 공중 간 관계를 정책 PR 커뮤니케이션 관점에서 파악하고자 한다. 또한 정부와 정책 공중 간 이견은 물론, 정책 공중 간 우려되는 갈등을 세대 갈등 관점에서 파악하고 이를 해결할 수 있는 방안을 모색하고자 한다. 이를 위해 우선 정부 연금 정책의 한계와 문제점을 갈등과 세대 개념을 통해 이해하고자 한다. 다음으로 기성 세대와 후속 세대의 인식 차이를 공중 관계성 이론과 상호지향성 모델(Co-orientation) 등을 통해 파악하고자 한다. 이러한 접근 방식은 정책 PR 커뮤니케이션 과정에서 중시되는 조직-공중 간 공중 관계성 이론을 바탕으로, 연금 문제로 인한 정부와 정책 공중 간 이견은 물론 정책 공중 간 세대 갈등 문제를 해결할 수 있는 계기가 될 것이다.

1) 2024 연금 개혁안의 문제점

(1) 더 내고 덜 받는 연금 개혁안

2024년 현재 총인구 약 5,100만 명에 중위 연령 43.8세 안팎인 한국의 인구 상황이 2070년 약 3,700만 명 수준에 중위 연령 63.2세로 변화되리라 예측되고 있다(주은선, 2024). 저출생·고령화 현상으로 줄어든 국민연금 재정 총액 감소는 후속 세대의 연금 수령액 감소로 이어지고 있다. 이 때문에 연금 개혁 과정에서 연령별 보험료율 차등화 도입이 세대 갈등의 원인이 되고 있다. 연금 관련 세대 갈등의 원인은 줄어든 국민연금 소득대체율 때문이다. 정부가 최근 제시한 국민연금 개혁 방향은 크게 지급 보장 명문화, 보험료율 세대별 차등 인상, 자동조정장치 도입, 납입 기간 추가 산입 제도(연금 크레디트) 확대, 기초연금 인상 등으로 정리된다. 기초연금은 2026년 저소득층부터 40만 원으로 인상된다. 또한 의무가입 연령을 59세에서 64세로 늦추는 방안과 더불어 법적 정년 연장을 통한 고령자의 계속 고용이 이루어지도록 했다. 퇴직연금 가입을 규모가 큰 사업장부터 의무화하고 세제 혜택 등 인센티브를 통해 개인연금 가입을 독려할 예정이다. 그 밖에 퇴직연금이 실질적 노후 소득 보장 기제로 작동할수 있도록 전 사업장을 대상으로 퇴직연금 가입을 의무화하고, 자산축적 및 연금 수령 유도를 위해 중도 인출 요건 강화를 검토 중이다 (보건복지부, 2024). 이번 2024 연금 개혁안의 핵심은 소득대체율을 높이기 위한 보험료율 차등 인상과 자동조정장치 도입이다. 이는 현재 9%인 보험료율(가입자가 내는 돈)은 13%로 올리고, 40%까지 줄어들게 돼 있는 소득대체율(가입자가 받는 돈)은 42%로 올리기 위한 것이다. 세대별 차등화를 통해 모든 국민이 지금보다 보험료 4%p 더 내고, 연금 2%p 더 받도록 하기 위해 연령대가 높을수록 보험료율은 가파르게 인상되고, 수급율과 소득대체율은 점차 줄어들게 설계됐다. 이를 위해 기대수명, 가입자, 물가 등과 연계해 연금 수급액을 조정하는 자동조정장치가 도입되는 것이다(배준희, 2024).

자동조정장치에 의한 연금액 인상률은 3년 평균 가입자 수 증감률과 기대여명 증감률을 소비자 물가 변동률에서 뺀 값으로 결정된다(보건복지부, 2024). 이는 연령별로 차등화된 연금액 인상률을 단계적으로 적용하기 위한 것이다. 2007년 이후 연금 수령액 삭감은이미 시작됐다. 전 국민을 대상으로 시작된 연금 수령 삭감은 저출생ㆍ고형화 현상 때문에 후속 세대일수록 더 심화될 수 있다. 내기는 많이 내고, 받기는 적게 받는 연금 수급 구조가 더욱 공고해지고 있다. 자동조정장치 산술식에서 연금액 인상률에 가입자 증감율과 기대여명 증감율이 적용되는 이유도 기성세대인 50대 이상은 이미 적게 내고 많이 받는 구조에 있으니, 연령이 낮은 20대와 30대는 적게 받더라도, 보험료만은 서서히 올라가도록 하려는 것이다.

┃표 4-1┃ 자동조정장치 적용에 따른 연금액 인상률 추계 방안

연금액 인상률 = 소비자 물가 변동률 − (3년 평균 가입자 증감율 + 기대여명 증가율)	
연금액 인상률 추계방법	
소비자 물가 변동률	소비자 물가 변동률(한국은행 물가안정목표)
가입자 증감율	2023년 통계청 장래인구추계, 3년 평균 가입자 증감율
기대여명 증가율	2023년 통계청 장래인구추계, 65세 기대여명 평균 증가율 (2025년~2093년)

출처: 보건복지부(2024).

연금 수급액이 자동 조정되도록 하는 이 방식은 경제성장률 둔화 등 거시경제 상황이 변하면 연금 지급액을 낮춰 연금 재정 지속 가능성을 높이기 위한 것이다. 이 제도는 스웨덴, 일본, 독일 등 경제협력개발기구(OECD) 38개 회원국 가운데 24개국이 이미 운용 중이다(보건복지부, 2024). 이 방식을 적용하면 가입자 감소율이 1%고 기대수명은 0.5% 늘었다면 이를 합한 1.5%가 '슬라이드율'이 되고 그만큼 연금이 감액된다. 자동조정장치는 재정 안정을 위한 것으로 이 장치 도입 시 2030년 신규 수급자 기준 평생 받는 연금액은 16.8% 줄어들게 된다. 이 때문에 OECD 국가 가운데 노인 빈곤율이 높은 우리나라에서 이런 현실을 그대로 둔 채 연금 재정을 위한 자동조정장치를 도입하는 것이 바람직한지 살펴봐야 한다. 특히 자동안정장치가 영향을 미치는 2036년, 2049년, 2054년 등에 연금 개혁안이 후속 세대의 노후보장에 어떠한 영향을 미치는지도 검토돼야 한다.

│표 4-2│ 자동조정장치 적용 연금액 인상률 예시

연도	물가 변동률	가입자 증감율	기대여명 증가율	연금액 인상률
2024년	3.6%	0.42%	0.36%	3.66%
2025년	2.6%	△0.35%	0.36%	1.89%
2050년	2%	△1.73%	0.36%	0.31%
2090년	2%	△0.65%	0.36%	0.99%

출처: 보건복지부(2024).

(2) 연금 보험료율의 세대별 장기 차등화

국민연금에 늦게 가입하는 후속 세대는 기성세대보다 연금 비용을 더 많이 내도 연금 수령액은 줄거나 혹은 정체된다. 따라서 정부는 이번에 제안된 연금 개혁안으로 인해 부당한 개인 부담이 나타나지 않는지, 또는 이로 인한 제도적 결함과 문제가 없는지 세심하게 살펴봐야 한다. 특히 연금 보험료율의 장기 차등화는 특정 연도 출생자에게 상당한 기간 보험료 부담이 더 커지는 문제가 발생할 수 있다(주은선, 2024).

정부안에 따르면 2028년에 1975년생에게는 보험료율 13%, 1976년생에게는 11%가 적용된다. 출생 연도 1년 차이로 75년생과 76년생은 소득이 같아도 매달 내는 국민연금 보험료가 8년 동안 서로 다르다. 85년생과 86년생, 95년생과 96년생 모두 소득이 같아도 긴 기간 동안 국민연금 보험료 차이를 감수해야 하는 문제가 발생한다. 원래 연금은 세대 간 연대를 통해 사회 공동체 전체가 안정적 노

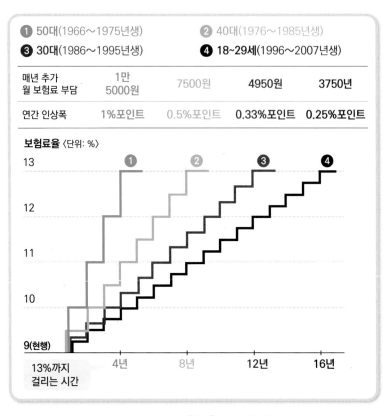

	❶ 50대(1966~1975년생)	❷ 40대(1976~1985년생)	❸ 30대(1986~1995년생)	❹ 18~29세(1996~2007년생)
매년 추가 월 보험료 부담	1만 5000원	7500원	4950원	3750년
연간 인상폭	1%포인트	0.5%포인트	0.33%포인트	0.25%포인트

┃그림 4-3┃ 보험료율 차등 인상안

* 연령: 2025년/월 300만 원 직장인 기준

출처: 보건복지부(2024).

후 이익을 보장받도록 하는 것이 목적이다. 그런데 이번 개혁안은 장기간에 걸친 연금 보험료의 차등화 문제로 세대 간 연대 훼손은 물론 불과 1살 차를 이유로 같은 소득에 차이가 큰 보험료를 내야 하는 불공정한 상황이 벌어질 우려가 있다. 더욱이 연금 재정 운영은 개인의 문제가 아니라 국가가 책임져야 하는 문제이다. 그런데도 연금 재정 고갈에 대한 해결책을 국민 개개인의 보험료 인상으로만 해결하려는 것은 국가·정부의 재정 책임은 도외시한 것은 아닌지 살펴봐야 한다. 지속적·안정적 연금운영 계획은 연금 재정 운영 계획을 수립할 때부터 마련됐어야 한다. 잘못 설계된 연금 운영 책임을 정부가 국민 모두에게 전가하고, 그 과정에서 세대 간 갈등을 부추기는 것은 아닌지 의심스럽다.

보험료율 차등화와 관련해 정부는 연금 수급 가능성이 큰 중장년층이 은퇴 전까지 보험료를 많이 내는 것을 제안하고 있다. 예를 들어, 정부 안은 현재 9%인 보험료를 13%까지 올리는데, 2025년 기준 20대, 30대, 40대, 50대의 보험료 인상 속도를 각각 다르게 하는 것이다. 2024 연금 개혁안에 따르면, 연금보험료는 50대는 매년 1%p씩 4년에 걸쳐, 40대는 0.5%p씩 8년에 걸쳐, 30대는 0.33%p씩 12년에 걸쳐, 20대는 0.25%p씩 16년에 걸쳐 올라간다.

실제로 이를 적용하면, 1966~1975년생인 50대(2025년 기준)는 2025년부터 보험료율을 10%로 1%p 올리고 이후에도 매년 1%p씩 올린다. 다만 1966년생은 내년(59세)을 끝으로 연금을 더는 납부하지 않으므로, 최종 연금 보험료율은 10%로 끝난다. 이에 따라 1967년생은 11%(2026년), 1968년생은 12%(2027년)로 각각 보험료 납입을 마치게 된다. 1969~1975년생은 2028년 이후 13%의 보험료를 부담한다. 정부 안에 따르면 2028년에 1975년생에게는 보험료율 13%, 1976년생에게는 11%가 적용된다. 출생 연도 1년 차이로 75년생과 76년생은 소득이 같아도 매달 내는 국민연금 보험료가 8년 동안 서로 다르게 된다. 이대로라면 85년생과 86년생, 95년생과 96년생은 더 긴 기간 동안 소득이 같아도 매달 내는 국민연금 보험료 차이를 감수해야 한다. 한편, 50대 보험료율 인상은 2025년부터 순차적으로 이뤄져

1. 연금 개혁안과 세대 갈등

50대 871만 (17%)	'66년생(82만 명)	10															
	'67년생(82만 명)	10	11														
	'68년생(87만 명)	10	11	12													
	'69년생(93만 명)	10	11	12	13												
	'70년생(89만 명)	10	11	12	13	13											
	'71년생(93만 명)	10	11	12	13	13	13										
	'72년생(89만 명)	10	11	12	13	13	13	13									
	'73년생(89만 명)	10	11	12	13	13	13	13	13								
	'74년생(87만 명)	10	11	12	13	13	13	13	13	13							
	'75년생(80만 명)	10	11	12	13	13	13	13	13	13	13						
40대 764만 (15%)	'76년생(75만 명)	9.5	10	10.5	11	11.5	12	12.5	13	13	13	13					
	'77년생(76만 명)	9.5	10	10.5	11	11.5	12	12.5	13	13	13	13	13				
	'78년생(75만 명)	9.5	10	10.5	11	11.5	12	12.5	13	13	13	13	13	13			
	'79년생(77만 명)	9.5	10	10.5	11	11.5	12	12.5	13	13	13	13	13	13	13		
	'80년생(84만 명)	9.5	10	10.5	11	11.5	12	12.5	13	13	13	13	13	13	13	13	
	'81년생(84만 명)	9.5	10	10.5	11	11.5	12	12.5	13	13	13	13	13	13	13	13	13
	'82년생(83만 명)	9.5	10	10.5	11	11.5	12	12.5	13	13	13	13	13	13	13	13	13
	'83년생(77만 명)	9.5	10	10.5	11	11.5	12	12.5	13	13	13	13	13	13	13	13	13
	'84년생(70만 명)	9.5	10	10.5	11	11.5	12	12.5	13	13	13	13	13	13	13	13	13
	'85년생(64만 명)	9.5	10	10.5	11	11.5	12	12.5	13	13	13	13	13	13	13	13	13
30대 665만 (13%)	'86년생(64만 명)	9.33	9.66	9.99	10.32	10.65	10.98	11.31	11.64	11.97	12.30	12.63	13	13	13	13	13
	'87년생(62만 명)	9.33	9.66	9.99	10.32	10.65	10.98	11.31	11.64	11.97	12.30	12.63	13	13	13	13	13
	'88년생(61만 명)	9.33	9.66	9.99	10.32	10.65	10.98	11.31	11.64	11.97	12.30	12.63	13	13	13	13	13
	'89년생(63만 명)	9.33	9.66	9.99	10.32	10.65	10.98	11.31	11.64	11.97	12.30	12.63	13	13	13	13	13
	'90년생(65만 명)	9.33	9.66	9.99	10.32	10.65	10.98	11.31	11.64	11.97	12.30	12.63	13	13	13	13	13
	'91년생(66만 명)	9.33	9.66	9.99	10.32	10.65	10.98	11.31	11.64	11.97	12.30	12.63	13	13	13	13	13
	'92년생(72만 명)	9.33	9.66	9.99	10.32	10.65	10.98	11.31	11.64	11.97	12.30	12.63	13	13	13	13	13
	'93년생(72만 명)	9.33	9.66	9.99	10.32	10.65	10.98	11.31	11.64	11.97	12.30	12.63	13	13	13	13	13
	'94년생(71만 명)	9.33	9.66	9.99	10.32	10.65	10.98	11.31	11.64	11.97	12.30	12.63	13	13	13	13	13
	'95년생(70만 명)	9.33	9.66	9.99	10.32	10.65	10.98	11.31	11.64	11.97	12.30	12.63	13	13	13	13	13
18세 이상 29세 이하 671만 (13%)	'96년생(70만 명)	9.25	9.50	9.75	10	10.25	10.5	10.75	11	11.25	11.5	11.75	12	12.25	12.5	12.75	13
	'97년생(68만 명)	9.25	9.50	9.75	10	10.25	10.5	10.75	11	11.25	11.5	11.75	12	12.25	12.5	12.75	13
	'98년생(65만 명)	9.25	9.50	9.75	10	10.25	10.5	10.75	11	11.25	11.5	11.75	12	12.25	12.5	12.75	13
	'99년생(62만 명)	9.25	9.50	9.75	10	10.25	10.5	10.75	11	11.25	11.5	11.75	12	12.25	12.5	12.75	13
	'00년생(63만 명)	9.25	9.50	9.75	10	10.25	10.5	10.75	11	11.25	11.5	11.75	12	12.25	12.5	12.75	13
	'01년생(60만 명)	9.25	9.50	9.75	10	10.25	10.5	10.75	11	11.25	11.5	11.75	12	12.25	12.5	12.75	13
	'02년생(52만 명)	9.25	9.50	9.75	10	10.25	10.5	10.75	11	11.25	11.5	11.75	12	12.25	12.5	12.75	13
	'03년생(48만 명)	9.25	9.50	9.75	10	10.25	10.5	10.75	11	11.25	11.5	11.75	12	12.25	12.5	12.75	13
	'04년생(48만 명)	9.25	9.50	9.75	10	10.25	10.5	10.75	11	11.25	11.5	11.75	12	12.25	12.5	12.75	13
	'05년생(45만 명)	9.25	9.50	9.75	10	10.25	10.5	10.75	11	11.25	11.5	11.75	12	12.25	12.5	12.75	13
	'06년생(44만 명)	9.25	9.50	9.75	10	10.25	10.5	10.75	11	11.25	11.5	11.75	12	12.25	12.5	12.75	13
	'07년생(47만 명)	9.25	9.50	9.75	10	10.25	10.5	10.75	11	11.25	11.5	11.75	12	12.25	12.5	12.75	13

▮그림 4-4▮ 세대별 차등 보험료율

출처: 보건복지부(2024).

제4장 연금 갈등 해결을 위한 정책 PR 커뮤니케이션

2028년에 종료된다. 40대는 매년 50대의 절반씩 보험료율이 높아져 최장 8년, 30대는 12년, 20대는 16년간 보험료가 오른다. 여기에 정부가 제시한 개혁안에 따르면 청년 후속 세대가 국민연금 수급하는 시점이 되면 자동조정장치도 적용된다. 이에 따라 후속 세대의 연금 수령액이 얼마나 줄어드는지 확인할 필요가 있다.

(3) 연도별 세대 간 차등적 보험료율 적용의 한계

후속 세대의 연금에 대한 불신 해소를 위해 곧 혜택을 받을 기성 세대에게 보험료를 더 걷는 것은 겉으로 보기에 당연한 듯하다. 그러나 납부 능력을 고려하지 않고 나이, 세대만을 이유로 인상률을 일괄적·기계적으로 적용하는 것이 바람직한지 의구심이 든다. 예를 들어, 50대 비정규직 종사자나 자영업자의 보험료를 20~30대 대기업 정규직 종사자보다 더 많이 올리는 게 공정한지 고민할 필요가 있다. 같은 200만 원 소득의 노동자라면 같은 수준의 보험료를 내야 하며, 500만 원 소득의 노동자는 그 소득에 비례해 더 많은 보험료를 내야 한다. 하지만 이번 연금 개혁안은 소득수준에 따라 부담도 비례한다는 사회보험 기본원칙과 거리가 있다. 출생 연도별 차등적 보험료율 적용과 소득수준과 무관한 보험료율 적용은 세대 간 연대에 의한 공적연금의 기본 운영 원리에 부합되지 않는 측면이 있음을 잊지 말아야 한다.

※ 13~42%, 세대별 인상속도 차등 적용
40년 가입, 25년 수급, 월소득 300만 원 가정

		50대('75년생)	40대('85년생)	30대('95년생)	20대('05년생)
내는 돈	생애 평균 보험료율	9.6%	10.7%	11.4%	12.3%
	총 보험료	1억 3,860만 원	1억 5,336만 원	1억 6,480만 원	1억 7,640만 원
받는 돈	생애 평균 소득대체율	50.6%	45.1%	42.6%	42%
	수급 첫해 연금액	151.7만 원	135.2만 원	127.7만 원	126만 원
	총 연금액	3억 5,939만 원	3억 2,029만 원	3억 260만 원	2억 9,861만 원

▌그림 4-5▐ 세대별 보험료와 연금액 비교

출처: 보건복지부(2024).

현실적 집단갈등 이론에 따르면, 한정된 자원을 두고 경쟁하는 관계 속에서 세대 갈등이 벌어진다(김영곤, 2016). 연금 개혁안과 관련해 세대 갈등이 발생하는 주된 이유는 연금 도입 초기에 기성세대가 실제로 낸 연금 보험료보다 더 많은 연금을 가져가도록 설계됐기 때문이다. 이미 기성세대 및 그 이전 세대들이 적은 연금 보험료를 내고 많은 연금을 가져가는 상황에서, 후속 세대는 물가와 연동되는 자동조정장치까지 도입해 많이 내고 거의 가져가지 못하는 상황에 직면하고 있다(주은선, 2024). 그런데도 정부는 연금의 지속적/안정적 운영 운운(云云)하며 소득대체율을 낮춰 사회복지 혜택의 차별성을 당연시하고 있다. 이는 정부가 잘못 설계한 연금제도의 책임을 후속 세대와 기성세대 간 세대 갈등을 통해 희석시키려는 것은 아닌지 의심스럽다. 특히 2001년부터 시작된 합계출산율 1.3명 미만의 초저출생 현상 장기화 현상을 이유로 연금 재정고갈을 둘러싼 세대 간 혐오와 갈등을 정부가 부추기는 것은 아닌지 의구심이 든다.

이번 연금 개혁안은 연금을 미래에 큰 폭으로 깎아서라도 기금 운영의 안정성을 담보하려는 것이다. 연금 개혁안은 재정 안정을 통해 연금 수입을 늘리고 지출을 제어하는 방향으로 이루어져야 한다. 그럼에도 이번 개혁안은 미래 연금지출을 줄이는 것에만 관심을 기울이는 경향이 있다. 정부가 연금수입 확충에 관해 국민에게 보험료 인상을 요구한다면 그에 상응하는 국가의 재정 책임 강화 방안 마련이 바람직하다. 그럼에도 2024 연금 개혁안에 따른 장기간의 세대별 보험료 차등화는 특정 연도 출생자에게 상당한 기간 보험료 부담이 더 커지는 현상을 초래하고 있다. 이 조치는 2025년에 시작하면 2040년에 완료된다. 다시 말해, 2025년부터 2039년까지 무려 15년 동안 국민연금은 출생 연도에 따라 서로 다른 보험료율을 적용하는 제도가 된다는 것이다. 이는 세대 간 차등 보험료율 인상은 세대 간 갈등을 불러일으키고, 공적부조라는 사회보험 재정부담의 기본원칙을 무너뜨릴 수 있다(주은선, 2024).

② 세대와 세대 갈등

1) 세대

세대(世代), 즉 'Generation'은 동일한 문화권에서 비슷한 시기에 출생하여 역사적 경험을 공유하는 동시대 출생집단(Birth-Cohort)을 의미한다(Mannheim, 1952; 박재홍, 2010; 손병권 외, 2019). 이 때문에 세대는 비슷한 역사적/문화적 경험을 공유한다. 이는 비슷한 의식이나 태도, 행동 양식이나 정체성을 가진 세대 집단을 형성하게 된다(박재홍, 2003; 오혜영, 류진한, 2016; 정순둘 외, 2016). 시간적으로 한 세대는 아동이 성장기를 거쳐 부모의 역할을 계승할 수 있는 역량을 갖추는 약 20년 정도의 기간을 의미한다. 세대 개념에는 인간에게 사회적으로 부여되는 여러 역할에 따른 변화와 생로병사(生老病死) 등 생물학적 작용 등이 포함된다. 연령과 연계된 세대 개념의 등장은 유아기, 아동기, 청년기, 중년기, 장년기, 노년기 등이 세대 개념으로 혼용되기도 한다(구자숙, 한준, 김명언, 1999). 한편, 만하임(Manheim, 1952)은 세대를 구체적인 집단은 아니지만 계급과 같은 사회적 위치(social status)로 간주했다. 이는 세대가 사회 변동과 변혁에 영향을 미치는 세력으로 특정 출생 연도의 사람들이 공유하는 역사·문화적 연대 의식과 관련 있음을 의미한다.

세대 구분의 기준과 방법도 다양하게 제시되어 왔다. 켈처(Kertzer, 1983)는 세대 유형으로 다음의 네 가지를 제시했다.

첫째, 친족계보(Kinship Descent)에서 종적으로 같은 항렬에 속한 사람이다. 예를 들어, 조부모 세대, 부모 세대, 자녀 세대, 손자 세대 등이 여기에 해당한다.

둘째, 의식이나 가치관, 그리고 생활방식 등의 측면에서 유사성을 지닌 동일 시기 출생집단(Birth-Cohort)이다. 예를 들어, 60년대생, 70년대생, 80년대생, 2000년대생 등과 같은 세대 구분이 여기에 해당한다.

셋째, 동일 생애주기 단계(Life Stage)로 구분할 수 있다. 청년 세대, 중년 세대, 장년 세대, 노년 세대 등이 해당한다.

넷째, 역사적으로 특정 시기(Historical Period)에 생존하며 동일한 역사적 사건을 경험한 사람들로 분류할 수 있다. 해방둥이라든지, 보릿고개 세대, 전후세대, 민주화 세대, IMF 세대, 월드컵 세대 등을 말한다. 이처럼 같은 세대의 사람들은 연대감을 형성하고 상호작용을 공유한다. 사회과학적 관점에서 세대는 부모와 자식 세대, 나이가 들면서 비슷한 나이의 사람들이 함께 변화하는 동기 집단, 청소년이나 대학생처럼 생애주기상 특정 단계에 있는 사람들의 집단을 의미한다(원영희, 한정란, 2019). 한국 사회 세대 구분 유형으로 역사적 경험이나 시대적 특성을 반영한 세대 유형(예: 전후 세대, IMF 세대, 월드컵 세대 등), 연령이나 생애 단계를 반영한 세대 유형(예: 2030 세대, 5060 세대, 청년 세대, 실버 세대 등), 문화적 · 행태적 특성을 반영한 세대 유형(X 세대, Y 세대 등) 등이 있다(박재흥, 2017). IMF(International Monetary Fund) 세대, 386 세대 등과 같이 특정한 역사적 경험을 함께하는 사람들의 집단이 기준이 되기도 하고, 출생 연도에 따라 세대를 구분하는 방식이 보편화되기도 한다. 이를 바탕으로 세대에 대한 인식이 베이비 붐(Baby boom) 세대, 386 세대, X 세대, Y 세대 또는 M 세대, Z 세대 등으로 구분되기도 한다(김영곤, 2016).

6 · 25 전쟁이 끝난 뒤 태어난 1955~1963년생을 베이비 붐 세대, 학생운동과 민주화운동에 앞장섰던 1960~1969년생을 386 세대, 정의할 수 없는 개성적 세대라는 X 세대(Generation X, 1970~1980년생), 베이비 붐 세대의 자녀가 대다수이며 월드컵(World cup)과 외환위기를 경험한 Y 또는 M 세대(Generation Y/M, 1981~1996년생), 어릴 때부터 디지털 환경에 노출되어 인터넷(Internet)과 IT(Information Technology)에 익숙한 Z 세대(Generation Z, 1997~2005년생) 등으로 구분된다(김연수, 허찬영, 2022; 김용하, 임성은, 2011). MZ 세대라는 표현은 출생 시기와 문화적, 행태적 특

151

성을 반영한 세대 유형이라 할 수 있다. 이러한 세대별 구분 관련 논의를 바탕으로 이 장에서는 연금 개혁안 관련 세대 구분을 MZ 세대 또는 청년 세대로 불리는 후속 세대와 베이비 붐 세대, 386 세대 이후를 포함하는 50대 이상을 기성세대로 분류해 다루고자 한다.

2) 세대 갈등

갈등(Conflict)은 서로(con), 충돌하고 다툰다(fligere)라는 라틴어에서 시작됐다. 갈등은 희소한 가치나 자원에 대해 양립할 수 없는 목표를 추구하며 대치하는 상황을 의미한다(박재환, 1992). 갈등은 복수의 이해당사자들 또는 갈등 당사자들 간에 상충하는 이익이나 가치관, 목표의 존재와 상호 적대 관계 등을 전제로 한다. 갈등의 전제조건은 이해관계이고, 그 과정은 상충하는 행위 주체 간의 적대적 행위로 구체화 된다(서문기, 2004). 갈등은 조직과 사회에 해악을 가져다주고 효율성과 통합성을 저해하는 것이다. 그래서 제거되거나 최소화되어야 하는 것으로 간주된다. 이때 갈등은 폭력, 파멸, 불합리성과 같은 의미로 조직과 사회의 효율성과 통합성에 부정적인 영향을 주는 것으로 이해된다(박재환, 1992). 이러한 관점에서 갈등 분출의 효과적 통제/관리는 사회질서 확립을 위한 법/제도에 기반을 둔 공권력 메커니즘에 의해 해결돼야 하는 사회적 문제라 할 수 있다.

한편, 갈등을 사회 공동체 내 개인 간, 조직 간 불가피하고 자연스러운 현상으로 간주하기도 한다. 이 때문에 갈등은 개인, 조직, 사회 발전이나 사회변화를 이끄는 요인으로 보기도 한다(Coser, 1957). 다시 말해 갈등은 조직에 활력을 불러일으키고 생산성·효율성 증대에도 기여하는 측면이 있다는 것이다(정건화, 2007). 그 경우, 갈등은 개인이나 조직 또는 사회에 반드시 부정적 영향을 미치는 것만은 아니다.

여러 갈등 유형 중 세대 갈등(Generation Conflict) 또는 세대 간 갈등은 다른 세대와 서로 다른 역사적 경험으로 인해 서로 다른 세계관을 갖게 되는 어떤 세대가 다른 세대와의 세대 차이(Generation Gap)로 발생하는 갈등이라 할 수 있다(박재흥, 2010). 이때 세대 차이는 각 세대에 따른 경험, 사고방식, 가치관이나 행동 등에 있어 일정 규모 이상의 차이, 다름을 뜻한다(원영희, 한정란, 2019). 이러한 세대 간 이질성은 다른 세대에 대한 인식과 정서적 태도에도 차이를 보이는 경향이 있다. 정치적·사회적·문화적으로 다른 경험을 통해 다른 연령대에 대해서는 이질감이나 차이를 느끼게 되고 이는 세대 간 갈등의 원인이 된다. 따라서 세대 갈등은 서로 다른 시기에 출생해 서로 다른 역사적·사회적 경험을 통해 나타나는 차이로 인한 갈등이다(김연수, 허찬영, 2023; 김영곤, 2016). 세대 갈등은 언제나 보편적으로 존재하지만, 특정한 정치적·경제적·사회적 위기나 사회변동기에 더욱 강하게 나타난다(손병권 외, 2019).

유사한 정치적·사회적·문화적 경험을 공유하는 비슷한 연령대의 사람들끼리는 강한 내적 동질감을 느끼게 된다. 이러한 세대 효과 때문에 세대 간 갈등이 발생할 수 있다(최유석, 2016). 세대 갈등은 각 세대가 갖는 가치관, 인식 차이, 경제적 지위, 사회적 역할 등이 다른 세대와 충돌할 때 발생한다. 본인이 속한 세대 내(內) 집단과 그렇지 않은 세대 외(外) 집단에 대한 차별적 인식에서 세대 갈등은 시작된다. 본인이 속한 세대 내 집단이 사회적으로 불이익을 당한다고 생각하거나, 본인이 속하지 않은 세대 외 집단이 상대적으로 사회적 이익을 얻는다고 생각하면 세대 갈등이 발생한다(이창호, 2002). 어느 특정 세대가 상대적으로 다른 세대에 비해 특정한 요인에 의해서 박탈감을 느낄 때 세대 간 대결 구도가 성립하게 되고 이에 따라 세대 간 갈등이 심화된다. 세대 갈등의 원인은 다양하다. 인간의 발달 단계상 특징의 차이, 변화 수용 능력의 차이 등은 물론이고, 법적·제도적 변화, 사회 구조상의 변화, 가족구조 변화, 사회적 규범의 변화 등이 세대 갈등에 영향을 주는 요인이라 할 수 있다(한정란, 이금룡, 원영희, 2006). 이처럼 세대 갈등은 본인이 소속돼 동일시하는 집단에 대한 상대적 평가 과정에서 일어난다. 세대 갈등을 사회적 정체성 관점에서 보면, 본인이 속한 집단에 대한 소속감을 높이려는 욕구로 인한 것이라 할 수 있다. 본인이 속한 집단은 긍정적으로, 타 집단에 대해서는 부정적으로 대하는 태도를 형성하는 과정에서 세대 갈등이 촉발된다. 이러한 세대 갈등은 현실적 집단갈등 이론, 사회적 정체성 이론 그리고 사회적 접촉 가설로 설명된다(원영희, 한정란, 2019).

현실적 집단갈등 이론 관점에서 세대 갈등의 원인은 연금 이슈처럼 제한된 자원의 배분과 관련 있다(한정란, 2002). 특정 사회의 자원이 한정된 경우, 자원배분 과정에서 각 세대는 자신의 이익을 극대화하기 위해 경쟁하게 되고 이는 세대 갈등의 원인으로 작용한다.

한편, 사회적 정체성 이론(Social Identity Theory)에 따르면, 인간은 정보처리 및 인지적 이해를 위해 타인이나 다른 집단을 고정관념에 의해 범주화하고, 집단 간 차이를 부각시키는 과정에서 자신이 속한 집단은 긍정적으로 인식하지만, 다른 집단은 부정적으로 인식하게 되어 세대 갈등이 발생할 수 있다는 것이다. 마지막으로, 사회적 접촉 가설은 세대 간 접촉 부족을 주요한 세대 갈등 원인으로 파악한다. 연금 문제와 관련해 세대 갈등이 벌어지는 이유는 기성세대와 후속 세대 간 교류가 부족해 서로에 대한 정보 부족 상황에서 다른 세대에 대한 오해와 편견이 발생하고, 이로 인해 세대 갈등이 발생할 수 있다(원영희, 한정란, 2019).

서로 다른 시기에 출생해 서로 다른 역사적 경험 차이로 인한 세대 간 갈등은 특정 요인 때문에 촉발되는 것은 아니다. 그보다는 세대 간에 접촉이 부족할 경우 다른 세대에 대한 편견이 발생하고, 이는 인간의 인지적 범주화 과정에서 고정관념으로 작용하게 되어 갈등이 증폭돼 발생한다(정순둘 외, 2016). 여기에 세대 간 소통과 상호 간의 정보 부족은 타 세대에 대한 갈등과 편견을 유발하게 된다(이동한, 2020). 최근 50대 이상 기성세대들은 청년 후속 세대를 노력하지 않는 '게으름뱅이' '놈팽이들'로 간주하고, MZ세대는 기성세대 노인들을 '틀딱(틀니를 딱딱거린다)' '연금충' 등으로 부르며 서로를 혐오하는 현상도 서로에 대한 정보와 소통 부족 때문이다. 특히 세대 간 소통이 이루어지지 않는 상황에서, SNS 등을 통한 정보의 편향적 취사선택이 누적된 결과라 할 수 있다(김연수, 허찬영, 2022; 김영곤, 2016).

세대 갈등은 보편적·상시적 현상이다. 그러나 사회통합을 위해 반드시 해소돼야 할 사회문제다. 다양한 요인이 뒤섞여 세대 간의 부정적 인식과 태도가 심화된 결과인 세대 갈등은 연금 정책과 같이 이해관계가 첨예한 이슈에 대한 세대별로 편향된 커뮤니케이션 현상과 밀접한 관련이 있다. 이 때문에 연금 관련 세대 간 갈등에 대한 연구가 점점 더 중요해지고 있다.

3 정책 갈등과 정책 PR 커뮤니케이션

　정부 정책에 대해 공중의 동의, 반대, 참여, 거부 등 다양한 반응이 있을 수 있다. 정부 정책의 원만하고 순조로운 추진을 위해서는 정부와 공중 간 관계를 살피는 것이 당연하다. 이를 위한 구체적인 방안으로 조직-공중 관계성을 기반으로 하는 정책 PR 커뮤니케이션 활동이 주목받고 있다. 정책 PR 커뮤니케이션은 조직-공중 관계성 증진을 위해 정부와 같은 공공 조직이 자신들의 활동이나 정책을 서로 다른 의견을 가진 공중들에게 전달함으로써 공중의 호의적인 여론이나 태도를 형성시키는 역할을 하는 커뮤니케이션 활동을 의미한다(김공록, 문명재, 2008). 이러한 정책 PR 커뮤니케이션 활동은 정부에서 추진하고 있는 주요 정책에 대해 정보를 제공하고, 이에 대한 국민의 의견을 반영해 실행 가능한 최적의 대안을 결정하는 것을 목표로 한다(이인원, 2016). 연금 개혁안과 같이 이해관계가 첨예한 정책 추진 과정에서 정책 PR 커뮤니케이션은 정부-공중 관계성을 기반으로 정부와 정책 대상자 간의 상호작용 과정을 중시한다.

　정책 PR 커뮤니케이션 연구는 다양한 정부 정책에 대한 정책 공중의 선호(preference), 태도(attitude) 등에 따른 조직-공중 관계성을 중심으로 이루어져 왔다. 정책 PR커뮤니케이션은 정책을 집행하는 과정에서 공중과의 관계를 우호적으로 유지하고 관리하기 위해 차별화된 커뮤니케이션 전략을 개발하고 실행하는 것에 주목해 왔다. 퍼거슨(Ferguson, 1984)에 의해 제안된 조직-공중 관계성을 기반으로 바스킨 등(Baskin et al, 1997)은 정부와 국민 간의 소통, 자발적인 정책 참여, 정책에 대한 관심 유도, 정책에 대한 지지 확보 등이 정책 PR

커뮤니케이션 활동을 통해 이루어진다고 주장했다. 정책 PR커뮤니케이션 활동을 국가 전략의 일환으로 간주한 신호창(1999)은 정책을 도입하는 단계에서부터 국민의 의견을 수렴할 것을 제안했다. 겔더스와 이렌(Gelders & Ihlen, 2010)은 정책에 대한 정부의 PR 커뮤니케이션 활동은 정부가 정책에 대한 국민의 의견과 요구를 파악하는 절차적 민주주의 과정이라고 주장했다.

정책 PR 커뮤니케이션 연구와 관련해 부커트(Bukart, 2004)의 COPR(Consensus-Oriented Public Relations) 모델이 주목받고 있다. 이슈와 관련한 양질의 정보를 국민, 공중에게 전달하는 정보(information) 단계, 이슈에 대해 국민, 공중들이 확신을 갖지 못하고 논란이 가중되는 상황에서 요구되는 토론(discussion) 단계, 이슈에 대한 갈등이 심화되는 상황에서 소통 실무자가 논쟁 사안에 대해 정확한 점검과 함께 타당성을 검증하는 담론(discourse)화 단계, 타당성 검증 과정에 대한 종합적 판단을 바탕으로 (정책)결정을 위한 상황정의(situation definition) 단계 등으로 구성된 이 모델은 정책 기획 단계에서부터 쟁점에 대한 커뮤니케이션 과정 자체를 중시하고 있다. 특히 이 모델은 충분한 정보 전달, 정보 전달자의 진실성, 커뮤니케이션 과정 자체에 대한 정당성에 대한 동의 등을 강조하고 있다. 부커트(Bukart, 2005)는 이 모델에서 갈등 상황에서 정부-공중 간 상호호혜적 커뮤니케이션 환경을 구축하기 위해 각 단계별로 누가, 무엇을, 어떻게 해야 하는지에 대해 평가하는 방안을 제안하고 있다. 이 모델에서는 정보, 토론, 담론, 상황정의의 4단계 과정을 통한 정부-공중 간 각 단계별 기획·평가 과정 등을 점검한다. 이를 통해 국민, 공중, 이해관계자 등이 정책수혜자, 대상자가 아니라 정책을 둘러싼 갈등 상황에서 공공 쟁점에 대해 함께 고민하고 이를 해결하기 위해 공공정책을 기획, 수립, 실행하는 공동참여자 혹은 동반자로서의 역할을 하게 한다. 이는 그동안 공중 관계성 구축 과정에서 논의돼 온 다양한 변인(예: 신뢰성, 공언 이행 가능성, 만족도, 충실성, 친숙성, 상호통제성, 커뮤니케이션 균형성, 상호이해도, 정책동의도 등)이 소통(communication)을 활용한 정부-정책수혜자 · 이해관계자 간의 공감, 공유를 전제로 한 상호작용적(interactive) 커뮤니케이션을 가능하게 한다. 정부의 정책이나 활동이 의도하는 정책목표를 실현하기 위해서는 국민의 이해관계에 대한 조정과 협의를 거쳐 합의를 이끄는 것이 중요하다. 그 과정에서 정책 PR 커뮤니케이션은 정부 정책이나 활동에 대한 국민의 지지와 협력을 이끄는 역할을 담당한다(오경수, 천명재, 김희경, 2013). 정책 PR 커뮤니케이션 연구자들은 연금 정책과 같은 정부 정책 추진 과정에서 발생하는 다양한 갈등 상황에서 정부-공중 간 관계성, 그리고 정책 이해관계자 간의 관계 등을 중심으로 문제해결 방안을 논의해 왔다.

김종호와 김세훈(2006)은 정책 PR커뮤니케이션을 통해 정부의 정보제공과 국민의 참여로 신뢰성 있는 상호의견 교환이 이루어진다고 설명했다. 상호호혜, 신뢰, 상호정당성, 개방성, 상호만족성, 상호이해 등에 근거해 공중 관계성을 설명하는 후앙(Huang, 2001)은 상호통제성, 관계 만족도, 관계 충실성 등 관계성 개념을 부각시켰다. 브루닝과 갤로웨이(Bruning & Galloway, 2003)는 여기에 충실성을 추가해 조직-공중 관계성 모델의 이론적 완성도를 제고했다. 문미란과 김영욱(2004)은 신뢰성과 헌신성에는 이용편의 요인이, 상호통제성에는 정보제공 요인이, 평판에는 민원 행정 요인이 조직-공중 관계성 형성에 영향력을 발휘한다고 주장했다. 정부-공중 관계성 향상 방안으로 전자정부의 활용에 대해 연구한 홍혜현(2012)은 전자정부의 활발한 활용이 정부-공중 관계성에 긍정적인 영향을 미친다는 사실을 확인했다. 지방정부와 시민 간 관계성에 관한 연구를 진행한 이수범, 신성혜, 최원석(2004)은 시민 관계성 요소(신뢰성, 상호통제성, 만족성, 상호공존적 관계성, 시민 기여성, 친밀성, 공동체 관계)와 지자체 이미지 구성 요소(호의도, 행정 수행 능력, 투명성) 간에 높은 상관관계가 있으며, 특히 신뢰성이 다른 요소에 비해 큰 영향을 미치고 있다는 것을 확인했다.

최근에는 정부·지자체와 정책 수혜 계층 간 공중 관계성에 대한 논의도 활발히 전개되고 있다(예: 문미란, 김영욱, 2004; 홍혜현, 2012; 권아연, 조삼섭, 2014; 홍문기, 2015; 이수범, 신성혜, 최원석, 2004). 특히 다양한 형태의 정부 조직에 대해 정부-공중 관계성이 어떤 영향을 미치는지 파악하는 과정에서 다양한 커뮤니케이션 효과 변인들이 도출되고 이들을 기반으로 한 정부-공중 간 호혜적 관계 형성 방안을 탐색하는 연구가 계속되고 있다. 소방 행정조직에서의 공중 관계성을 연구한 이동기(2005)는 정부정책과 관련된 PR 커뮤니케이션 활성화를 위해 상호공존성, 기여성, 신뢰성, 상호통제성 등이 소방행정기관의 이미지에 유의미한 영향을 미친다는 사실을 밝혀냈다. 노동 관련 정책의 공중 관계성을 순수 신뢰성, 공언 이행 신뢰성, 능력 신뢰성, 만족도, 충실성, 친숙성, 상호통제성, 커뮤니케이션 균형성, 상호이해도, 정책동의도 등의 요인에 근거해 분석한 박현순(2009)은 공중 관계성에 대한 상호지향성 분석을 통해 정부정책에 대한 공중의 인식 차를 규명했다. 권아연과 조삼섭(2014)은 국내에 거주하는 외국인 근로자와 법무부 간의 공중 관계성이 이민 만족도와 한국 사회에 대한 신뢰도에 미치는 영향을 분석했다. 이 연구에서 연구자들은 법무부 정책의 실질적 수혜 대상인 외국인 근로자들과의 상호호혜적 공중 관계성 형성이 국내 이민 정책의 만족도와 한국 사회에 대한 신뢰 형성에 영향을 미친다는 점을 확인했다. 또한 농림축산식품부의 홍보 행사를 중심으로 정책 PR커뮤니케이션 활동의 공중 관계성 형성에 대한 연구에서 홍문기(2015)는 공중이 농림축산식품부 홍보행사의 문제점을 인식하는 요인이 '소구대상 불분명' '형식적·관례적 행사' '전시성 프로그램 구성'임을 확인했다. 특히 정책 추진 과정에서 소구대상을 불분명하게 하는 것이 공중의 불만족에 가장 직접적인 영향을 미친다는 점을 지적하며 조직-공중 간 균형적 커뮤니케이션의 중요성을 부각시켰다. 그는 커뮤니케이션 균형성을 통한 신뢰가 전제되었을 때 공중의 정책 만족도를 기대할 수 있다고 주장했다. 최유석과 한미정(Choi & Han, 2014)은 지식경제부의 전기료 누진세 이슈를 중심으로 정부의 갈등관리 전략과 공중의 커뮤니케이션 행동, 정책 수용 간의 관계를 분석해 공중 관계성 요인이 공중의 커뮤니케이션 행동에 영향을 끼치는 중요한 요인임을 밝혀냈다.

그 밖에 이연택과 김형준(2014)은 정책 PR, 정책 이해, 정책 지지와의 관계 구조 분석을 통해 정책 PR이 정책 지지에 영향을 미치는 과정에 정책 이해가 매개 역할을 한다는 것을 실증적으로 검증했다. 손호중(2007)은 정부의 쌍방향 커뮤니케이션이 혐오 시설 입지 정책에 대한 국민의 정책 순응에 영향을 미치고 있음을 연구했다. 이 연구에서는 정부와 국민의 관계관리에 주목하면서 정부 신뢰를 비롯한 관계성 변인과 정책 PR의 최종 목표인 정책 지지와의 구조적 관계가 검증됐다. 이처럼 정책 PR 커뮤니케이션 연구들은 정부 정책에 대한 이해관계자와 공중 간 관계 형성, 유지, 발전에 영향을 미치는 요인들을 파악하고 그 조직-공중 관계성을 입증하는 방식에 주목해 왔다. 따라서 연금 정책과 같은 정부 정책 추진 과정에서 세대 갈등처럼 정책 집행 과정에서 발생하는 문제들을 어떻게 해결해야 하는지 정책 PR 커뮤니케이션은 공중 관계성을 중심으로 논의할 수 있다. 그 동안 공중 관계성 변인으로 논의되 온 다양한 변인을 중심으로 한 실증적 분석 과정을 통해 연금 문제 관련 정부와 공중간은 물론, 세대 갈등 같은 공중 간 커뮤니케이션 문제도 정책 PR 커뮤니케이션 관점에서 분석할 수 있다.

4 소통을 위한 상호지향성 모델의 역할

최근 마련된 연금 개혁안의 성패는 정부-정책 공중 간 또는 공중 간 커뮤니케이션 결과에 달렸다(주은선, 2024). 이 때문에 정부와 이해당사자 간 소통과 교감 형성, 상호협력을 통한 갈등관리 및 합의 도출 등이 어떻게 이루어지는지에 관심이 집중되고 있다. 연금 개혁안이 발표된 이후 발표 내용에 대해 정부-정책 공중 간 그리고 정책 공중 간 이견이 세대 갈등으로 증폭될 우려가 있는 상황에서 사회적 합의를 위한 공감대 형성 등 공중과의 갈등 최소화를 위한 정책 PR 커뮤니케이션 방안이 요구된다. 이를 위해 상호지향성 모델을 중심으로 해결책을 제안하고자 한다.

1) 상호지향성 모델

채피와 맥로드(Chaffee & McLeod, 1968)가 제안한 상호지향성(Co-orientation) 모델은 어느 대상이나 이슈에 대해 집단 간 인식과 이해의 주관적, 객관적 일치도와 정확도를 분석해 상호관계를 설명하는 분석 방법이다. 상호지향성 모델에서 주관적 일치도(Congruency)는 상대방의 의견이 자신의 의견과 유사하다고 생각하는 정도를 의미하며, 객관적 일치도(Agreement)는 한 사람의 평가가 다른 사람의 평가와 유사한 정도를 뜻한다. 정확도(Accuracy)는 이슈에 대한 다른 사람의 평가에 대한 인식이 그 평가와 유사한 정도를 의미한다. 특히 정확도(Accuracy)는 이슈에 대한 상대방의 인식에 대해 자신이 추측하는 것이 실제로 상대방이 인식한 것과 얼마나 차이가 있는지를 나타낸다. 이는 커뮤니케이션 주체가 커뮤니케이션 상대에 대해 얼마나 정확하게 이해했는가를 평가하는 지표가 된다. 이처럼 이슈에 대한 각 집단 간 인식의 차이를 파악하는 상호지향성 모델은 정책 집행 과정에서 이해관계 집단 간 주관적 일치도, 객관적 일치도, 정확도 등에 의해 사회적 관계와 이슈에 대한 집단 지향성을 이해하는 데 도움을 준다(Ajieh & Uzokwe, 2014). 객관적 일치도와 주관적 일치도, 정확도 중 정책 PR 커뮤니케이션 효과는 정확도에 의해 확인된다. 상호지향성 모델에서는 정확도가 높을수록 정책 PR 커뮤니케이션 효과가 크다고 할 수 있다(김봉철, 최양호, 2005).

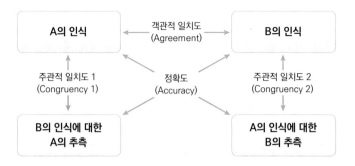

┃그림 4-6┃ 채피와 맥로드의 상호지향성 모델

출처: Chaffee & McLeod (1968).

2) 상호지향성 모델 연구 경향

조직-공중 관계성 연구에서 상호지향성 모델을 접목시킨 사례는 무수히 많다. 연금 개혁 이슈처럼 상호지향성 모델은 대체로 하나의 이슈에 대해 서로 다른 두 집단의 인식 비교에 많이 활용되고 있다. 예를 들어, 정부의 정책 커뮤니케이션 역량과 관련해 정부-공중 관계성에 대한 정부 관계자와 국민의 인식 차이를 상호지향성 모델을 통해 분석한 김지윤과 김수연(2020)은 공무원 집단과 청년공중, 공무원 집단과 시니어 공중 간 객관적 일치도, 주관적 일치도, 정확도 등을 살펴봤다. 그 결과, 객관적 · 주관적 일치도는 물론 정확도 등이 모두 낮게 나타나 공무원들이 인식하는 정책 커뮤니케이션 역량과 공중들이 인식하는 정부의 커뮤니케이션 역량에는 통계적으로 유의미한 차이가 있는 것으로 파악됐다. 또한 정부의 정책 커뮤니케이션 역량에 대한 청년과 시니어의 인식 차이를 비교한 결과, 객관적 일치도와 주관적 일치도에서는 유의미한 차이가 있었다. 이를 통해 정부의 국정 수행 및 소통 역량이 청년과 시니어의 기대 수준에

4. 소통을 위한 상호지향성 모델의 역할

미치지 못하고 있음이 실증적으로 확인됐다.

경찰과 시민 간 상호이해도를 조직-공중 관계성에 적용해 살펴본 김봉철, 정세종, 이민창(2013)의 연구에서는 상호지향성 모델(coorientation model)을 통해 경찰과 시민 간의 객관적 일치도, 주관적 일치도, 정확도 등을 살펴봤다. 그 결과, 관계성 구성 차원에서 대부분 객관적 일치도가 낮게 나타나 경찰과 시민 간 서로에 대한 이해도 역시 낮은 것으로 파악됐다. 또한 정확도의 경우 대체로 시민은 경찰의 생각을 잘 파악하고 있지만, 경찰은 시민의 생각을 잘 파악하지 못하는 것으로 나타났다. 이는 조직과 공중 간의 호혜적 관계 설정을 위한 경찰의 관계성 관리(relationship management) 개선을 위해 경찰이 시민들과의 커뮤니케이션을 강화해 정확도를 높이는 PR 커뮤니케이션 활동이 요구됨을 의미한다.

또한 경찰이 추진, 집행하는 정책의 지향점을 정책 PR 커뮤니케이션 활동을 통해 시민 지향적인 방향으로 수정할 필요가 있음을 의미한다. 사드 배치와 관련해 김법헌과 김유미(2019)는 효율적인 정책 PR 커뮤니케이션의 부재를 지적하며 조직-공중 간 상호호혜적인 관계 설정을 위해 상호지향성 모델을 연구했다. 이 연구에서 객관적 일치도는 사드 정책 관련 PR 커뮤니케이션 전반에 대한 일반 국민의 인식과 군 관계자 인식 간의 일치 정도를 의미하고, 주관적 일치도는 사드 정책 커뮤니케이션에 대해 군과 국민이 스스로 판단하는 자신의 인식과 상대의 인식에 대한 추정이 어느 정도 일치하는지 살펴보는 것이다. 정확도는 군과 일반 국민 간 서로의 실제 인식을 제대로 추정하고 있는지에 대한 것이었다. 이 연구에서는 상호지향성 모델을 활용해 군과 일반 국민의 사드배치 관련 인식차가 드러났다.

다시 말해, 객관적 일치도, 주관적 일치도, 정확도 모두 통계적으로 유의미한 차이가 확인됐다.

연구 결과, 일반 국민의 인식과 일반 국민이 추정한 군의 인식은 물론 군의 인식과 군이 추정한 일반 국민의 인식에도 큰 차이가 있었다. 또한 군이 추정한 일반 국민의 인식과 실제 일반 국민의 인식도 큰 차이가 있었다. 그러나 일반 국민이 추정한 군의 인식과 실제 군의 인식 간에는 차이가 없었다. 이는 사드 배치 정책과 관련해 이루어진 군의 정책 PR 커뮤니케이션에 문제가 있었음을 보여 주고 있다. 특히 객관적 일치도의 경우 8개 항목 모두 상호 간의 인식 차이가 큰 것으로 나타났고, 일반 국민들이 추정한 군의 인식에 대한 일치도는 높은 정확도를 보였다. 그러나 군이 추정한 일반 국민에 대한 정확도는 그렇지 않았다. 이 사실은 군이 사드 배치에 대한 일반 국민들의 인식과 격차가 있음을 의미한다. 이 연구를 통해 사드 배치라는 정책 집행 과정에서 군은 일반 국민이 무엇을 원하는지 제대로 파악하지 못하고 있음은 물론, 이를 해결하기 위한 군의 정책 PR 커뮤니케이션도 문제가 있음이 확인됐다(김법헌, 김유미, 2019).

중앙정부 또는 지방정부 공무원들과 시민을 대상으로 상호지향성 모델을 적용한 사례도 있다. 이태준(2016)은 미래창조과학부 공무원과 국민을 대상으로 과학기술 정책 PR 커뮤니케이션 상황을 파악하기 위해 상호지향성 모델을 적용했다. 연구 결과, 공무원(정책공급자)과 국민(정책소비자) 간 조직-공중 관계성 측면에서는 정책 PR 커뮤니케이션을 주도하는 공무원이 정책공급자의 관점에서 국민이 정책을 긍정적으로 받아들일 것이라고 인식하는 것으로 나타났다(이태준, 2016). 지방정부(전라남도) 공무원과 주민(전남도민)을 대상으로 지방정부의 조직-공중 관계성에 대한 상호지향성 연구(김봉철, 최명일, 배정호, 2014)에서는 모든 관계성 구성 요인에 대해 객관적 일치도가 매우 낮은 것으로 나타났다. 특히 전남도민은 전남도청 공무원의 생각을 상호통제성과 상호이해도를 제외한 나머지 구성요인에 대해 대체로 높은 정확도와 일치도를 보였다. 그러나 전남도청 공무원은 전남도민의 생각을 친숙성과 상호이해도, 2개의 구성요인에 대해서만 일치도를 보여 전남도청 공무원들은 도민들과의 관계 형성을 위해 도민의 생각을 객관적이고 정확하게 파악하지 못하고 있음이 확인됐다.

그 밖에 상호지향성 모델을 활용해 PR 전문성 기준에 대한 기업 실무자와 정부 실무자 간 인식 차이를 정책 PR 커뮤니케이션 관점에서 살펴본 연구도 있다(박종민, 2001). 이 연구에서는 객관적 일치도 평가를 통해 정부 PR 실무자들은 기업 PR 업무를 긍정적으로 평가하고 있는 반면, 기업 PR 실무인들은 정부 홍보 업무를 부정적으로 평가하고 있다는 사실이 확인됐다. 배지양, 우정화, 양승준(2016)은 기업의 이기적인 CSR 활동에 대해 세 집단의 인식 차이가 어떻게 나타나는지 상호지향성 모델에 근거해 분석했다. 연구 결과, 소비자들은 실무자나 언론인이 생각하는 것보다 기업의 이기적인 동기에 대해 더 민감한 것으로 나타났다. 그럼에도 이러한 소비자의 인식을 실무자나 언론인들은 잘 인식하지 못해 CSR 활동에 대한 효과를 기대하기 어려운 측면이 있음이 확인됐다. 또한 기업의 CSR 활동에 있어 소비자들은 자신의 지각뿐 아니라 언론인의 인식에 대한 지각도 자신의 태도나 행위 의도를 결정하는 데 영향을 미치는 것으로 나타났다. 그러나 실무자들은 기업 사회공헌 활동을 바라보는 소비자나 언론인의 인식을 기업의 CSR 활동에 제대로 반영하지 못해 기업의 CSR 활동에 대해 실무자, 소비자, 언론인 간에 서로 다른 인식의 격차를 보였다. 이는 기업의 CSR 활동을 둘러싸고 있는 이해관계자들 사이에 왜 오해가 발생하는지 설명하고 있다.

앞서 살펴본 것처럼 상호지향성 모델은 연금 정책 같은 특정 이슈에 대해 조직-공중 간 공중 관계성이 커뮤니케이션 과정을 통해 어떻게 구축되는지를 평가하고, 향후 커뮤니케이션 전략 방안을 수립하는 데 도움을 줄 수 있다(배지양, 우정화, 양승준, 2016). 이는 정책 PR 연구에 있어 중시되는 정부-공중 간 관계성의 문제를 연금 개혁이라는 구체적 이슈와 접목시켜 정부-후속 세대-기성세대 등이 어떻게 상호호혜적 관계를 설정할 수 있는지 논의할 수 있게 한다. 특히 상호지향성 모델은 연금 개혁안에 대한 정부-공중 간 인식의 차이는 물론, 세대 갈등과 관련된 공중 간 인식 차를 비교, 분석함으로써 연금을 둘러싼 다양한 갈등 양상을 해소할 방법을 다루게 할 것이다.

5 조직-공중 관계성 이론과 상호지향성 모델에 의한 갈등관리 방안

1) 갈등관리

갈등관리는 갈등을 무조건 제거하거나, 방지하거나, 통제하는 것이 아니다. 바람직한 갈등관리 방식은 갈등에서 발생하는 가치와 이득을 증대시키고 비용과 불만족을 감소시키는 것이다(Bercovitch, 1984). 이는 사회문화적 조건에 맞는 갈등관리 기법, 갈등관리를 위한 전문성을 지닌 조정, 중재자의 양성 및 훈련 시스템 등 갈등관리의 제도 실행 능력과 성과를 높이는 구체적이고 실천적인 정책 도입을 통해 이루어진다(정건화, 2007). 갈등 예방과 관리에 집중하는 갈등관리론(theory of conflict management) 관점에서 갈등관리는 개인 간, 집단 간, 조직 간 갈등의 원인을 분석하는 과정을 통해 우리 사회의 순기능적인 활동을 방해하는 갈등 요인은 제거하고, 사회 발전에 도움을 주는 갈등요인은 유지하는 일련의 과정과 활동을 통해 달성할 수 있다(안광일, 1993). 전통적으로 적용되는 갈등관리 방식은 크게 기술관료적 방식과 다원주의적 방식으로 분류할 수 있다.

기술 관료적 갈등관리 방식은 정부와 정책 전문가 중심의 갈등관리 방식이다(임동진, 2011). 이 방식에서는 공공갈등 발생 시 공중의 참여 대신 관료들의 수직적이고 권위주의적 의사결정으로 갈등 해결을 모색한다. 이러한 갈등관리 방식은 법, 제도 등에 근거한 공권력은 물론 소송과 같은 강제력을 주로 동원해 문제를 해결한다(윤종설, 2013). 갈등을 제거, 방지하거나 통제하는 것을 목적으로 하는 이 방식은 갈등해소가 아니라 질서유지를 더 중요한 목적으로 한다는 특징이 있다. 이 과정에서 과도한 소송비용과 행정적 제재에 의한 갈등 심화로 더 큰 문제를 초래하기도 한다(최연홍, 오영민, 2005). 이러한 기술 관료적 갈등관리 방식은 갈등을 해소하기는커녕 갈등을 심화시킬 가능성이 크다.

한편, 다원주의적 갈등관리 방식은 공공정책 집행 과정에 갈등과 밀접한 관계가 있는 이해집단, 공익집단, 전문가, 대표성을 지닌 국민 등 다양한 이해관계자를 참여시켜 갈등을 해결하는 방식이다(김두환, 2009). 이 방식은 정책에 대한 불신과 사회갈등을 예방하는 효과와 더불어 의사결정의 책무성·투명성을 강화하는 효과를 기대할 수 있다(정규호, 2007). 특히 기술 관료적 방식에서 도외시 된 정책의 질과 정당성 향상, 내려진 결정에 대한 수용성과 합의 도출, 정부와 시민사회 사이의 신뢰 구축, 개인 간 및 기관 간의 연결망 촉진, 시민들의 참여 촉진 등을 통해 절차적 민주주의와 비용효율성을 기대할 수 있다(윤종설, 2013; 임동진, 2011). 다원주의적 갈등관리 방식은 갈등 요인을 최소화하기 위해 이해당사자 간 소통과 교감 형성, 상호 협력을 통한 갈등관리 및 합의 도출, 사회적 합의에 대한 준수 관련 모니터링 및 평가 등을 중시한다. 사회적 공감대를 형성하고 사회적 합의에 접근해 갈 수 있는 갈등관리 방식인 다원주의적 갈등관리 방식은 정부와 사회 구성원 간 갈등 발생 시 사회적 합의를 어떻게 도출할 것인지에 관심을 기울인다(김두환, 2009).

한편, 연금 정책처럼 정책 추진 과정에서 조직-공중 간 또는 공중 간 갈등은 다양한 이슈와 관련된 정책 공중의 대결 구도가 성립될 때 발생한다. 이러한 갈등은 정책 추진 과정에서 양립 불가능한 가치나 목표가 공공의 영역으로 확대되면서 정책에 대한 이해관계자들이 등장하면서 심화한다(문빛, 박건희, 2014). 정책 추진 과정에서 발생하는 갈등은 복잡한 과정을 거치며 심화되고, 직접적인 이해관계자 외에도 사회에 광범위하게 존재하는 다양한 정책 공중에게 영향을 미친다(채원호, 손호중, 2004). 이처럼 정부가 추진하고자 하는 업무 수행 과정에서 발생하는 갈등은 불필요한 사회적 비용을 낭비하게 한다(김찬석, 2011). 정책 PR 커뮤니케이션은 이러한 정책 갈등

5. 조직-공중 관계성 이론과 상호지향성 모델에 의한 갈등관리 방안

상황 해결을 목표로 한다(Huang, 2001; papa & pood, 1988; Plowman, 1998). 다양한 이해관계자가 참여하는 복잡한 정책 추진 과정에서 발생 가능한 불확실성이나 예기치 못한 갈등으로 인해 막대한 비용이 우려될 때 정책 PR 커뮤니케이션은 효과적으로 활용될 수 있다(이인원, 2016). 정책 추진 과정에서 발생하는 갈등을 발전적인 요소로 변환시킬 수있는 효과적인 정책 PR 커뮤니케이션 전략 수립에 정책의 성공 여부가 달려있다.

2) 조직-공중 관계성 이론의 적용

갈등이 심화되면 위기로 번질 수 있고, 이를 해결하는 과정 속에서 공중과의 적절한 커뮤니케이션이 필요하다. 특히 정책 집행 과정에서 발생하는 문제해결을 위해서는 공개성, 신속성, 일관성이라는 정책 PR 커뮤니케이션 원칙을 지키는 것이 중요하다(이인원, 2016). 이 정책 PR 커뮤니케이션 원칙이 무너지면 정부가 추진하고 있는 정책에 대한 신뢰도 문제가 아니라 정부에 대한 신뢰도 문제를 발생시킬 수 있다(채원호, 손호중, 2004). 이 때문에 정책 PR 커뮤니케이션에서는 단순히 정보를 제공하거나 알리는 것이 아니라 정부와 정책 공중 간 상호호혜적 관계를 설정하기 위한 조직-공중 간 또는 공중 간 커뮤니케이션 과정을 중시한다(채원호, 손호중, 2004). 결론적으로 정책 추진, 집행의 성공 요인은 원만하고 순조로운 커뮤니케이션이라 할 수 있다.

오늘날 복잡하고 다양해진 정책 수용자들의 긍정적 동의를 얻기 위해 협상과 설득을 토대로 한 정책 PR 커뮤니케이션 과정이 점점 더 중요해지고 있다. 이러한 측면에서 정책 PR 실무자의 역할이 과거처럼 단순한 관리자나 기술자가 아니라 갈등관리 전략에 대한 문제해결 능력을 겸비한 커뮤니케이션 전문가로서의 역할이 강조되고 있다(Dozier, 1992; 이강웅, 2002).

정책 PR 커뮤니케이션은 공중 관계성을 중심으로 논의할 수 있다. 그동안 공중 관계성 변인으로 논의됐던 다양한 변인을 중심으로 한 실증적 분석 과정을 통해 연금 문제 관련 정부와 공중 간은 물론, 세대 갈등 같은 공중 간 커뮤니케이션 문제도 정책 PR 커뮤니케이션 관점에서 분석할 수 있다. 조직-공중 관계성 논의들은 정부 정책에 대한 이해관계자와 공중 간 관계에 영향을 미치는 요인들을 파악해 그 관계성을 입증해 왔다. 조직-공중 관계성과 상호지향성 모델을 기반으로 하는 정책 PR 커뮤니케이션 연구들은 연금 정책 같은 특정 이슈에 대해 정부와 공중 간 또는 공중 간 변인 관계성을 파악하고, 이를 기반으로 한 커뮤니케이션 전략 방안을 모색하는 데 도움을 준다. 좀 더 구체적으로 연금 개혁안에 대한 정부-공중 간의 관계성을 파악하기 위해서는 정부의 연금 개혁안에 대한 관계성 변인을 도출해야 한다. 이미 정책 PR 커뮤니케이션 분야에서는 조직-공중 관계성 차원을 역동성 대 정태성, 개방성 대 폐쇄성, 만족성, 권력의 분배성, 상호이해, 동의성 등으로 파악한 바 있다. 이를 통해 상호호혜, 신뢰, 상호정당성, 개방성, 상호만족성, 상호이해 등을 조직-공중 관계성을 설명하는 변인들로 제안하고 있다.

연금 제도를 안정적으로 운영하기 위한 것이라지만 준조세 성격의 연금 보험료를 누구도 더 내고자 하지 않는다(주은선, 2024). 그렇지만 이번 연금 개혁안에 따르면 누군가는 더 내고 덜 받아야 한다.

복잡한 산술식을 동반한 자동조정장치도 어떻게 더 내고 덜 받을 것인지 그 방식을 제안한 것에 불과하다. 정부가 제시한 연금 개혁안이 정부 연금 정책에 대한 범 국민적 불만은 물론 세대 갈등의 원인이 되지 않도록 하기 위해서는 조직-공중 관계성 이론(OPR)과 상호지향성 모델을 중심으로 살펴볼 필요가 있다(김지윤, 2019). 앞서 논의한 바와 같이 조직-공중 관계성 연구의 핵심은 연금 정책과 같은 정부 정책 추진 과정에서 발생하는 다양한 갈등 상황에서 정부-국민 간 관계성 그리고 정책 이해관계자 간의 관계 등을 중심으로 문제해결을 위한 정책 PR 커뮤니케이션 변인을 도출하고 그 변인 간 관계성을 규명하는 것이다. 따라서 연금 관련 세대 갈등을 이해하기 위해서는 정부-공중 간 관계성 요인, 정부-기성세대 관계성 요인, 정부-후속 세대 관계성 요인, 기성세대-후속 세대 간 관계성 요인 등을 조직-공중 관계성 측면에서 종합적으로 살펴볼 필요가 있다. 이미 조직-공중 관계성 연구에서 중시됐던 신뢰성, 만족성, 친밀성, 호의도, 투명성 등 커뮤니케이션 관련 변인을 포함해 연금 개혁안 관련 정부 역량, 커뮤니케이션 성향, 공정성, 일관성, 투명성 등 문제해결을 위한 정책 PR 커뮤니케이션 관련 요인들에 대해 정부와 공중이 어떻게 인식하는지 다양한 변인 간 관계성을 통해 연금 개혁안과 관련해 논의될 수 있다.

연금 정책에 대한 정부의 역량·능력에 대한 공중의 인식이 정책 갈등 해결에 영향을 미친다(손호중, 2007). 연금 정책에 대한 정부 역량은 연금 정책의 효율성, 전문성, 전문지식의 정도 및 활용 가능성, 업무의 우선 순위 반영의 적절성 등으로 이해할 수 있다. 특히 연금 정책 관련 문제 발생 시 해결에 요구되는 정부의 역량, 이해관계자와의 조정능력 등이 정부 역량·능력 범주에 포함될 수 있다. 정부가 국정을 운영해 나가는 데 능력이 부족하다고 정책 공중이 인식하게 되면 정부 신뢰는 하락하고, 이로 인해 정책 실패로까지 이어질 수 있다. 연금 정책 관련 정부의 능력을 문제해결 능력, 갈등관리 능력, 전문성 등으로 해석할 수 있다.

연금 정책 같은 정부 정책 추진 과정에서 정부-공중 간 또는 세대 갈등 같은 공중 간 갈등 문제해결을 위해서는 공중들의 정부와 또는 세대 갈등을 일으키는 공중(다른 세대)과의 커뮤니케이션 성향에 대한 인식을 살펴볼 필요가 있다. 커뮤니케이션 성향, 즉 소통성은 상호작용적 커뮤니케이션에 대한 긍정적 인식 정도를 의미한다. 이는 정책 자체에 대한 신뢰도를 높이고 정책 수용에 긍정적 영향을 미친다(임다희, 이소담, 권기헌, 2016; 정원준, 2017). 또한 활발한 의사소통이 이루어질 때 성공적인 정책 집행이 이루어진다(Van Meter & Van Horn, 1975; 양진명, 2011). 따라서 정부 정책 추진, 집행 과정에서 정책 공중과 이해관계자의 커뮤니케이션 과정이 배제되거나 불균형적으로 이루어진다면 정책 갈등의 원인이 될 수 있다(나태준, 2005; 임동진, 2011; 정원준, 2018; 정정화, 2011). 콤즈(Coombs, 1981)는 조직-공중 간 또는 공중 간 커뮤니케이션 과정에서 문제가 발생하면 이는 정책에 대한 거부 반응으로 나타날 수 있다고 지적하며 신뢰는 소통을 기반으로 구축된다고 주장했다(강정석, 이재호, 최호진, 2010). 또한 진오삼(1997)은 정부와 정책 공중과의 신뢰 관계 유지를 위해서 상호 간에 대화할 수 있는 기회가 마련되어야 하고, 최숙희(2008)도 정책이 성공하기 위해서는 소통이 전제되어야 함을 강조했다.

연금 정책 관련 공정성은 크게 과정의 공정성과 혜택의 공정성

173

으로 구분된다(양진명, 2011). 연금 정책과 관련해 과정의 공정성이란 연금 정책 추진 과정과 수단이 정당하고 공정한지를 의미한다(Folger & Konovsky, 1989; Leventhal, Karuza, & Fry, 1980). 레비(Levi, 1998)와 테일러(Tyler, 2001)는 정책 공중들이 선호하지 않은 정책일지라도 절차상에 공정성이 선행되면 정책 공중들은 기꺼이 수용할 수 있다고 주장했다. 만약 정책 공중들이 절차적 공정성을 인정한다면, 그 결과에 따른 부정적 영향을 감소시킬수 있다(신상준, 이숙종, 2016; 최승규, 2018). 더불어 절차적 공정성은 정부 신뢰를 형성할 뿐만 아니라 지속적으로 유지하는 데도 매우 중요하다. 한편, 혜택의 공정성은 연금 정책과 관련해 정책 공중들이 받는 보상의 크기에 대한 공정성을 의미한다(Homans, 1961; 최승규, 2018). 예를 들어, 연금 정책과 관련해 후속 세대 공중들은 기성세대 공중과 비교해 본인이 겪게 되는 상황의 적절성 여부에 따라 공정과 불공정을 구분하게 된다. 연금 정책의 공정성 문제는 공중 집단 간의 비교 기준이 워낙 다양하고 모호해 이를 구분하는 것이 현실적으로 쉽지 않다(최승규, 2018). 따라서 연금 이슈와 관련하여 정책 공중들이 인식한 절차적 과정과 정책 혜택의 공정성에 집중해 살펴볼 필요가 있다.

연금 정책에서 정책 일관성은 정책 추진 과정에서의 신뢰와 예측 가능성을 포괄하는 것이다(이종범, 1986; 박통희, 원숙연, 2000). 잦은 정책 변경은 정부 불신에 큰 영향을 끼치는 주요한 원인임을 인식하고 정책 일관성 확보를 위한 노력이 뒷받침되어야 한다. 비록 예기치 못한 상황 발생에도 불구하고, 정책 공중들과 약속했던 정책을 일관성 있게 추진해 나가면, 정책 공중은 정부 결정에 예측이 가능해지고, 이를 토대로 신뢰가 형성될 수 있다(김덕수, 2016). 정책 집행 과정의 일관성은 정부 신뢰에도 영향을 미친다. 정책이 정책 공중들의 의견을 모두 수렴하지 않고 결정된다고 인식될수록, 심사숙고하지 않고 정부가 정책을 결정한다고 인식될수록, 한쪽의 의견만을 수렴하여 정책을 결정한다고 인식될수록 정부 정책은 정책 관련 이해관계자와 공중의 신뢰를 얻기 어려워진다(박종민, 배정현, 2011).

연금 정책 관련 투명성은 제공된 정보 공개의 정확성 등을 의미한다(양진명, 2011). 정책 공중들이 이해하지 못하거나, 잘못된 정보가 전달되었을 경우 정책 집행이 어려워진다(정성균, 2009). 정보 부족과 정보은폐 등 불균형적 정보 비대칭 상황은 공중들에게 막연한 불안감과 불만을 조성하고 이는 투명성 논란을 초래한다(손호중, 2007). 개방적이고 투명한 정책 결정 과정을 통해 정부가 추진하는 정책에 대한 공중의 신뢰도가 높아져야 정부에 대한 신뢰도도 높아질 수 있다(Rosa & Clark, 1999; 김지수, 심준섭, 2011). 연금 정책 같은 정부 정책 추진 과정에 있어 정보 공개의 투명성은 정책 신뢰의 근원이며 이는 정책 PR 커뮤니케이션 활동을 통해 구현될 수 있다(이강웅, 2002).

3) 상호지향성 모델의 적용

한편, 상호지향성 모델은 연금 정책 추진 과정에서 정부와 공중 간 또는 공중 간 인식의 차이로 인한 갈등 양상을 파악하기에 유용하다. 이 모델은 연금 개혁 문제에서 정부-후속세대-기성세대 등이 어떻게 상호호혜적 관계를 설정할 수 있는지 분석할 수 있게 한다. 이 같은 관점에서 상호지향성 모델은 연금 개혁안에 대한 정부-

5. 조직-공중 관계성 이론과 상호지향성 모델에 의한 갈등관리 방안

공중 간 인식의 차이는 물론, 세대 갈등과 관련된 공중 간 인식 차를 비교, 분석할 수 있다. 이를 통해 연금 개혁 관련 정부와의 갈등은 물론 세대 갈등 양상도 해소할 방법을 제안할 수 있다. 특히 세대 갈등의 원인으로 지적되는 연령대별 보험료율 차등화와 자동조정장치 등에 대한 정부와 공중 간에 그리고 후속 세대와 기성세대 간 인식을 비교하는 데 상호지향성 모델을 활용할 수 있다.

정부의 연금 개혁안에서 세대 갈등을 불러일으킬 수 있는 쟁점 사항은 앞서 살펴본 것처럼 연령별 보험료율 차등 적용과 자동조정장치 등이다. 그러나 그 외에도 국가의 지급 보장 명문화, 출산과 군 복무 등 관련 가입 혜택, 노후 소득보장 강화를 위한 기초연금 인상 등에 대한 세대 간 인식 차이도 연구가 필요하다. 정부의 연금 개혁안에 대한 세대 간 인식 차이와 더불어 그 차이가 세대 간 갈등과 관련이 있는지도 연구돼야 한다. 특히 정부와 정책 공중 간 그리고 기성세대와 후속 세대 간 인식 차이가 세대 갈등으로 이어지지 않도록 하기 위해 어떤 정책 PR 커뮤니케이션 활동이 필요한지 등이 연구돼야 한다. 다양한 연금 개혁 이슈와 관련해 정부-공중 간은 물론 세대 간 갈등 상황을 상호지향성 모델을 통해 살펴봄으로써 조직-공중 관계성 관련 변인을 도출하는 분석적 틀을 구축할 수 있다. 이를 통해 연금 개혁안과 관련된 세대 갈등의 정도와 해결 방안을 정책 PR 커뮤니케이션 측면에서 파악할 수 있을 것이다. 각각의 세대, 즉 기성세대에 속하는 50대 이상의 연령대와 후속 세대, 즉 20대에서 30대에 속하는 연령대의 인식 격차를 상호지향성 모델에 근거해 분석할 수 있다. 이는 세대 갈등의 원인으로 지적되는 연령별 보험료율 차등 적용에 대한 인식과 자동조정장치 운영에 대해 서로 어떻게 생각하는지 살펴보게 할 것이다.

20~30대 공중(후속 세대), 50대 이상 공중(기성세대) 등 서로 다른 집단 간 객관적 일치도와 주관적 일치도, 정확도 등을 파악하기 위해 연금 개혁안 관련 응답자와 질문 내용에 맞게 대상별 설문을 별도로 구성하는 작업이 필요하다. 예를 들어, 연금 개혁안에서 다루는 이슈별로 기성세대와 후속 세대 모두에게 "연금 개혁에 대해 나는 ~라고 생각한다"라는 문구로 구성된 설문을 통해 연금 개혁안에 대한 응답자 본인의 인식을 파악할 수 있다. 또한 20~30대 후속 세대들을 대상으로 "50대 이상 공중들은 연금 개혁안에 대해 ~라고 생각할 것이다"라는 설문을 통해, 50대 이상 기성세대들을 대상으로는 "20~30대 공중들은 연금 개혁안에 대해 ~라고 생각할 것이다"라는 설문을 통해 세대 간 의견이 얼마나 차이가 있는지 연구할 수 있다. 이를 바탕으로 서로에 대한 자신의 추측이 상대방이 실제로 인식한 것과 어느 정도 일치하는지를 비교해 상대방에 대해 얼마나 정확하게 이해했는가를 평가하는 지표로 활용함으로써 연금개혁에 대한 세대 간 인식 격차를 확인할 수 있다. 다양한 연금 개혁 이슈(예: 연령별 보험료율 차등 적용, 자동조정장치, 국가의 지급 보장 명문화, 출산과 군 복무 등 관련 가입 혜택, 노후 소득 보장 강화를 위한 기초연금 인상 등)에 대한 인식의 차이를 세대별로 비교하고, 그 격차가 큰 이슈들을 대상으로 그 원인을 분석함으로써 정부는 정부-정책 공중 관계성 개선 방안을 모색할 수 있을 것이다.

5. 조직-공중 관계성 이론과 상호지향성 모델에 의한 갈등관리 방안

연금 갈등관리와 PR 커뮤니케이션 역할

우리나라 국민의 평균수명❶은 늘고, 출생률은 낮아지고 있다. 2024년 한국 남성의 평균수명은 86.3세, 한국 여성의 평균수명은 90.7세이다(보험개발원, 2024). 이는 2019년 대비 남성은 2.8세, 여성은 2.2세 증가한 것이다. 35년 전 처음 기록된 평균 수명과 비교해 보면 65.8세에서 86.3세로 20.5세 증가했고 여성은 75.6세에서 90.7세로 15.1세 증가했다. 한편, 2001년부터의 우리나라 합계 출산율 1.3명 이하를 기록하는 등 우리나라는 초저출생 국가라 할 수 있다(보험개발원, 2024). 이처럼 과도한 인구 고령화와 초저출생률은 기성세대와 청년 후속 세대 간 이해관계를 첨예하게 하고, 서로에 대한 몰이해를 심화시키고 있다. 국가인권위원회(2017)는 이러한 세대 간 오해가 소통 문제 때문이라고 지적하며 65세 이상 노인의 51.5%와 만 18~65세 미만 연령의 87.6%는 서로 대화가 통하지 않는다고 생각한다는 조사 결과를 발표하기도 했다. 이 조사에서 노인층의 44.3%와 청년층의 80.4%는 서로 세대 간 갈등이 심하다고 인식하고 있음도 확인됐다. 이는 저출생 고령화로 심화된 세대 간 이해관계가 소통 부족으로 세대 갈등의 원인이 되고 있음을 보여 주고 있다. 이처럼 공중 간 커뮤니케이션의 부재는 세대 갈등과 같은 집단 간 갈등 양상을 부추기고 있다.

일반적으로 과정의 합리성·공정성 등이 보장될 경우, 갈등은 사

---

❶ 평균수명은 0세의 출생자가 앞으로 생존할 것으로 예상하는 평균 생존연수를 의미함.

제4장 연금 갈등 해결을 위한 정책 PR 커뮤니케이션

회체계가 역동적으로 발전하는 촉매 기능은 물론 사회통합의 계기도 될 수 있다(정건화, 2007). 이러한 관점에서 갈등은 원래 가치중립적이라 할 수 있다. 갈등은 그 자체로 문제라기보다는 갈등 문제해결을 위한 커뮤니케이션 과정을 통해 갈등에 어떻게 대응하며 관리할 것인지가 더 중요하다고 할 수 있다(윤종설, 2013). 갈등 자체는 중립적이기 때문에 상호호혜적 관계 형성을 위한 건전한 커뮤니케이션 과정을 거친다면 갈등은 문제해결을 위한 긍정적 에너지가 될 수 있다.

연금 문제를 둘러싼 세대 간 갈등도 문화적 차이와 이를 해결하기 위한 커뮤니케이션 부족으로 발생하는 경향이 있다. 이를 해결하기 위해서는 연금 이슈에 대한 세대 간 인식의 차이를 파악하고, 상호이해가 이루어지도록 하는 정책 PR 커뮤니케이션의 역할이 중요해진다. 정책 PR 커뮤니케이션 영역에서는 소통 참여자 간의 평등한 기회와 영향력, 권력 불균형 해소 등을 갈등 문제해결 방안으로 제시해 왔다. 연금 관련 다양한 이슈와 관련해 정책 PR 커뮤니케이션은 비용–편익 논란에 기초한 경제성·능률성·효과성 문제를 정부–공중 간 커뮤니케이션 패러다임에 근거해 논의하게 한다. 특히 정책 PR 커뮤니케이션은 연금 정책 관련 다양한 이해관계자의 이질적 목소리가 정치권력화, 사회문화적 영향요인으로 작용하는 상황에서 당면한 기대와 요구를 즉각적으로 파악하고 이에 대한 대응 방안을 수립할 수 있게 한다. 사회적 공감대를 형성하고 사회적 합의에 접근하는 정책 PR 커뮤니케이션 관점의 갈등관리 방식은 다원주의적 갈등관리 방식처럼 정부와 전문가를 중심으로 운영되는 방식에 일반시민을 참여시켜 대표성과 포용성을 높이고, 상호작용적 커뮤니케이션 과정을 극대화해 의사결정 과정의 공정성·투명성·적절성을 높인다는 특징이 있다.

이 장에서는 정책 PR 커뮤니케이션 논의 과정에서 주로 다루는 조직-공중 관계성 이론과 상호지향성 모델을 통해 연금 개혁 관련 세대 문제를 살펴보고자 했다. 비록 이 장에서 제시한 정책 PR 커뮤니케이션 관련 논의가 연금 정책처럼 다양한 이해관계를 모두 설명할 수 있는 것은 아니다. 그럼에도 이 장에서는 연금 정책과 관련된 세대 갈등 문제해결을 위해 공중 관계성을 기반으로 하는 상호지향성 모델 중심으로 이론적 논의 체계를 구축하고자 노력했다. 정책을 추진하는 과정에서 정부와 공중은 물론 공중 간 상호호혜적 관계를 형성하고 관리하는 활동으로서 정책 PR 커뮤니케이션은 정부가 정책 쟁점과 이로 인한 갈등을 관리하는 방안을 제시하고 있다. 정책 PR 커뮤니케이션은 정책 갈등으로 인한 대립과 반목의 상황에서 시위나 소송이 아닌 소통과 이해를 통한 해결책을 제시해 왔다. 이는 정부의 역량은 물론, 그 사회의 공동체적 가치와 성숙도를 보여 준다. 정책 추진 과정에서 상호호혜적 관계 형성을 목적으로 진행되는 커뮤니케이션 활동은 정책 공중을 포함하는 이해당사자 간의 상호이해가 증진되며, 그로 인해 집단 간 협력과 타협의 여지를 만들어 낸다. 특히 이를 통해 집단 간의 조화로운 상호작용을 가능하게 함으로써 그 공동체의 지속 가능하고 안정적인 발전을 가능하게 한다. 정부 정책에 대한 불만과 갈등으로 물리력을 동원한 시위나 법적 소송은 바람직스러운 해결 방안이라 할 수 없었다. 비록 명확한 법적 근거와 전문성을 갖춘 사법적 판단이 이루어진다는 이유로 이해당사자들 간 갈등을 효율적으로 해결한다지만, 이는 전적으로 집단 간의 대화와 타협을 배제한 경직된 결정이라 할 수 있다. 이처럼 정부가 정책을 추진하는 과정에서 거칠고 경직된 결정을 기반으로 갈등을 해결하고자 한다면 이는 정책 관련 사회적 대립과 분열을 심화시켜 갈등의 빈도와 강도를 증대시킬 위험이 있다.

이 장에서 논의한 것처럼 정책 PR 커뮤니케이션을 통해 쟁점과 갈등을 관리하는 것은 물리력을 동원한 시위나 법적 절차에 의존하는 방식보다 시간, 비용, 노력을 더 소비할 수 있다. 그러나 이러한 방식은 정부-공중 또는 공중 간 조화와 통합을 유지하고 갈등을 예방하는 중요한 역할을 할 수 있다. 정책 PR 커뮤니케이션은 연금 정책과 같이 복잡하고 까다로우며 이해관계가 첨예한 정책을 추진하는 상황에서 발생할 수 있는 세대 갈등 같은 문제를 상호작용적 커뮤니케이션 활동을 통해 해결할 수 있는 방안을 제시하고 있다. 이 장에서는 공중 관계성 이론이나 상호지향성 모델 같은 PR 이론을 활용해 세대 갈등을 포함한 공중 간 갈등 문제해결 방안을 모색했다. 제시된 연금 개혁안에 대한 쟁점을 파악하고, 이를 해결하기 위한 정부의 정책 PR 커뮤니케이션 전략을 제시하는 과정을 통해 PR 연구자와 실무자들에게 공중 관계성 이론과 상호지향성 모델이 어떻게 적용될 수 있는지 설명하고자 했다. 이 장에서 논의 된 내용을 기반으로 공중에 대한 특수성을 더 잘 이해하고 그들과의 원만하고 순조로운 상호 균형적 커뮤니케이션을 통해 정부가 추진하는 연금 정책으로 인한 사회적 갈등을 해결하는 데 도움이 되길 바란다.

생각해 볼 문제

1. 2024 연금 개혁안 관련 정부-공중 관계성을 정책 PR 커뮤니케이션 관점에서 설명하고, 상호지향성 모델을 활용한 정부와 정책 공중 간 인식의 차이가 정부-공중(예: 기성세대 vs. 후속 세대) 관계 형성에 어떠한 영향을 미치는지 논의해 보자.

2. 2024 연금 개혁안에서 나타나는 세대 갈등에 영향을 미치는 요인이 무엇인지 파악하고, 이 요인들이 조직-공중 관계성 변인과 정책 공중의 연금 제도에 대한 태도에 미치는 영향이 무엇인지 살펴보자.

3. 2024 연금 개혁안 중 세대 간 갈등 유발이 우려되는 세부 정책을 지적하고, 조직-공중 관계성 이론을 활용해 세대 간 연금 갈등관리를 위한 PR 커뮤니케이션 전략을 제시해 보자.

4. 다른 공공정책 분야(예: 환경 정책, 도시 개발, 보건 정책)에서 나타날 수 있는 조직-공중 간 갈등 유형을 파악하고, 조직-공중 관계성 이론을 적용한 갈등관리 방안을 모색해 보자.

제4장 연금 갈등 해결을 위한 정책 PR 커뮤니케이션

강정석, 이재호, 최호진(2010). 정부신뢰와 소통제고를 위한 Public Relations 시스템 구축. 한국행정연구원 연구보고서.

구자숙, 한준, 김명언(1999). 세대 격차와 갈등의 사회심리적 구조. 심리과학, 8, 123-139.

국가인권위원회(2017). 노인인권종합보고서 작성을 위한 실태조사.

권아연, 조삼섭(2014). 국내 거주 외국인 근로자 공중과 법무부 간 공중 관계성이 이민 만족도 및 한국사회 신뢰도에 미치는 영향 사회통합프로그램 참여자 중심으로. 홍보학 연구, 18(4), 119-168.

김공록, 문명재(2008). 공중의 특성에 따른 공중의 정책 PR에 대한 반응과 효과: 정보유형과 정보선호를 중심으로. 한국행정연구, 17(2), 33-57.

김두환(2009). 정부-주민 간 갈등 해소 영향요인에 관한 비판적 고찰. 공간과 사회, 31, 200-228.

김법현, 김유미(2019). 사드(Thaad) 배치 정책커뮤니케이션에 관한 상호지향성 연구: 군(軍)과 민(民)의 상호이해도를 중심으로. 광고PR실학연구, 12(1), 7-28.

김봉철, 정세종, 이민창(2013). 경찰과 시민 간의 조직-공중 관계성에 관한 상호이해도 분석. 한국광고홍보학보, 15(1), 224-253.

김봉철, 최명일, 배정호(2014). 지방정부의 조직-공중 관계성에 관한 상호지향성 분석(전남도청과 전남도민을 대상으로). 홍보학연구, 18(4), 1-29.

김봉철, 최양호(2005). 대학 구성원들의 위기지각에 대한 상호지향성 분석. 한국광고홍보학보, 7(3), 7-41.

김연수, 허찬영(2022). 공공기관 내 세대갈등이 직무소진에 미치는 영향: 직무스트레스의 매개효과 및 관계지향문화의 조절효과를 중심으로. 기업경영리뷰, 13(4), 153-179.

김연수, 허찬영(2023). MZ세대의 세대차이 지각정도가 이직의도 및 직무소진에 미치는 영향: 세대갈등의 매개효과 및 조직공정성의 조절효과를 중심으로. 기업경영리뷰, 14(2), 157-199.

김영곤(2016). 공공조직 내 세대 간 갈등 유발요인 분석: 소방조직을 중심으로. 경희대학교 대학원 박사학위논문.

김용하, 임성은(2011). 베이비붐 세대의 규모, 노동시장 충격, 세대간 이전에 대한 고찰. 한국보건사회연구원, 31(2), 36-59.

김종호, 김세훈(2006). 고객세분화를 통한 정책홍보 적용 방안 연구: 국정홍보처의 고객맞춤 홍보와 매체 운영을 중심으로. 한국행정연구, 15(3), 217-247.

김지수, 심준섭(2011). 투명성이 원자력발전소 운영기관에 대한 신뢰를 매개로 정책수용성에 미치는 영향. 정책분석평가학회보, 21(3), 149-178.

김지윤(2019). 정부-공중관계에 대한 정부 관계자, 청년, 시니어 국민 간 인식 차이 연구: 상호지향성 모델의 적용. 서강대학교 언론대학원 석사학위 논문.

김찬석(2011). 공공갈등관리의 성공 요인과 커뮤니케이션 메시지 특성. 한국홍보학연구, 15(4), 5-35.

나태준(2005). 공공사업 갈등사례 분석을 통한 해결 기제의 모색. 한국행정학회발표논문집, 59-70.

문미란, 김영욱(2004). 정부 부처의 인터넷 PR 커뮤니케이션 활동에 대한 인식이 조직-공중 관계성 정도에 미치는 영향. 미디어 경제와 문화, 2(1), 40-73.

문빛, 박건희(2014). 정책갈등관리에 있어 정부신뢰와 불신의 역할 담뱃값 인상 정책을 중심으로. 홍보학연구, 18(3), 216-240.

박재환(1992). 사회갈등과 이데올로기. 서울: 나남.

박재흥(2003). 세대 개념에 관한 연구: 코호트적 시각에서. 한국사회학, 37(3), 1-23.

박재흥(2010). 한국사회의 세대갈등: 권력 · 이념 · 문화갈등을 중심으로. 한국인구학, 33(3), 75-99.

박재흥(2017). 세대 차이와 갈등: 이론과 현실. 경상대학교출판부.

박종민, 배정현(2011). 정부신뢰의 원인 : 정책결과, 과정 및 산출. 정부학연구, 17(2), 117-143.

박종민(2001). 한국 홍보 실무자들의 전문성 기준 연구: 정부와 기업 홍보 실무자의 상호지향성 중심으로. 한국언론학보, 45(3), 107-148.

박통희, 원숙연(2000). 조직구성원간 신뢰와 "연줄": 사회적 범주화를 중심으로. 한국행정학보, 34(2), 101-120.

박현순(2009). 정부기관과 정책공중과의 공중 관계성 척도 검증에 관한 연구. 한국광고홍보보, 11(4), 144-170.

배지양, 우정화, 양승준(2016). 기업 사회공헌 활동에 대한 CSR 실무자-언론인-소비자 간 인식 차이 연구: 상호 지향성 모델을 기반으로. 홍보학연구, 20(4),

44-82.

보건복지부(2024. 9. 4.). 미래를 위한 상생의 연금 "연금개혁 추진계획" 보고서. 1-71.

보험개발원(2024. 1. 5.). 제10회 경험생명표 보도자료.

서문기(2004). 한국의 사회갈등 구조 연구. 한국사회학, 38(6), 195-218.

손병권, 박경미, 유성진, 정한울(2019). 세대갈등의 원인 분석: 세대계층론을 중심 으로 본 20대와 70대의 갈등 원인. 분쟁해결연구, 17(2), 5-37.

손호중(2007). 행정PR 행태가 정책순응에 미치는 영향분석 원전수거물처리장 입지 선정사례를 중심으로. 한국공공관리학보, 21(4), 97-126.

신상준, 이숙종(2016). 정부에 대한 공정성 인식이 정부신뢰에 미치는 영향. 한국행 정학보, 50(2), 1-37

신호창(1999). 정부의 홍보 정책에 대한 고찰 및 발전적 국정 홍보 모델의 제시. 홍 보학 연구, 3, 84-108.

안광일(1993). 민주산업사회에서의 정부 갈등관리 능력 제고를 위한 시론. 한국행정 학보, 27(4). 1393-1413.

양진명(2011). 정부신뢰가 정책수용에 미치는 영향에 관한 연구 : 미국산 쇠고기 촛 불집회를 중심으로. 고려대학교 대학원 행정학과 석사학위논문

오경수, 천명재, 김희경(2013). 정책 PR 이 정책지지, 정부신뢰에 미치는 영향 연 구. 한국콘텐츠학회논문지, 13(7), 190-202.

오혜영, 류진한(2016). 세대공감이 세대 구성원으로서 개인의 주관적 안녕감에 미 치는 영향: 세대 간 이해의 매개효과를 중심으로. 스피치와 커뮤니케이션, 15(1), 44-82.

원영희, 한정란(2019). 세대갈등과 세대통합에 대한 고찰: 노년교육학적 관점을 중 심으로. 노년교육연구, 5(1), 63-85.

윤종설(2013). 사회적 집단갈등의 사례분석을 위한 모형구축 연구. 정책개발연구, 13(2). 1-23.

이강웅(2002). 지방자치에 있어서 행정PR의 전개 방향. 한국행정연구, 11(4), 3-37.

이동기(2005). 조직-공중 관계성이 소방행정기관의 이미지에 미치는 영향, 한국정 책과학회회보, 9(2). 47-64.

이동한(2020). 세대 갈등 인식과 전망. 한국리서치, 여론속의여론.

이수범, 신성혜, 최원석(2004). 시민 관계성이 도시 이미지에 미치는 영향에 대한

연구. 광고학연구, 15(1), 7-31.

이양수(2008). 신뢰유형, 관료의 형태, 국정운영평가가 정부역할신뢰에 미치는 영향. 한국행정논집, 20(2), 533-553.

이연택, 김형준(2014). 관광경찰제도에 대한 정책PR, 정책이해, 정책지지 간의 관계구조 분석. 관광경영연구, 18(2). 189-212.

이인원(2016). 정책PR의 관점에서 본 위기관리 커뮤니케이션에 대한 연구: 서울시의 메르스 대응 과정을 중심으로. 사회과학연구, 42(1), 67-104.

이종범(1986). 국민과 정부관료제. 서울 : 고려대학교출판부.

이창호(2002). 세대 간 갈등의 원인과 해결방안. 한국청소년학회 학술대회, 131-140.

이태준(2016). 과학기술 정책커뮤니케이션에 대한 정책공중간 상호지향성 분석. 커뮤니케이션학 연구, 24(3), 33-65.

임다희, 이소담, 권기헌(2016). 정책 결정 과정 인식을 통한 원자력정책 수용성의 인과구조: 원전입지여부에 따른 집단 간 차이 분석을 중심으로. 한국정책회보, 25(2), 245-281.

임동진(2011). 공공갈등관리의 실태 및 갈등해결 요인 분석. 한국행정학회보, 45(2), 291-318.

정건화(2007). 사회갈등과 사회과학적 갈등분석. 동향과 전망, 69, 11-50.

정규호(2007). 정책갈등의 참여적 해결을 위한 합의형성적 접근의 의미와 과제: 한탄강댐 건설을 둘러싼 갈등을 중심으로. 한국정책학회보, 16(2). 91-118.

정성균(2009). 정책집행의 순응성 확보에 관한 연구 : 부안과 경주 방폐장 부지선정 사례의 비교를 중심으로. 성결대학교 행정학 석사학위논문.

정순둘, 정주희, 김미리(2016). 연령주의와 연령통합이 세대갈등인식에 미치는 영향: 연령집단별 비교를 중심으로. 한국사회복지학, 68(4), 5-24.

정원준(2017). 정책 결정 과정에서 커뮤니케이션 요소가 정책 수용도에 미치는 영향 연구. 한·중 FTA 통상 정책을 사례로. 한국광고홍보학보, 19(3), 99-135.

정원준(2018). 공론화 과정에서 합의 형성과 합의 수용성 제고를 위한 참여와 숙의의 역할 연구 신고리 56호기 공론화 사례를 배경으로. 한국광고홍보학보, 20(4), 335-376.

정정화(2011). 공공갈등과 합의형성 : 심의민주주의 방식의 적용과 한계. 한국행정논집, 23(2), 577-606.

주은선(2024). 윤석열 정부의 연금개혁안에 대한 일곱가지 질문: 사실상의 연금삭감과 세대 간 갈등 조장. 복지동향, 47-56.

진오삼(1997). 협력적 노사관계 구축방안에 관한 연구. 숭실대학교 노사관계대학원 노동정책학 석사학위논문.

채원호, 손호중(2004). 혐오시설 입지결정과 정책PR 방사능폐기물처리장 입지결정 사례를 중심으로. 정책분석평가학회보 14(2), 185-209

최숙희(2008). 정부정책 성공의 충분조건: 소통. CEO Information, 683, 1-20.

최승규(2018). 정부 청렴성과 공정성 인식이 정부신뢰에 미치는 영향 : 정책성과 만족도의 매개효과를 중심으로. 서울대학교 행정대학원 행정학과 석사학위논문.

최연홍, 오영민(2005). 지방 오피니언 리더의 정책 수용성 연구 -원자력 발전소 및 방사성폐기물처분장 건설 정책을 중심으로, 한국정책학회보, 14(4), 57-91.

최유석(2016). 세대 간 연대와 갈등의 풍경. 파주: 한울엠플러스.

최유석, 한미정(2014). 공공갈등 이슈에 대한 정부의 갈등관리전략이 공중의 커뮤니케이션 행동과 정책수용에 미치는 영향

한정란(2002). 노인교육과 세대통합. International Journal of Adult & Continuing Education, 5(1), 91-108.

한정란, 이금룡, 원영희(2006). 청소년과 노년 세대간 태도 분석 : 상호지향성 및 중요도-실행도 분석모형을 기초로. 한국노년학, 26(2), 381-402.

홍문기(2015). 정부 정책 PR 활동의 공중 관계성 형성 요인 연구 -농림축산식품부 홍보행사를 중심으로. 홍보학 연구, 19(3), 95-130.

홍혜현(2012). 정부-공중 관계성 향상을 위한 PR 도구로서 전자정부의 가능성 탐색 연구. 홍보학 연구, 16(3), 169-207.

Ajieh, P., & Uzokwe, U. (2014). Effective application of the coorientation communication model in disseminating agricultural information: A review. Asian Journal of Agricultural Extension, *Economics and Sociology*, *3*(3), 217-223.

Bercovitch, J. (1984). *Social Conflicts And Third Parties: Strategies Of Conflict Resolution*. NY: Routledge.

Bruning, S. D & Galloway, T. (2003). Expanding the organization-public relationship scale: exploring the role that structural and personal commitment play in organization-public relationships. *Public Relations Review, 29*(3), 309-319.

Burkart, R. (2004). Consensus-oriented public relations (COPR): A conception for planning and evaluation of public relations. In B. van Ruler & D. Vercic (eds.), *Public relations in Europe: A nation-by-nation introduction to public relations theory and practice.* Berlin: Mouton De Gruyter, pp. 446-452.

Chaffee, S. H., & McLeod, J. M. (1968). Sensitization in panel design: A coorientational experiment. *Journalism and Mass Communication Quarterly, 45*(4), 661-669.

Coombs, F, J, (1981). The bases of noncompliance with a policy, John G. Grumm and Stephen Wasby(eds.), *The Analysis of Policy Impact*, Lexington: D. C., Health.

Coser, L. A. (1957). Social Conflict and the Theory of Social Change. *The British Journal of Sociology, 8*(3), 197-207.

Dozier, D. M. (1992) The Organizational roles of Communications and Public. Relations Practitioners. *Excellence in public relations and communication management*, 327-355.

Ferguson, M. A. (1984). Building theory in public relations: Interorganizational relationships as a public relations paradigm. *Paper presented at the Association for Education of Journalism and Mass Communication annual conference.* Gainesville, FL.

Folger, R., & Konovsky, M. A. (1989). Effects of procedural and distributive justice on reactions to pay raise decisions. *The Academy of Management Journal, 32*(1), 115-130.

Gelders, D., & Ihlen, Ø. (2010). Government communication about potential policies: Public relations, propaganda or both? *Public Relations Review, 36*(1), 59-62.

Homans, G. C. (1961). *Social behavior: Its elementary forms.* Brace & World, New York.

Huang, Y. (2001). OPRA: A cross-cultural, multiple-item scale for measuring

참고문헌

organization-public relationships. *Journal of Public Relations Research, 13*(1), 61-90.

Kertzer, D. I. (1983). Generation as a sociological problem. *Annual review of sociology, 9*(1), 125-149.

Leventhal, G. S., Karuza, J., & Fry, W. R. (1980). Beyond fairness: A theory of allocation peferences. G. Mikula(ed.)., *Justice and Social Interaction*. New York: Springer-Verlag.

Levi, M. (1998). A state of trust. *Trust and governance, 1*, 77-101.

Mannheim, K. (1952). The problem of generation. In P. Kecsekemeti (Ed.), *Kalrl Mannheim: Essays* (pp. 276-322), Routledge.

Papa, M., & Pood, E. (1988). Coorientational accuracy and organizational conflict. *Communication Research, 12*(4), 237-261.

Plowman, K. D. (1998). Power in conflict for public relations. *Journal of Public Relations Research, 19*(4), 237-261.

Tyler. T. R. (2001). Public trust and confidence in legal authorities: What do majority and minority group members want from the law and legal institutions? *Behavioral Sciences & the Law, 19*(2), 215-235.

Rosa, E., & Clark, D. (1999) Historical routes to technological gridlock. *Research in Social Problems and Public Policy, 7*, 21-27.

Van Meter, & Van Horn. (1975). The policy implemention process: A conceptual framework. *Administration & Society, 6*(4), 445-488.

배준희(2024. 09. 06.). 연금개혁 "세대별 차등"… 가본 적 없는 길. 매경이코노미.

남남 갈등과 PR
IDEA 모델의 적용

• 강귀영(고려대학교)

1 서론

통일을 저해하는 남한 내부의 국내적 요인으로 꼽히는 남남 갈등은 한국 민주주의의 병리적 현상 중 하나다(김원섭 외, 2022). 남북한 이념 체제의 이질성과 사회경제적 발전 수준의 현격한 차이로 인해 통일의 실현 가능성에 대한 인식은 갈수록 낮아지고 있다. 통일연구원이 발표한 〈2024년 통일의식조사〉에 따르면, 통일이 필요하다고 말한 응답자는 전체의 52.9%로 2020년(52.7%) 이후 최저치를 기록했다.[1] 특히 젊은 세대로 이동할수록 통일 필요성 인식 수준이 하락했

---

[1] 〈2024 KINU(Korea Institute for National Unification) 통일의식조사〉는 2024년 4월 18일부터 5월 16일까지 전국 거주 만 18세 이상 성인남녀 1,001명을 대상으로 대면면접조사 방식을 사용해 이루어졌다. 해당 내용은 조사문항("귀하는 남북한 통일이 얼마나 필요하다고 생각하십니까?")에 대해 '1=전혀 필요하지 않다, 2=별로 필요하지 않다, 3=약간 필요하다, 4=매우 필요하다' 응답 중 '3+4="통일 필요"'로 코딩한 결과다(이상신 외, 2024).

는데, 밀레니얼 세대(1991년 이후 출생)의 경우 46.5%만이 통일의 필요성에 긍정적 태도를 보였다.[2] 아울러, 2014년 조사 이후 북한을 지원 및 협력의 대상으로 보기보다 경계 및 적대의 대상으로 보는 시각이 우세한 것으로 나타나고 있다(이상신 외, 2024).[3]

이러한 결과들은 분단의 고착화가 점점 현실로 자리 잡고 있으며, 남남 갈등 해소의 실마리를 찾아가는 과정 역시 매우 지난할 것임을 보여 준다. 통일을 어렵게 만드는 외부의 구조적 요인들, 동북아 국제정치의 역동성과 복잡성 외에도 역사적으로 한국의 정치 · 정당 체제가 만들어 낸 남남 갈등이라는 내부적 요인이 더해져 통일의 전망을 어둡게 하고 있는 것이다. 그렇다면 남남 갈등은 한미동맹하에서 자유통일을 주장하는 보수적 관점과, 민족 화해 및 북한에 대한 포용을 중시하는 진보적 관점의 대립으로 치환되는 실체적 현실인가? 일부 학자들은 정치적 양극화(political polarization)로서의 남남 갈등이 실제 우리 국민의 통일의식이나 대북관을 그대로 반영한 것이 아닌, 미디어를 통한 일종의 구성된 현실에 가깝다고 보는 것이 합리적이라고 주장한다(김원섭 외, 2022). 남남 갈등이 심화 · 확산되는 과정

---

[2] 밀레니얼 세대의 경우, 전 세대(전쟁 세대 73.6%, 산업화 세대 69.5%, 386 세대 65.4%, X 세대 61.8%, IMF 세대 52.8%, 밀레니얼 세대 46.5%) 중 유일하게 통일 필요성을 긍정하는 비율이 50%에 미치지 못하는 것으로 드러났다(이상신 외, 2024).

[3] 해당 내용은 "귀하는 북한이 우리에게 어떤 대상이라고 생각하십니까?"라는 조사 문항에 대해 북한의 이미지로 "지원대상" "협력대상" "경계대상" "적대대상"을 제시하고 각 이미지를 11점 척도로 측정(0=전혀 동의하지 않는다; 5=중간; 10=매우 동의한다)한 결과에 기반한 것이다. 조사 결과, 모든 연령대에서 북한을 경계의 대상으로 보는 응답 비율이 70% 내외, 적대의 대상으로 보는 비율은 60% 내외로 나타난 반면, 협력이나 지원의 대상으로 보는 응답 비율은 50%를 넘지 못했다(이상신 외, 2024).

에서 편향성의 동원 및 정치적 양극화 현상을 초래한 책임성에서 자유로울 수 없는 것이 미디어라는 것이다. 남남 갈등 완화를 위한 미디어와 PR 커뮤니케이션의 역할이 중요한 이유다.

한편, 남남 갈등과 대북관계에서 비롯되는 우리 사회의 긴장과 불확실성은 필연적으로 공중의 복잡한 위험 인식을 불러온다. 북한의 핵·미사일 위협과 안보 위협, 끊임없는 무력 도발은 우리 사회 내 상존하는 위험이면서 예기치 못한 긴급 상황과 비상위험(emergency risks)을 발생시킬 수 있다. 이러한 위험의 불확실성은 커뮤니케이션의 모든 이해관계자와 관련되어 있고, 각자 다르게 반응하므로 위험 커뮤니케이션 실행 과정에서 적극적인 대화와 토론을 통해 상호이해의 폭을 넓히는 것이 중요하다(김영욱, 2014; Friedman, Dunwoody, & Rogers, 1999). 남남 갈등 관련 위험 커뮤니케이션의 실행을 위한 메시지 전략, 정보콘텐츠의 생산 및 가공, 미디어 전략 등은 공중의 상호이해 증진을 목표로 가장 효과적인 방안을 찾아내는 것이다. 남남 갈등 해소를 위한 PR 커뮤니케이션 분야의 제언은 공중의 위험 인식과 분단의 특수성이라는 맥락적 요소들에 대한 이해를 바탕으로, 남남 갈등을 유발할 수 있는 비상위험 상황을 위험 커뮤니케이션 이론을 적용해 효과적으로 관리할 수 있는 방안을 찾는 데서 마련될 필요가 있다. 이는 궁극적으로 위험 문제해결을 위해 사회 구성원 전체가 참여하는 공론의 장 마련 및 정부와 공중 간, 또한 공중 내부에서의 힘의 균형과 쌍방향 커뮤니케이션의 실현에 목적을 두어야 할 것이다.

남남 갈등은 세계 유일의 분단국가인 한국 사회에서만 볼 수 있는 특수한 갈등 유형이자, 사회 내부에 깊숙이 자리 잡은 제반 갈등의 집중적인 응축성을 단적으로 보여 주는 사례다(주봉호, 2012). 남남 갈등은 우리 사회 내부의 갈등 요인들, 즉 이념 갈등, 세대 갈등, 빈부 갈등, 지역 갈등 등 여러 갈등 요인들과 맞물려 중첩되고 확대·재생산되는 경향을 보이고 있으며, 한반도 평화체제의 공고화는 더 이상 변수가 아닌 상수로 자리 잡고 있다(이재현, 2023). 여타 사회 갈등처럼 남남 갈등 역시 일거에 해소될 수 없다. 한반도 평화정착과 자유민주적 통일기반 구축을 위한 제반조건으로서 대북 관련 위험 이슈들에 대해 우리 사회 내부에서 남남 갈등으로 확산되지 않도록 전략적으로 관리하고 대응하기 위한 준비가 필요하다. 남남 갈등 해소를 위해 분단이라는 특수 상황에 대한 역사적·정치적 해석론에 기대는 것이 아니라 우리 사회 전체 갈등의 집약체로 바라보고 이를 PR 커뮤니케이션의 위험 관리 차원에서 논의해야 할 필요성이 제기되고 있다.

이에 이 장에서는 남남 갈등을 대북 관련 위험 소통 측면에서 살펴보고자 한다. 구체적으로, 남남 갈등의 개념에 대한 논의를 필두로 위험 커뮤니케이션 이론들을 검토하고, 이 중 IDEA 모델을 남남 갈등 관련 최근 사례에 적용해 보고자 한다. 이를 통해 남남 갈등에 대한 PR 관점에서의 이론적 설명을 제시하는 것은 물론, 정책적·실무적으로 적용될 수 있는 PR 커뮤니케이션 방안들을 제공함으로써 남남 갈등 해소를 위한 새로운 방향성을 고찰할 것이다.

 ## 2 남남 갈등에 대한 논의

남남 갈등이라는 매우 복합적인 현상에 대한 이론적 설명과 PR 관점의 제언을 위해, 이 장에서는 남남 갈등의 개념을 정치적 양극화와 연결 지어 설명하고자 한다. 이는 남남 갈등을 민주적 정치과정에서 관찰되는 미디어 중심의 공중 커뮤니케이션 현상의 하나로 이해함으로써 보다 정제된 분석이 가능하도록 할 것이다. 나아가 분단현실을 고려하고 통일을 대비한다는 차원에서 우리 모두가 직면해야 하는 사회적 현상으로 받아들이게 할 것이다. 남남 갈등의 극복 또는 해소는 모든 국민이 남북문제에 대해 일치된 의견을 공유하는 것이 아닌, 남북문제에 대한 다양한 의견과 갈등이 공론장에서의 대화와 조정의 과정을 통해 큰 분단비용을 치르지 않게 관리되는 것을 의미하기 때문이다(김원섭 외, 2022).

1) 남남 갈등의 개념과 연구

남남 갈등이란 일반적으로 대북정책과 한미관계 등 외교 및 북한문제, 통일 인식에 대한 시각 차이로 인해 남한 사회 내부에서 보수와 진보 진영 간 이분법적으로 분열하고 갈등하는 현상을 일컫는다(박홍원, 2001; 주봉호, 2012; 채진원, 2017). 남남 갈등이라는 용어는 2000년 6·15남북정상회담을 기점으로 언론이 김대중 정부의 대북정책에 대한 찬반여론 사이의 갈등을 남북갈등과 대칭시켜 상징적으로 표현한 것으로,❹ 이후 남북관계를 둘러싼 남한사회 내부의 여

❹ 주봉호(2007)는 2000년 6·15남북정상회담 직후인 그해 7월 13일자 『조선일보』의 "남북 갈등보다 남남 갈등이 더 심각"이라는 기사에서 남남 갈등이라는 용어가 처음 등장한 것으로 추정하고 있다. 반면, 정영철(2018)은 본격적인 남남 갈등이 하나의 개념으로 등장한 것은 1997년 8월이며, 진보 매체로 평가받는 『한겨레

195

러 갈등들을 통칭하는 의미로 사용되고 있다.

남남 갈등의 개념과 관련해 정치이념 차원에서의 갈등부터 대북 정책에 대한 보수와 진보 간 갈등을 비롯, 세대나 계층, 지역, 노사 문제를 포함한 남한 사회에 존재하는 모든 갈등의 총체로 보는 의견 등 다양한 시각이 존재한다(이재현, 2023). 이는 크게 광의의 개념과 협의의 개념으로 구분할 수 있다. 먼저 남남 갈등의 광의의 개념은 남한사회 내부에 구조적으로 존재하는 모든 갈등의 형태들, 다시 말 해 노사 갈등, 세대 갈등, 젠더 갈등, 지역 갈등, 이념 갈등 등을 포괄 하는 총체적 의미의 갈등으로 정의된다. 협의의 의미에서 남남 갈등 은 남북관계 또는 통일 및 대북정책과 관련한 남한사회 내부의 갈등 구조로 해석될 수 있다. 이는 '남남'이라는 개념이 애초에 '남북'에 대 한 대칭적 표현에서 배태됐다는 점에서 기본적으로 남북 갈등을 전 제로 하며, 대북정책과 연관된 이념적 갈등으로 표출되는 것이 핵심 적 양상이라는 데 기인한 것이다(이재현, 2023). 이러한 차원에서 남 남 갈등은 북한 및 통일 문제와 관련한 우리 사회 내부의 반목과 대 립(연세대학교 산학협력단, 2015)이자, 분단으로 인한 남북 갈등 구조 가 남한사회 내에서 재생산되는 구조 및 남북관계, 안보, 통일에 대

신문』이 가장 먼저 남남 갈등 용어를 사용했다고 주장한다. 그러나 일반인들에게 비교적 생소하고 사용 빈도도 높지 않았던 남남 갈등이 하나의 사회현상으로 인 식되고 언론용어로 주목받기 시작한 것은 김대중 정부 이후로, 특히 2000년 6월 최초의 남북정상회담 이후 남북 간 교류협력이 본격적으로 전개되면서 정치사 회적 의미로 재탄생했다고 보고하고 있다. 따라서 남남 갈등이 2000년 정상회담 이후부터 실질적으로 사용되기 시작해 2001년 8·15 행사 이후 그 사용 빈도가 급격하게 증가한 것으로 보아, 햇볕정책으로 대표되는 김대중 정부의 대북정책 이 사회적 표출의 중대한 계기가 되었음을 유추할 수 있다(김재한, 2006; 이재현, 2023).

한 다양한 주체들 간 이견과 갈등 관계(권숙도, 2012; 조한범, 2006)를 의미한다. 이재현(2023)은 남남 갈등의 주요 쟁점과 입장을 〈표 5-1〉과 같이 정리해 제시하면서, 남남 갈등을 대북, 경제, 안보 인식 등을 기준으로 남한 내부의 정치적·경제적·사회적 측면에서 나타나는 보수와 진보, 양 진영 간 입장의 차이라고 정의했다.

‖표 5-1‖ 남남 갈등의 진영 간 주요 쟁점과 입장

쟁점	보수	진보
대북경제 지원에 대한 인식	- 일방적인 대북시혜 불가 - 인도주의적 지원에도 북핵폐기 등 안보 및 인권 분야와 연계 지원	- 평화비용 및 통일비용의 부담으로 당연 - 최빈국 차원에서의 인도주의적 경제지원
남북교류 협력의 방향	- 엄격한 상호주의에 따른 교류 협력	- 포괄적 상호주의에 따른 교류 협력
북핵문제에 대한 시각	- 무조건적인 북핵 폐기 및 완전한 핵폐기 선언 이전 대북경제 지원 불가	- 평화유지를 위한 북핵 폐기 - 체제유지 및 대미 협상카드로 유연한 입장
북한 무력도발 문제	- 북한의 위협은 강력하며 언제든지 공격할 수 있는 의지와 능력 보유	- 북한의 위협은 위협적이나 우리가 북한을 불필요하게 자극하지 않는다면 크게 우려할 필요가 없음
북한인권	- 북한 인권법 제정으로 북한당국을 압박 - UN의 인권선언을 중심으로 한 국제적 압박	- 인권향상을 위해 북한 당국을 자극하지 않는 수준에서 인권법 제정 추진
대미관계	- 남북관계 개선을 위한 한미공조체제 구축 필수 - 한미군사동맹의 강고한 유지 - 주한미군의 남한 주둔은 불가피	- 한미관계보다 남북관계가 더욱 중요 - 한미군사동맹의 파기나 수정이 필요 - 주한미군의 단계적 철수 필요

출처: 이재현(2023), p. 75.

2. 남남 갈등에 대한 논의

한편, 남남 갈등에 대한 선행 연구들은 남남 갈등의 심각성과 본질 및 성격의 규명, 남남 갈등의 역사적 기원과 발생 원인, 남남 갈등의 전개양상, 남남 갈등의 심화와 확산, 남남 갈등에 대한 실증적·경험적 연구, 남남 갈등의 해결방안, 통일교육에 대한 논의 등 다양한 방식으로 수행되어 왔다(안승대, 2024).

예를 들어, 주봉호(2012)는 남남 갈등에 대해 이념 갈등을 바탕으로 다른 사회 갈등들과 중첩되고 정치적 대립구도와 결합되면서 감정적 차원으로 심화, 확산되어 더욱 해결하기 어려운 극단적 갈등 형태가 남남 갈등의 본질이자 대표적인 성격이라고 설명했다. 정영철(2018)은 남남 갈등의 기원과 관련해 대북·통일정책 패러다임의 전환, 냉전 이후 다원적 사회로의 발전 내지 시민사회의 성장, 민주화의 산물 및 통일 문제 대중화에 따른 담론 확산의 결과로 남남 갈등이 탄생했다고 주장했다. 다시 말해, 통일 문제가 가장 중요한 정치적 의제로 떠오르고 1990년대 이후 사회 각 분야에서 통일에 대한 다양한 목소리가 등장함에 따라, 이념적 가치관이 서로 경쟁하면서 민주주의의 다양성을 갖게 된 동시에 반대편을 공격하는 정치적 도구로 동원되는 양면성을 갖게 된 정황이 남남 갈등의 탄생 배경이라는 것이다.

천안함 사건 이후 전개된 남남 갈등 양상을 연구한 최용섭(2011)은 초기의 남남 갈등이 대북정책을 둘러싼 남남 갈등, 즉 실제 일어나지 않은 미래적 상황 혹은 북한에 대한 지원정책에 관한 것이었다면, 천안함 사건 이후의 남남 갈등은 사실관계를 두고 발생했다는 점이 이전의 남남 갈등과 가장 큰 차이를 보인 특징이라고 보고했다. 또한 정상적인 사회 갈등이라고 보기 어려울 정도로 극대화된 양극화 및 이념화의 모습을 보여 주었다고 지적한 바 있다. 나아가 천안함 사건을 기점으로 남남 갈등이 이념화, 고정화, 비타협의 단계로 접어들었고, 이렇게 구조화·이념화된 냉전적 남남 갈등은 우리 사회를 위험에 빠뜨릴 수도 있음을 경고했다.

남남 갈등의 요인으로 한반도 주변국에 대한 세대별 인식 차이, 즉 세대 갈등을 지목한 연구도 있다. 송샘과 이재묵(2019)은 북한, 중국, 미국에 대한 세대별 인식 차이를 분석했는데, 연구 결과 2007년부터 2017년까지 10년 동안 중국의 경제적, 군사적 부상 및 사드 보복조치에 따라 중국에 대한 위협인식이 강화하고 북한 핵 문제로 인해 미국에 대한 위협인식은 감소하는 등의 변화가 발생한 것으로 나타났다. 이는 특정세대에 국한되지 않고 모든 세대에 균등하게 영향을 미치는 기간효과(period effect)를 보여 줬다. 반면, 한 세대가 공유하는 특정 가치의 정향이나 태도의 영향에 보다 중점을 두는 코호트 효과(cohort effect) 분석에 따르면, '386 세대'를 분기점으로 주변국에 대한 세대별 인식에 큰 차이가 발생했다. 미국에 대한 가장 낮은 선호와 북한에 대한 가장 높은 선호를 보인 세대는 '386 세대'와 그에 인접한 'X 세대'였고, 탈냉전 세대와 밀레니얼 세대 같은 젊은 세대는 이와 반대되는 성향을 보여 준 것이다. 특히 젊은 세대일수록 중국에 대한 선호도가 낮고 견제 인식이 증가하고 있는 것을 확인했다. 저자들은 이와 같은 이념균열과 세대균열의 중첩 상황은 정부의 외교 방향 및 대북정책과 통일에 대한 의견 차이로 이어져 남남 갈등의 핵심축이 될 수도 있다고 지적했다.

홍석훈(2022)은 대북정책을 둘러싼 남남 갈등의 주요 쟁점이 북한 인식과 대북정책의 방향성에 대한 우선순위(priority)에 있다고 보고,

2. 남남 갈등에 대한 논의

우리나라 국민이 지난 남북관계의 변화에도 불구하고 남남 갈등에 대해 매우 높은 수준의 심각성을 인식하고 있다고 보고했다([그림 5-1] 참조).

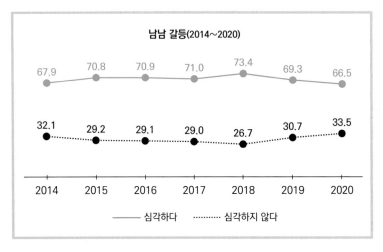

남남 갈등(2014~2020)

67.9 70.8 70.9 71.0 73.4 69.3 66.5

32.1 29.2 29.1 29.0 26.7 30.7 33.5

2014 2015 2016 2017 2018 2019 2020

—— 심각하다   ·········· 심각하지 않다

▌그림 5-1▌ 남남 갈등에 대한 심각성 평가

출처: 홍석훈(2022), p. 229.

남남 갈등의 성격이나 기원, 발생 원인 및 양상을 분석하는 것과 더불어 그 해소방안을 찾고자 하는 연구도 다수 이루어졌다. 대표적인 사례로 남남 갈등 해소방안 연구(조한범, 2006), 남한사회 남남 갈등의 양상과 해소방안 모색(주봉호, 2012), 남남 갈등의 기원과 해소방안 모색(박찬석, 2019), 평화의 관점에서 본 남남 갈등 해결방안의 모색(권숙도, 2019) 등이 있다. 공통적으로 선행연구들은 남남 갈등의 해소방안으로 ① 냉전·분단문화 해소 및 시민사회를 주체로 한 성찰적 통일 관점의 적용, ② 시민사회교육의 확대 및 사회통합지향형·갈등해소형 통일교육의 지향, ③ 미래지향적·발전적 형태의 사회적 통합을 위한 논의의 활성화와 갈등 관련 소통 과정의 제도화 및 대화의 장 마련, ④ 사회적 관용의 확산과 평화문화 기반 구축 등을 제안하고 있다.

　이처럼 남남 갈등 해소를 위해 학자들이 입을 모아 중요성을 강조하는 것은 통일교육에 대한 내용이다. 통일교육은 통일을 이루어 가는 데 필요한 긍정적 인식이나 가치관 및 바람직한 태도를 기르는 교육을 말한다(국립통일교육원, 2023). 박찬석(2013)은 1994년 핵 위기[5] 이후 통일교육의 내용에 '북한을 바로 알려는 학문적, 실증적 자세'가 보강되었음을 밝히고, 2013년의 통일교육은 북한을 있는 그대로 인정하고 안보와 평화를 지향해야 한다고 주장했다. 또한 보다 의미 있는 남남 갈등의 해소를 위해 대북 문제나 통일 인식 차원을 강화하는 통일교육을 활성화함으로써 '대안과 합리성'에 기초해 갈등을 민주적·평화적으로 해결할 수 있는 능력을 갖춰야 한다고 강조했다. 2023년 연구에서는 남남 갈등 완화를 위한 통일교육의 방향성을 다음과 같이 제안했다. ① 남북한 상황 극복을 위한 통일의 기반을 구축하는 평화 및 통일 지속성의 실현, ② 북한에 대한 경계와 동포애의 이중적 입장 견지, ③ 북한에 대한 분노와 우리 사회 내부의 상호 불신을 완화하는 방안 모색, ④ 현 한반도의 갈등을 개선하려는

---

[5] 1993년 북한은 핵무기확산방지조약(NPT)에서 탈퇴하고, 국제원자력기구(IAEA) 측의 영변 원자력 발전소 감찰 요구를 거부했다. 다음 해인 1994년 북한과 미국 간 핵무기 개발에 관한 특별계약인 '북-미 제네바 합의'가 체결되었다. 이 합의는 '북한의 핵 개발 동결'을 골자로 하며, 북한의 핵무기 개발 활동 즉각 중지 및 관련 시설 해체의 대가로 미국이 북한에 에너지를 원조해 주고 북한은 국제원자력기구(IAEA)의 핵 동결 감시 활동에 협력해야 한다는 조항이 포함돼 있었다(권다희, 2020).

평화 및 통일에 대한 지향성 구체화 등이다(박찬석, 2023).

통일교육을 커뮤니케이션학적 관점에서 접근한 오원환(2022)은 통일을 지향하는 커뮤니케이션은 '이해(understanding)'와 '공통(commonality)'의 개념들을 포함해야 한다고 보고했는데, 이는 분단 시기를 거치면서 다방면에 걸친 남북한의 이질적 요소를 이해하고 공감하면서 공통의 인식을 확장할 필요가 있기 때문이라고 설명했다. 이에 홍문기(2015)의 기본 정의[6]를 수정·보완해 통일 커뮤니케이션을 "남북한 상호 이익을 증진하고 서로 다른 정치·사회·경제 체제를 하나로 통합하기 위한 전략적 메시지 구성과 전달, 이해와 공유의 과정"으로 개념 정리했다(오원환, 2022, p. 380에서 재인용). 아울러 통일 커뮤니케이션 교육을 통일 커뮤니케이션 관련 역량을 기르도록 하는 것으로 정의했다. 오원환(2022)은 통일교육의 거시적 범주 안에서 통일 커뮤니케이션 교육의 목표를 설정하고 한반도 문제 관련 커뮤니케이션 연구 성과에 기반해 교육내용 체계를 구성하는 것이 적절하다고 주장하면서, 통일교육 내용의 범주에 따른 다양한 커뮤니케이션 연구 주제들을 〈표 5–2〉와 같이 제안했다. 이러한 연구 주제들은 기존 연구들과의 유기적 관계 속에서 통일 커뮤니케이션을 위한 후속 연구과제로 발전할 가능성이 높아 주목할 만하다.

---

[6] 통일 커뮤니케이션의 정의와 범위, 연구방법 등을 제시한 홍문기(2015)는 통일 커뮤니케이션의 개념에 대해 "남북한 상호 이익을 증진하고 서로 다른 정치/사회/경제 체제를 하나로 통합하기 위한 전략적 메시지 구성과 전달 과정"으로 정의했다. 오원환(2022)은 해당 개념 내용에서 '전략적 메시지 구성과 전달 과정'을 '전략적 메시지 구성과 전달, 이해와 공유의 과정'으로 확대했다.

범주	구성	커뮤니케이션 연구
통일문제	분단의 배경과 폐해, 통일의 의미와 성격, 평화통일의 필요성, 통일과정과 통일국가의 미래상, 통일 비용과 편익 항목 등 경제적 필요성 등	언론의 정치성향(보수/진보), 미디어의 평화담론/안보담론, 한반도 문제의 보편적 가치/민족적 가치, 독일언론과 방송의 통일교훈, 분단비용/통일비용 인식, 통일의 필요성 인식
북한이해	북한의 정치·외교·경제·군사(핵문제)·사회·문화를 포함한 북한의 변화와 전망, 북한주민의 인권문제 등	남북 언론방송 교류사, 남북한 언론사상, 북한의 자유·민주·복지, 북한의 인권문제, 미디어의 북한(이주민) 재현과 정체성 구성
통일환경	냉전의 잔재와 탈냉전적 사고, 국제질서와 국제정세의 변화, 국제협력 등	비방 선전선동, 한반도 문제와 국제정세에 관한 언론의 보도태도·보도방식·보도내용, 대북언론정책, 전파월경, 대북방송, VOA·RFA를 포함한 외신보도, 한반도 평화를 위한 국제홍보
통일정책	화해협력과 평화공존, 남북 교류, 역대 정부의 노력, 공존공영과 공동번영 등	통일방송·통신·언론정책, 평화저널리즘, 방송통신발전기본법, 통일보도 제작준칙, 미디어콘텐츠 공동제작, 남북한 미디어환경, 미디어평화통일지향지수, 언어·방송 스피치, 말의 공동체, 통일전담방송, 남북TV공동채널
통일과제	통일의 방법, 통일을 위한 자세, 통일국가의 미래상과 그에 대한 국민적 합의와 공감대 형성, 평화와 번영의 민족공동체 구현 등	남북/남남 갈등, 북한에 대한 신뢰 회복, 통일·대북정책에 대한 인식과 태도, 남북의 이질감 이해와 동질감 회복을 위한 커뮤니케이션, 세계 시민의식과 민주시민의식, 통일의 주인의식 고양을 위한 커뮤니케이션

출처: 오원환 외(2022), pp. 29-32 재구성.

2) 정치적 양극화로서의 남남 갈등

한편, PR 커뮤니케이션 관점에서 눈여겨볼 남남 갈등 관련 연구들은 남남 갈등이 심화·확산되는 과정에서 발생하는 편향성의 동원과 정치적 양극화, 언론에 의해 증폭된 남남 갈등 현상 등에 대한 것들이다.

2001년 평양에서 열린 8·15민족통일대축전을 전후로 남남 갈등 보도의 정치적 의미를 해석한 박홍원(2001)은 많은 언론이 독자의 관심과 시선을 끌기 위해 남남 갈등 용어를 사용하고, 통일축전보도를 이념 갈등 구조로 몰아가 국론분열 및 혼란을 과장해 남남 갈등을 조장하는 인상을 줬다고 비판한 바 있다. 1997년 8월부터 2001년 8월까지 남남 갈등 용어를 사용한 기사 총 204건 중 107건이 평양통일축전 이후에 집중되고 경성뉴스보다 해설기사에서 많이 사용되었다는 사실 자체가, 남남 갈등이 구체적으로 관찰되는 현상을 가리키는 개념이 아니라 사건을 해석하고 평가하기 위해 언론에 의해 '동원된' 용어라는 점을 방증한다는 것이다.

김재한(2006)은 보수와 진보 진영을 대변한다고 인식되는 두 매체(조선일보와 한겨레신문)의 17년 기간 동안의 사설을 분석했는데, 북한 및 대북정책과 관련한 『조선일보』와 『한겨레신문』 사설 논조를 연도별로 집계하고 살펴본 결과, '대북 포용정책 등장 이래 정부의 대북정책에 대한 지지와 반대의 양극화가 심화되었다'고 보고했다. 후속 연구(김재한, 2009)에서는 1990년 1월 1일부터 2009년 7월 31일까지 동일 매체들의 사설을 다시 분석해 북한 및 미국 관련 남남 갈등의 변화 추세를 조사했다. 결과적으로 북한에 대한 『조선일보』와 『한겨레신문』간 호감도 차이는 20년 동안 거의 상수일 정도로 지속된 것으로 나타나, 남남 갈등의 양극화가 어느 순간 심화되었다고 보기에는 어렵다고 밝혔다. 반면, 두 신문이 북한에 대한 입장만 다를 뿐 미국에 대한 입장 차이는 보이지 않아, 미국을 바라보는 보수와 진보 진영 사이의 인식은 수렴에 가까워 미국을 둘러싼 남남 간 양극화는 약화된 것으로 드러났다. 김재한(2009)은 이러한 결과들에 대해 대북정책과 대미정책에 관한 양극화가 반드시 구조균형성[7]과 같은 흑백의 도식화로 제시되는 것은 아니며, 남남 갈등이 양 진영 간 서로 다름에 기초하고는 있으나 서로 유사함도 크다는 것을 의미한다고 해석했다.

미국에 이어 중국까지 포함한 동일 연구자의 2010년 연구에서도 이러한 연구 결과는 유사하게 확인되었다. 즉, 정부 대북정책에 대해『조선일보』가 비판적일수록『한겨레신문』은 호의적으로,『한겨레신문』이 비판적일수록『조선일보』는 호의적인 것으로 드러나 정부 대북정책에 관한 태도는 경쟁 진영의 태도와 반대되게 나타났다. 그러나 대중정책 및 대미정책에서는 두 신문의 태도가 서로 대립하지 않았다. 이는 언론을 통해 표출되는 남남 갈등이 북한이나 미

---

[7] 양극화는 구조균형(structural balance)적 남남 갈등과 깊은 관련성이 있다. 구조균형 이론에서는 적의 친구는 적이고, 적의 적은 친구여야 안정적인 관계가 형성된다(Carney, 2000). 예를 들어, 경쟁 진영이 반북 성향을 가지면 자신은 친북 성향을 갖거나, 경쟁 진영이 친미 성향을 가지면 자신은 반미 성향을 갖게 되는 경우 구조균형성이 높다고 할 수 있고 따라서 양극화는 심화될 수밖에 없다.『조선일보』와『한겨레신문』사설에서 북한과 관련해 진보 진영이 우호적일 때 보수 진영은 무조건 적대적이거나, 미국과 관련해 보수 진영이 우호적일 때 진보 진영은 무조건 적대적이라는 구조균형적 반응, 즉 상대 진영에 대한 흑백 논리의 반대 반응은 연구 결과로 나타나지 않았다(김재한, 2009).

2. 남남 갈등에 대한 논의

국, 중국과 같은 외부 존재에 대한 양극화가 아니라 집권 정부의 정책을 둘러싼 양극화로 심화되어 나타나는, 민주주의의 본래 취지상 바람직하지 못한 결과를 발생시키고 있다는 점을 시사한다(김재한, 2010).

정부 대북정책에 대한 양극화, 즉 정치 엘리트들이 이념적인 '편향성의 동원(mobilization of bias)'을 통해 국민에게 영향을 미치고, 이에 영향을 받은 국민이 보수와 진보로 갈라져 북한 문제 및 정책에 대해 이념적·정파적으로 대립함으로써 남남 갈등이 초래된다는 점은 관련 연구들을 통해 지속적으로 지적되어 온 것이다. 정치적 양극화와 남남 갈등의 관계를 논의한 채진원(2017)은 남남 갈등의 확산이 기본적으로 정치 세력에 의해 과장 또는 조장된 이념 갈등이 초래한 정치적 양극화에 따라 편향성이 동원된 결과라고 주장했다. 정치 세력들이 언론과 결합한 대중의 여론과 편향성을 동원해 자신들의 정치적 정당성을 확보하는 것과 동시에, 반대편에 대한 공격의 형식을 취함으로써 남남 갈등을 심화시켰다는 것이다. 남남 갈등의 증폭에 대한 연구들은 국민들의 이념 성향보다 이를 과장하거나 조장하는 정치인 및 정당들이 의도한 정치적 양극화와 그 동원 현상에서 주된 원인을 찾는데, 이 과정에서 공통적으로 지적하는 것이 이른바 미디어의 '상업적 전략'과 '이념적 편향성'이다(정영철, 2018; 채진원, 2017).

미디어 편향(media bias)은 다양한 정보 출처에 대한 신뢰도를 차별적으로 부여하거나, 관련 정보를 자의적으로 선택 또는 생략함으로써 특정 사안에 대해 완전히 다른 내용을 보도하는 것으로 정의된다(Stroud, 2010). 미디어의 이념성은 정치, 경제, 사회 이슈에 대한 관

206

점을 제시하고 해석하는 것과 관련해 편향적 시각을 갖도록 하는 하나의 요인이며(Gentzkow & Shapiro, 2010), 미디어의 이념적 편향성은 한국 사회의 심각한 정치 양극화의 이면에서 정치적·사회적 분열을 가속화하는 갈등기제로 작용하고 있다(박지영, 2020). 이는 미디어의 수익 추구, 즉 상업적 전략과도 연계된다. 소비자들이 대립되는 정치 성향을 가지고 있을 경우, 건전한 경쟁을 통해 시장점유율을 넓히는 것보다 편향적인 보도로 차별화를 추구하는 게 경제적 이득이 더 높게 나타나 미디어가 소비자들보다 더 극단적인 정치 성향을 표출한다는 것이다(Mullainathan & Shleifer, 2005). 공급자 측면에서 보면 미디어 편향은 미디어 수의 증가와 구독자 수 감소로 인한 미디어 간 격화된 경쟁이 심화 요인이다. 그러나, 수용자 측면에서 보면 뉴스 이용자의 선택적 노출(selective exposure), 즉 자신의 정치적 성향이나 신념과 비슷한 미디어 채널과 콘텐츠를 선호하고 반대되는 정보는 회피하는 현상이 증가함에 따라 미디어 편향이 더 강화되고 정치적 양극화로 이어지는 악순환이 반복된 것으로 볼 수 있다(Garrett et al., 2014; Stroud, 2010).

일반적으로 정치적 양극화는 극단적으로 격화된 정치·정당 계파 간 파당적 대립과 이념적 갈등이 정치권 및 시민사회의 진영논리에 의한 분열로 심화되는 현상을 뜻한다(채진원, 2017). 사회적 갈등 측면에서 정치적 양극화는 사회의 다양한 균열이 보수와 진보라는 진영 대결의 정치 아래로 편입 및 종속되는 것을 의미한다. 남남 갈등은 이러한 정치적 양극화의 한 현상으로 볼 수 있으며, 사회 내 새로운 균열들과 갈등 요인들은 자연스럽게 정치적 행위자로 부상한 미디어에 의해 취사선택되고 편집되어 일반 공중에게 전달된다. 정치

2. 남남 갈등에 대한 논의

적 양극화로서의 남남 갈등이 강조되는 이유는, 정치적으로 쟁점화하기에 복잡하고 어려운 다른 사회경제적 문제들에 비해 북한 및 통일 관련 문제가 훨씬 단순하고 기본적으로 정쟁의 산물이자 도구이기 때문이다(김원섭 외, 2022). 남남 갈등의 확산 및 증폭과 관련한 이러한 주장은, 남남 갈등의 원인과 해소 방안 역시 미디어와 PR 커뮤니케이션의 관점에서 바라보고 이해해야 할 필요성을 상기시키고 있다.

 ## 3 남남 갈등과 PR 커뮤니케이션

사회적 위험요소로서의 남남 갈등을 잘 관리하지 못하면 우리 사회 내부의 혼란은 심화되고 정부 차원에서도 바람직한 대북 및 통일 관련 정책을 제대로 수행할 수 없게 된다. 대북 관련 사안의 불확실성과 북한의 대남도발에 대한 불안감은 자연스럽게 공중의 위험 인식을 낳고, 이러한 위험 인식에서 유발되는 남남 갈등은 기본적으로 이념적 대립과 갈등 관계 구조를 갖고 있어 위험의 정치화로 발전하게 될 가능성이 높다. 위험 이슈로 인한 정치적 양극화가 일어나게 될 경우, 사회 구성원의 유대감과 사회적 합의를 위한 동력은 유실되고 위험 문제해결에 부정적인 영향을 미칠 수 있다(김영욱, 2021). 이에 대북 관련 이슈가 남남 갈등으로 확전(擴戰)되지 않도록 하기 위해 정부의 선제적 대응과 체계적인 위험 관리 및 PR 커뮤니케이션이 필요하다. 남남 갈등 해소를 위한 사회적 공론장의 마련은 북한이 야기하는 위험과 남북관계에서 오는 위해 요소를 잘 관리하고 효과적으로 커뮤니케이션하는 정부 및 대북정책에 대한 기본적인 신뢰가 밑바탕이 되어야 하기 때문이다. 여기서는 위험 커뮤니케이션 이론들을 중심으로 최근 사례인 '북한 오물풍선 살포 사건'을 살펴보고, 남남 갈등 및 대북 관련 위험 이슈에 대한 PR 커뮤니케이션의 역할과 적용 가능성을 탐구해 보고자 한다.

1) 대북 관련 위험 커뮤니케이션의 필요성

남남 갈등 자체가 한반도의 비극적 현대사를 맥락으로 하는 특수성이 강한 현상이기 때문에 남남 갈등에 대한 일반이론이라는 것은 존재할 수 없다. 다만 북한 문제 및 남남 갈등으로 초래된 사회적 비용과 위해요소를 위험으로 보는 관점에서 위험 커뮤니케이션 이론들을 적용해 볼 수 있다. 일반적으로 위험 커뮤니케이션은 개인이나 공동체에 위해를 줄 수 있는 위험에 대한 정보 교환의 과정이자, 위험에 대해 적극적으로 준비하고 대응하기 위한 커뮤니케이션 활동을 의미한다. 현대사회에서 위험은 객관적으로 인식되는 것이 아니라 개인의 주관적인 인식과 미디어의 반응, 위험 주체들 간 상호작용 및 커뮤니케이션의 정도에 따라 위험에 대한 인식과 수용 및 결과가 달라진다(김영욱, 2014). 위험 인식은 크게 공포의 정도와 지식 또는 익숙함 정도의 두 가지 차원으로 구분될 수 있다(Slovic, 1987). 공포의 정도는 통제 가능성, 위해성의 정도, 자발성, 후유증 수준 등과 연결되고, 지식 또는 익숙함의 정도는 관찰 가능성, 직접적인 위험성, 새롭거나 생소함 등과 연결된다.

현재 북한의 대남정책은 이전과는 매우 달라진 양상을 보이고 있는데, 일례로 최근까지 이어져 오고 있는 북한의 오물풍선 살포 사건은 전문가들의 많은 우려를 자아내고 있다. 2023년 7월부터 북한은 우리나라를 기존 '남조선'에서 '대한민국'으로 지칭하기 시작했고, 2024년 들어서는 '교전중인 적대국가'로 규정한 가운데 GPS 교란, 군사분계선 침범, 지뢰 매설 등의 대남도발을 꾸준히 자행 중이다. 5월부터는 대남 오물풍선을 전국에 산포해 우리 국민들에게 불안감과 공포감을 조성하고 있다. 또한 대북전단 살포 재개에 따른 북한의 맞대응 및 대북 확성기 방송과 북한의 새로운 대응이 가세할 것으로 보여, 한반도 긴장은 계속 고조될 것으로 예상된다. 이번 북한의 오물풍선 살포는 전형적인 '회색지대(gray zone)' 전술 중 하나로 알려져 있다. 회색지대는 전쟁도 아니고 평화가 유지되는 것도 아닌 상태에서 도발의 주체나 원점이 불확실한 경우를 의미한다. 이러한 회색지대 도발에는 사이버 해킹, 가짜뉴스 유포, 무인기 침투, 국가 기간시설 파괴 등 유무형의 소규모 공격으로 상대 진영에게 타격을 주는 행위들이 포함된다. 오물풍선 살포 사건의 경우, 겉보기에는 북한의 핵실험이나 탄도미사일 발사보다 심각해 보이지 않지만, 사실상 전국에 뿌려짐으로써 우리 국민에게 미친 불안감과 군의 사기에 대한 악영향은 적다고 할 수 없을 것이다(한기범, 2024).

북한의 오물풍선 살포 사건에 슬로빅(Slovic, 1987)의 위험 인식 차원을 적용해 보면, 공포의 정도는 비교적 높은 편이나 상대적으로 익숙함은 낮은 위험에 속할 것이다. 이와 유사하게 익숙함은 낮고 공포는 높은 위험의 사례로 원자력 발전소 핵폭발 사고 등을 들 수 있다. 물론 원전 폭발과 같은 수준의 높은 공포감은 아니라 할지라도, 북한이 단순히 전단이 아닌 오물(혹은 쓰레기)을 선택한 이유에 대해 혐오감이나 불쾌감 등 심리적 충격을 극대화하려는 의도 및 생화학 무기나 세균전 도발 가능성마저 거론되고 있어(이상용, 2024), 잠재적인 공포감의 정도를 짐작할 수 있다. 따라서 남남 갈등을 유발 및 심화시킬 수 있는 대북 관련 이슈들을 상존하는 안보 위험으로 규정하고, 위험 커뮤니케이션 이론에 대한 논의를 통해 공중의 인식과 위험 정보처리 과정을 이해하는 일은 효과적인 위험 커뮤니케이션 방안을 모색하는 데 있어 매우 중요하다.

(1) 감정 휴리스틱

위험 커뮤니케이션에 대한 이론화는 ① 전문가 중심의 정보전달을 중요시하는 기술과학적 관점, ② 공중의 위험 인식을 고려한 관점, ③ 커뮤니케이션 위주 관점의 세 단계로 발전해 왔다(김영욱, 2014). 이 중 공중의 위험 인식을 고려한 관점은 주로 인간의 심리를 강조하는 심리학적 접근 위주의 이론과 연결된다. 심리학적인 위험 커뮤니케이션은 크게 공중의 위험인식과 관련된 이론, 공중의 위험 정보처리와 관련된 이론, 위험 인식을 고려한 효과적인 위험 커뮤니케이션과 관련된 이론으로 나눌 수 있다. 감정 휴리스틱(affect heuristic)은 확장된 병행과정 모델(extended paralled process model)과 더불어 인간의 심리적 구조를 강조하는 이론에 속하면서 공포, 두려움 등 다양한 감정과 연계한 공중의 위험 정보처리를 설명하는 이론으로 잘 알려져 있다.

휴리스틱(heuristic)이라는 개념은 불확실한 상황에서 사람들이 한정된 정보를 가지고 직관적으로 판단해 의사결정을 한다는 것으로 '의사결정 상황의 복잡성에 대처하기 위해 사람들이 무의식적으로 사용하는 정신적인 지름길'(Kahneman, Slovic, & Tversky, 1982)로 정의된다. 감정 휴리스틱은 의사결정에 영향을 미치기 위해 현재의 감정적 반응이 만들어 낸 마음속 지름길이라고 할 수 있다. 감정 휴리스틱 개념을 제안한 슬로빅(Slovic, 1987)은 위험 커뮤니케이션에서 위험 인식 및 대응과 관련해 이성보다 감정이 더 중요하게 작용한다고 주장했다. 이는 위험 상황에서 걱정이나 불안, 공포, 분노 등의 감정이 인지적 판단을 넘어 위험 대응에 더 크게 영향을 미칠 수 있다고 주장한 '감정으로서의 위험 가설(risk-as-feelings hypothesis)'(Loewenstein, Weber, Hsee, & Welch, 2001)과 유사한 면이 있다. 위험 관련 판단이나 결정에 대해 슬로빅과 피터스(Slovic & Peters, 2006)는 감정, 직관 등과 연결된 경험적(experiential) 접근과, 사고, 논리 등과 연결된 분석적(analytical) 접근의 두 가지 접근법이 있다고 설명했다. 경험적 접근은 과거의 경험이나 기억에서 비롯된 감정적(긍정적·부정적) 단서들이 위험과 관련된 판단에 영향을 미치는 것이고, 분석적 접근은 위험에 대해 이성적으로 판단하고자 분석적으로 바라보는 것을 의미한다. 감정 휴리스틱에 대한 연구들은 대체로 위험 관련 판단에서 사람들이 경험적 접근에 의존하는 경향이 더 강하다고 보고한다(Slovic, Finucane, Peters, & MacGregor, 2004). 따라서 감정 휴리스틱은 사람들이 위험을 판단할 때 충분하게 정보를 탐색하는 행위를 방해한다.

이는 위험에 대한 인식과 위험을 접하는 경로와의 관계에서 경험이 미치는 영향을 설명하는 것과 결이 비슷하다. 위험 정보에 대한 접근 경로는 묘사(description)와 경험(experience)으로 구분되는데(Hertwig & Erev, 2009), 위험 접근 경로가 다르면 사람들의 위험 인식도 다르게 나타난다. 예를 들어, 북한 탄도 미사일이 발사되었을 때 외국에서는 우리나라 상황을 굉장히 위험한 상태의 준 전시 상황으로 보거나 일상생활이 불가능할 것이라고 생각하는 반면, 정작 우리나라 사람들은 평범하게 생활을 영위하고 실제로 느껴지는 위험에 대해 별다른 생각이 없는 경우가 대다수다. 이는 분단체제를 경험한 적 없는 외국에서 탄도 미사일 발사와 같은 위험은 '묘사'된 것이고, 우리에게는 이미 반복해서 '경험'된 위험이기 때문에 발생하는 인식의 차이다(김영욱, 2014).

위험 커뮤니케이션 분야에서 감정 휴리스틱은 위험·편익 지각(어떤 행위가 긍정적이라고 느끼면 위험을 덜 인식하고 편익을 더 인식하지만, 반대로 부정적이라고 느껴지면 위험을 더 인식하고 편익을 덜 인식하게 되는 것)과 수용성(Slovic, Finucane, Peters, & MacGregor, 2004), 위험 정보 제시 형식에 따른 인식과 평가(문자나 수치보다 이미지로 제시했을 때 반응이 더 큰 것) 등을 검증하는데 적용되어 왔다(Keller, Siegrist, & Gutscher, 2006). 감정 휴리스틱이나 위험 정보 접근 경로 등에 대한 논의는 대북 관련 이슈에서 우리나라 사람들 특유의 경험 및 경험에서 비롯된 감정들에 의해 피상적으로 혹은 불충분하게 위험 정보를 처리하는 행동을 이해하는 데 도움을 줄 수 있다. 효과적인 대북 관련 위험 커뮤니케이션 실행을 위해서는 이러한 경험에서 오는 잘못된 위험 인식을 극복하고 과거 경험에 의존하는 경향성을 낮추거나, 역으로 감정 휴리스틱을 자극해 위험 커뮤니케이션 메시지의 수용성을 높이는 실무적 방안을 모색하는 것이 필요하다.

(2) 확장된 병행과정 모델

확장된 병행과정 모델(이하 EPPM)은 공포소구 모델을 기반으로 한 공포동인모델(Hovland et al., 1953), 병행과정모델(Leventhal, 1971).

3. 남남 갈등과 PR 커뮤니케이션

보호동기이론(Rogers, 1975)이 통합된 이론이라고 할 수 있다(Witte, 1992). 위험과 관련한 다양한 부정적 감정을 통해 공중의 위험 인식과 정보처리 행동에 영향을 미치는 것이 감정 휴리스틱이라고 한다면, EPPM은 행동 변화에 대한 공포소구 메시지의 효과 과정에서 지각된 위협(perceived threat)과 지각된 효능감(perceived efficacy)의 충족을 전제로 한다. 지각된 위협은 위험 이슈의 결과에 대해 메시지 수용자가 심각성(perceived severity)과 취약성(perceived susceptibility)을 지각하는 것이다. 지각된 효능감은 메시지 권고대로 행동했을 때 수용자가 실제로 위험에서 벗어날 수 있을 것이라 느끼는 반응효능감(response efficacy)과 수용자 자신이 메시지의 권고를 수행해낼 능력이 있다고 믿는 자기효능감(self efficacy)으로 이루어진다(Witte, 1992).

EPPM([그림 5-2] 참조)에 의하면, 지각된 위협과 지각된 효능감 간의 상호작용을 통해 위험통제(danger control) 반응, 공포통제(fear control) 반응, 무반응(no response) 중 하나의 반응이 발생한다. 지각된 위협과 효능감 수준이 모두 중간 정도거나 높게 지각될 때 공포소구 메시지는 효과적으로 작용한다. 그러나, 공포소구 메시지의 위협이 낮게 지각되면 메시지에 대한 설득이 일어나지 않는 무반응 상태가 된다. 즉, 메시지에 대한 반응이 일어나기 위해서는 지각된 위협이 우선 높아야 하고, 이후 메시지에 대한 효능감 지각에 따라 위험통제 과정과 공포통제 과정으로 구분된다는 것이다. 메시지의 위협에 대해 심각성과 취약성이 높게 지각되고 메시지의 권고에 따라 행동하는 것이 위험을 피하는 데 효과적이라 느끼면서 자신이 수행능력도 있다고 평가될 때는 보호동기(protection motivation)가 작동돼 위험을 예방(변화에 순응)하고자 하는 위험통제 반응이 나타난다. 그러나 지각된 위협

214

의 정도가 높더라도 메시지 권고사항에 대한 지각된 효능감이 낮을 경우에는 방어동기(defensive motivation)가 유발돼 변화를 거부하고 공포감을 낮추는 공포통제 반응이 발생한다. 따라서 공포소구 메시지의 설득 효과와 관련해 중요한 조절변수 역할을 하는 것은 지각된 효능감이라고 할 수 있다(Witte, 1992).

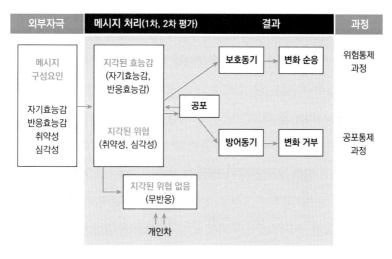

‖그림 5-2‖ 확장된 병행과정 모델(EPPM)

출처: Witte (1992).

EPPM은 기존 공포소구 이론들이 설명하지 못한 공포소구 메시지의 수용자 설득 실패의 원인을 지각된 위협과 지각된 효능감 간 상호관계를 통해 밝혀냈다는 점에서 의미가 있다. 또한 감정적 측면과 인지적 측면을 함께 고려해 위험 예방 행동을 유추한다는 점에서 매우 유용할 뿐만 아니라 위협과 효능감의 단위를 개인 수준에서 조직이나 사회 수준으로 확대해 사회 전체의 위험 문제해결을 위한 이론으로 확장되고 있다는 점에서도 주목할 만하다(김영욱, 2014). EPPM

3. 남남 갈등과 PR 커뮤니케이션

은 각종 암 질환, 전염병, AIDS/HIV, 성병 예방, 정신건강, 금연, 폭음 등 건강보건 분야를 넘어 지구온난화(Li, 2014)나 기후변화(Hart & Feldman, 2014), 방사능 폭탄 테러와 같은 비상위험 상황(Barnett et al., 2014)에도 적용돼 연구되고 있다. 이는 대북 관련 위험 커뮤니케이션에도 충분히 적용될 수 있다. 북한과 관련한 긴급 상황이나 비상위험 시 국민의 생명과 안전을 담보하기 위한 위험 커뮤니케이션의 개발 및 메시지의 설득 효과를 제고하는 전략적인 시도와 연결될 수 있다는 것이다. 특히 바넷과 동료들(Barnett et al., 2014)의 연구에서 그 적용 가능성을 확인할 수 있다. 그들은 미국의 지역 공중보건부(LHD) 종사자들을 대상으로 비상상황에 대한 대응 의지를 제고할 수 있는 EPPM 기반 훈련 커리큘럼의 효과를 조사했다. 연구 결과, 기상변화로 인한 응급상황과 방사능 폭탄 테러 사고의 두 가지 실험 시나리오 중 후자에서 훈련 개입의 효과가 더 높게 나타났다. 아울러, 비상위험 상황에서 실무자들의 대응 의지를 높이기 위해서는 위협 인식을 강화하는 것보다 효능감을 구축하는 것이 더 중요한 것으로 드러났다. 이러한 결과는 북한과 물리적 충돌 및 대치로 야기되는 안보 위험 상황에서 공중을 대상으로 하는 위험 커뮤니케이션 메시지를 포함해 관련 조직 종사자의 교육과 훈련 프로그램 설계에서도 EPPM이 잠재적으로 적용될 수 있음을 시사한다.

(3) IDEA 모델

1980년대부터 본격적으로 진행된 위험 커뮤니케이션 연구는 원자력 발전소나 화학공장, 산업시설 등에서 발생할 수 있는 사고에 대한 준비와 대응 등의 비상위험 커뮤니케이션(emergency risk communication) 분야에서 출발했다고 할 수 있다(Palenchar, 2008). 비상 위험 커뮤니케이션은 급작스러운 위기나 위험, 재난과 같은 비상사 건이 발생했을 때 공중과 효과적으로 커뮤니케이션할 수 있는 방법 을 모색하는 데 중점을 둔다. 이러한 비상사건에는 코로나19와 같은 전염병의 유행이나 자연재해, 테러, 식품오염으로 인한 식품위험 발 생 등 다양한 유형의 사건들이 포함된다. 이렇게 비상사건의 범위가 확장되면서, 위험이 급격히 증폭된 상황을 의미하는 개념으로서 '위 기'와 비상위험이 함께 논의되기 시작했다(백혜진 외, 2018).

  IDEA(Internalization, Distribution, Explanation, Action) 모델은 위험과 위기 커 뮤니케이션을 위한 메시지 개발 프레임워크를 제안함으로써 실무 적 관점에서 비상위험 상황에 효과적으로 적용될 수 있는 가이드라 인을 제공하는 대표적인 이론으로 알려져 있다(Sellnow-Richmond, George, & Sellnow, 2018). 효과적인 위험 커뮤니케이션 메시지 개발 과 관련한 모델들은 대부분의 위험 상황에서 공중의 위험 인식이 객 관적으로 형성되는 것이 아니라 특정 위험 인식 변수의 영향에 의 해 부정적으로 형성 및 강화된다고 본다. 따라서 위험과 관련된 조 직의 커뮤니케이션은 이러한 상황을 극복하기 위해 사전에 잘 준비 된 메시지를 설계해야 하고 공중의 신뢰를 형성하는 데 주력해야 한 다. 무엇보다 위험 커뮤니케이션의 핵심은 개인과 집단, 기관 간 정 보와 의견을 교환하는 상호작용에 있고, 이러한 상호작용은 의사결 정 과정에서 공중의 참여를 통해 신뢰를 구축할 수 있다(Kasperson, Kasperson, Pidgeon, & Slovic, 2010).

  그러나 위험 커뮤니케이션의 상호작용적, 대화적 과정은 위험이 급격히 심화되어 취약성과 생소함이 동반되는 위기 상황을 맞는 순

간 중단될 수 있다. 이때 정부나 기관 등 책임 있는 조직들은 기존 이해관계자들과의 대화적인 커뮤니케이션 방식에서 개인들이 그들 스스로를 보호하기 위한 일종의 교육적 혹은 지시적인 메시지를 커뮤니케이션하는 방식으로 전환해야 한다(Mileti & Peek, 2000; Sellnow & Sellnow, 2010). IDEA 모델은 급작스럽고 생소한 위험이나 위기 발생 시 효과적인 메시지 전략을 수립하는 데 유용한 이론이다.

이 모델을 개발한 셀노와 셀노(Sellnow & Sellnow, 2013, 2014)는 고위험 사건이나 위기, 재난 및 기타 비상상황에서 사건 발생 전과 발생 중에 공중의 정서적, 인지적, 행동적 반응을 이끌어 내기 위한 위험과 위기 커뮤니케이션의 네 가지 구성요소, 즉 내재화(internalization), 배포(distribution), 설명(explanation), 행동(action)을 제안하고 있다([그림 5-3] 참조). 이는 비상위험 상황에서 위험으로부터 자신을 보호하기 위해 무엇을 해야 하는지에 대한 정보를 제공하는 것이 중요하고, 이러한 개인의 대응 활동에 초점을 맞춘 효과적인 메시지 개발을 위해서는 어떠한 요인들을 고려하는 것이 바람직한가를 설명하고 있다(Sellnow, Lane, Sellnow, & Littlefield, 2017).

먼저 '내재화'는 정서적 측면과 관련된 요소로 메시지 수신자가 위험 또는 위기의 잠재적 영향을 내면화하도록 돕는 것이다. 이는 위험이 개인과 어느 정도 관련이 있는지(관련성), 위험의 잠재적 영향력은 무엇인지(지각된 가치)와 같이 개인적 관련성, 잠재적 영향, 근접성 및 시의성을 강조함으로써 수신자가 메시지에 관심을 갖도록 동기를 부여하는 역할을 한다. 내재화의 예시로는 "상황이 해결되어도 심각한 후유증이 남는다" "현재 우리 지역 피해가 심각한 상황이다" 등

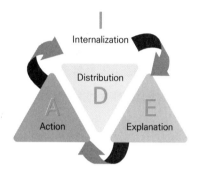

║그림 5-3║　효과적인 위험 및 위기 메시지 설계를 위한 IDEA 모델
출처: Sellnow, Lane, Sellnow, & Littlefield (2017), p. 556.

을 들 수 있다. 내재화 요소는 상황의 심각성과 관련성을 언급하면
서 이것이 자신 및 자신과 가까운 사람들에게 어떻게, 어느 정도까
지 영향을 미칠 수 있는지를 전달하는 데 초점을 둔다.

　'설명'은 인지적 측면과 관련된 요소로 위험 또는 위기의 본질에
대해 간단하고 이해하기 쉬운 설명을 제공하는 것이다. 현재 어떠
한 상황이 일어나고 있는지(이해), 위기 상황에 대응하기 위해 누가 무
엇을 하고 있는지(효능감)에 대한 내용을 전달하는 것을 의미한다. 이
는 권위 있는 기관(정부나 지자체 등)이나 오피니언 리더 등 신뢰할 수 있는
정보원으로부터 숨기는 것 없이 정확하고 쉬운 내용으로 작성되어
야 효과적이다. 설명의 예시로는 "서울시는 산불 및 화재 예방을 위
해 재난기금을 긴급 투입할 예정이다" "'민방위의 날' 훈련으로 화재
발생 및 재난대비 훈련을 실시하겠다"처럼 현재 위기 상황에서 무슨
일이 일어나고 있고 그 이유는 무엇인지, 또한 정부는 무엇을 하는
지 등에 대해 정확한 정보를 제공하는 것을 들 수 있다.

'행동'은 개인이 취할 수 있는 구체적인 자기 보호 행동 단계를 제공하는 것이다. 자신 및 자신과 가까운 사람들이 자기 보호를 위해 어떤 구체적인 조치를 취해야 할지 혹은 취하지 말아야 할지를 알려주는 것이다. 이는 위험을 줄이기 위해 취할 수 있는 행동을 의미하며, 위기 상황에서 적절한 자기 보호 조치가 궁극적으로 위기로 인한 피해를 최소화할 수 있으므로 가장 중요한 요소라고 할 수 있다. 행동 지침이 모호하면 메시지 수신자들은 자기 보호를 위한 조치를 취하지 않거나 잘못된 행동을 할 가능성이 높기 때문에, 구체적으로 실행 가능한 지침을 정확하게 명시하는 것이 효과적이다. 예를 들어, 지진이 발생한 경우 '자신을 보호하라'는 메시지보다 '탁자 아래로 들어가 엎드려서 몸을 가만히 숨기고 있어라'와 같이 구체적인 행동 조치를 정확하게 표현하는 것이 더 효과적이다.

'배포'는 위험 또는 위기 메시지를 전달하기 위한 적절한 채널과 전략을 파악하는 것이다. 정서적, 인지적, 행동적 결과를 반영해 작성한 위기 메시지를 언론과 소셜미디어, 문자 메시지 등 다양한 채널을 통해 공중에게 배포하는 것을 의미한다.

셀노와 동료들(Sellnow, Lane, Sellnow, & Littlefield, 2017)은 정서적, 인지적 요소가 사람들이 원하는 행동에 참여하도록 동기를 부여하는 촉매제 역할을 한다고 주장했다. 결과적으로 IDEA 모델은 위험과 위기 상황에서 개인이 바람직한 행동을 취하게 하기 위해 정서적, 인지적 요소에 소구할 수 있는 효과적인 메시지 설계와 관련해 그 효용성을 인정받은 이론으로 정리할 수 있다. IDEA 모델은 대북 관련 비상위험 상황에서 효과적인 위험 커뮤니케이션 메시지 개발을 위한 실무적 가이드라인을 제공하는 데 유용할 것으로 본다.

2) 북한 오물풍선 살포 사건

(1) 사건의 개요

'북한 오물풍선 살포 사건'은 2024년 5월 28일부터 현재(2024년 9월) 까지 북한이 총 20여차례 대한민국 영토를 향해 오물(폐지, 담배꽁초 등 생활 쓰레기, 거름, 분뇨, 중국산 폐건전지 및 폐전선 등)을 적재한 풍선을 무단으로 살포한 사건을 지칭한다. 현시점 살포된 오물풍선의 수는 누적 5500여 개에 달하고 있다(허고은, 2024). 1차 살포일 이틀 전 북한은 국방성 부상 명의의 담화 발표를 통해 탈북민 단체의 대북전단 살포에 대한 보복으로 '남쪽에 오물풍선을 날리겠다'고 예고했다. 이후, 5월 28일 휴전선 접경 지역부터 전북, 경남, 충남, 경북, 충북, 강원, 경기, 인천, 서울 등을 비롯해 정부서울청사와 외교부 청사, 주한일본대사관 등 주요 정부기관 인근에서도 낙하한 오물풍선이 확인됐다. 이와 별개로 북한이 서해 지역에서 대남 GPS 전파교란 공격을 동시다발적으로 실시한 사실이 알려져 혼란이 가중되었다(김형준, 2024). 2024년 9월 22일까지 총 22차례 오물풍선 살포가 이루어졌고, 이 중 총 12회에 걸친 살포에서 물적·인적 피해가 발생했다.

북한군의 군사분계선 1차 침범이 일어났던 6월 9일 4차 오물풍선 살포 때는 용산 대통령실 주변에서도 오물풍선이 확인돼 경내 경호와 관련한 논란이 일어났다(박지윤, 2024). 6월 18일 오전 중부전선 비무장지대에서 북한군의 군사분계선 2차 침범이 발생했고, 20일 오전 다시 동일 지역에서 지뢰 매설 작업 중이던 북한군 병사들이 군사분계선을 침범했다가 국군의 경고사격에 철수하는 등 사건이 끊이지 않았다. 탈북단체가 대북전단 30만 장을 보낸 다음 날인 6월

21일 김여정 조선로동당 중앙위원회 부부장이 담화를 통해 오물풍선의 5차 살포를 예고했고, 사흘 뒤인 6월 24일 오후 9시경 북한이 보낸 오물풍선이 수도권 및 전국 각 지역에 산포되었다. 북한은 7차 살포 이후 약 한 달만인 7월 18일 다시 오물풍선를 보내기 시작했고, 이러한 도발 행위는 우리 군의 대북 확성기 방송 재개, 기시다 후미오 일본 총리 방한, 한미일 군사훈련인 을지연습 실시 등을 빌미로 지금까지 이어져 오고 있다.

한편, 낙하한 풍선의 잔해를 확인한 결과 시간이 지날수록 오물의 양은 줄어들고 폐지를 포함한 쓰레기가 대부분을 차지해 10차 살포부터는 오물풍선 대신 '쓰레기 풍선' 혹은 '대남 풍선'이라는 명칭으로 불리게 되었다. 9월 22일 22차 살포 시 우리 군 조사 결과에 따르면 북한 쓰레기 풍선의 내용물은 종이류·비닐·플라스틱병 등 생활 쓰레기로, 분석 결과 안전에 위해가 되는 물질은 없는 것으로 확인됐다(옥승욱, 2024). 현재까지 주요 물적 피해 사례로는 인천국제공항 운항에 차질이 일어났던 사례 및 경기도, 서울에서 차량 일부가 파손된 사례(2차 살포), 강원도 춘천 산불 관련 피해(4차 살포), 인천국제공항 항공기들의 회항 및 지연(6차 살포), 도라산 셔틀열차 운행 중단(9차 살포), 산불과 공장 화재(12, 13, 18차 살포) 등이 있으며, 첫 인명 피해는 10차 살포 시 서울에서 자전거를 타고 이동하던 시민이 낙하한 오물풍선에 의해 팔에 타박상을 입은 사례로 확인됐다. 북한이 5월 말부터 8월 10일까지 약 석달 간 살포한 오물풍선으로 서울, 경기 등 수도권에서 발생한 재산 피해액은 1억 원이 넘는 것으로 파악됐다(이상서, 2024).

북한의 오물풍선 살포 사건에 대한 정부 대응과 관련해, 우선 언론을 통해 가장 많은 정보를 정기적으로 제공하는 곳은 국방부인 것으로 보인다. 군 합동참모본부는 사건 발생 전과 직후부터 국방부 정례 브리핑을 통해 오물풍선으로 인한 피해 정도와 추이 상황, 대북 확성기 방송 상황, 오물풍선 살포에 대한 군사적 대응, 오물풍선 발견 시 시민행동 조치에 대한 내용 등을 지속적으로 제공하고 있다. 이외에도 행정안전부가 6월 초 오물풍선 피해 제도 개선과 신속 지원 방안에 대한 정보를 제공했으며, 서울시를 비롯한 전국 각 지자체에서 오물풍선 살포에 대한 지역별 대응태세 강화 및 주민 피해를 최소화하기 위한 노력 등의 내용들을 전달하고 있다.

(2) IDEA 모델의 적용

이와 같이 북한의 대남 오물풍선 살포 사건에 대한 정부부처 및 지자체 차원의 다양한 대응방안이 이루어지고 있는 가운데, 신속한 위기 상황의 전달과 위험지역에서의 사전대피 등 피해 최소화를 위해 해당 지역 주민들에게 큰 역할을 하는 것은 '긴급재난문자' 혹은 '안전안내문자'라고 할 수 있다(박근오, 박재영, 2024). 예상되는 위험 상황이나 실제 재난상황에 처했을 때 송출된 메시지를 받는 해당 지역 주민들은 긴급대피 혹은 사전대비를 하는 등의 행동을 취할 수 있게 된다. 또한 필요시 메시지상에 안내된 대피장소로 이동함으로써 위험상황에서 벗어나거나 임시로 머무를 수 있는 공간 이용 등이 가능해진다.

북한 오물풍선 살포 사건의 경우에도 많은 지자체가 지역 주민들에게 재난문자를 발송했으나, 이에 대한 공중의 반응은 엇갈렸다. 혹시 모를 비상상황을 대비해 현재 위험의 상태와 대응 방법, 행동

223

요령 등의 정보를 제공하는 문자알림은 어쩔 수 없다는 반응이 있는 반면, 급작스러운 재난문자에 오히려 불안감이 고조되고 일상생활에 방해가 되었다고 주장하는 부정적인 반응들이 SNS상에 넘쳐난 것이다(김소희, 2024). 아울러, 오물풍선 살포가 몇 개월을 걸쳐 지속되다 보니 계속된 재난문자 발송으로 인한 피로감과 부정적 반응이 생길 수밖에 없다. 이에 북한 접경지역 주민들에게는 과도한 불안감과 전쟁발발에 대한 스트레스를, 거리가 먼 지역의 주민들에게는 문자 자체에 대한 무시(알림 끄기)와 무반응, 나아가 안보불감증을 일으킬 수 있다는 지적이 나오고 있다.

앞에서 설명한 IDEA 모델을 적용해 북한 오물풍선 살포 사건과 관련한 재난문자 메시지들을 살펴보면, 몇 가지 드러나는 문제점들과 개선방안들을 간략하게나마 정리할 수 있다.

첫째, '내재화' 차원에서 현재 발송된 재난문자 혹은 안전안내문자들은 정서적 측면(공감)의 고려와 개인적 관련성, 위험의 잠재적 영향력에 대한 언급이 부족한 편이다. 5월 28일 오물풍선 1차 살포 시 경기 지역에 발송된 문자 메시지를 예로 들어 보자. '북한 대남전단 추정 미상물체 식별. 야외활동 자제 및 식별 시 군부대 신고'라는 문자 내용에서 현 상황에 대한 설명 및 행동에 대한 것만 제시할 뿐 동기부여를 위한 내재화 요소를 찾아볼 수 없다. 특히 '대남전단'이라는 표현을 통해 해당 미식별 물체가 공중에서 살포된 것인지를 일반인이 정확하게 추정하기 어렵고, 오후 11시가 넘은 시각에 주민들에게 야외활동 자제를 언급하는 것에 대한 의문이 들 수 있는 내용이다. 이는 '미식별 물체가 상공에서 낙하하거나 터질 위험이 있으므로 심각한 피해를 입을 수도 있다'와 같이 위험의 잠재적 영향력에 대한 내용이 포함되었어야 할 것으로 본다.

둘째, '설명' 차원에서는 위험에 대해 정확하고 이해하기 쉬운 정보를 제공해야 하는데, 메시지 안에 잘못된 용어를 사용함으로써 실제로 논란이 발생했다. 앞에서 언급한 동일 문자 메시지의 경우 한글문자 내용 뒤에 'Air raid Preliminary warning'이라는 영어 표현이 삽입된 것이다. 이는 '공습예비경보'란 의미로, 해당 지역에 머무는 외국인들이 볼 때 자칫 전쟁 발발로 오인할 수도 있는 사안이었다 (김소희, 2024). 이러한 차원에서 우리나라 사정에 밝지 않은 국내 체류 외국인들에게 문자 메시지 발송 시 하단에 정확한 정보를 추가로 확인할 수 있는 링크를 첨부하거나, 외국인 대상 재난 애플리케이션을 통해 안전과 관련한 후속 조치 사항들을 안내할 필요가 있다. 비상위험 발생 시에는 현재 일어나고 있는 상황이 정확히 무엇인지를 이해하게 하는 것이 가장 중요하므로, 차후 기관 간 연계시스템 개선 등을 통해 이러한 논란이 재발되지 않도록 노력을 기울여야 할 것이다.

셋째, '행동' 차원에서는 개인이 취할 수 있는 구체적인 자기 보호 행동을 제시하고, 본인 혹은 본인과 가까운 사람들에게 실행 가능한 지침을 명확하게 제시해야 함에도 이러한 점에서 아쉬운 부분들이 발견되었다. 6월 9일 밤 부산에서 처음으로 발송된 문자 메시지 사례를 보면 '북한의 오물풍선이 새벽녘 부산 낙하 가능성 있어 적재물 낙하에 각별히 주의. 오물풍선 발견 시 접촉 마시고 가까운 군부대(1338)나 경찰(112)에 신고바람'이라는 내용이 제시되었다(배윤주, 2024). IDEA 모델에서는 행동 요소와 관련해 '각별한 주의'와 같은 모호한 표현보다 '가급적 집안에 머무르거나 야외 활동 시 머리를 보호할 수 있는 장비를 구비할 것'과 같은 구체적인 행동 조치에 대한 표현 및 자기효능감을 높일 수 있는 프로그램들을 제시하는 것이 효과적이라고 설명한다. 특히 지각된 효능감은 EPPM에서 공포소구 메시지의 설득 효과(예방행동의도)에 영향을 미치는 핵심 요인 중 하나이므로, 향후 재난문자 메시지 설계에 있어 수용자의 효능감 제고에 대한 고려가 반드시 필요하다.

넷째, '배포' 차원에서는 재난문자 메시지 발송과 관련해 적절한 시간과 횟수에 대한 고민과 함께 세대별, 지역별, 상황별 맞춤형 채널을 활용한 체계적인 발송 시스템이 마련되어야 할 것으로 본다.

북한의 대남 오물풍선 살포 사건의 경우, 사건의 저변에 북한의 남남 갈등 유발 의도가 숨어 있다는 지적이 있는 만큼 정치적 의견 대립과 시각차로 인한 불필요한 갈등 비용을 줄이고 국민 보호와 안전을 위한 효과적인 커뮤니케이션 전략으로 위험을 관리해 나가는 것이 중요하다. 다시 말해, 이번 사건은 북한 도발 자체의 저의뿐만 아니라 원인 제공에 대해 정치적·이념적으로 상반된 시각들이 존재하므로 계속 이어질 경우 국민들의 피해는 물론 남남 갈등을 유발하거나 심화시킬 소지가 높은 사례라고 할 수 있다. 따라서 정부 및 관련 부처에서는 북한이 야기하는 남남 갈등의 위험을 대응 초기부터 위험 및 위기 커뮤니케이션 차원에서 체계적으로 관리하고 실무적인 개선 방안들을 모색하는 것이 바람직하다.

4 결론: 남남 갈등 해소를 위한 PR 관점의 전략적 제언

분단체제에서 진행된 한국사회 발전과정의 특성을 내재한 진영 간 대립은 한국사회 전 분야에 걸쳐 형성되고 있는데, 남북관계와 대북관, 통일문제를 둘러싼 남남 갈등 역시 그 주요한 형태 중 하나라고 할 수 있다. 남남 갈등은 장기간 지속된 남북한 사이의 대립구조와 그 안에서 비롯된 독특한 사회적 맥락에 뿌리를 두고 있고, 이러한 갈등관계는 최근까지도 이어져 오고 있다. 그러나 남남 갈등을 부정적으로만 바라보는 시각에 매몰되기보다는, 한국 민주주의가 성숙해 가는 과정에서 겪어야 하는 자연스러운 현상이자 남북분단의 현실을 고려하고 통일을 대비하는 차원에서 사회통합을 위한 참여적 소통의 과제로 이해하는 것이 중요하다. 여기서 논의된 내용들은 궁극적으로 남남 갈등 및 통일에 대한 견해를 자유롭게 밝히고 공중 스스로 문제의식과 시대 통합정신을 구현해 이념 문제에서 나아가 다양한 의견과 노력이 개진되는 사회적 공론의 장 형성에 기여하기 위한 시도라고 할 수 있다.

이 장에서는 남남 갈등 관련 연구들을 중심으로 남남 갈등의 개념을 정치적 양극화 개념과 연계해 살펴보았다. 더불어 남남 갈등으로 초래된 사회적 비용을 불확실성과 위험으로 간주하면서 대북 관련 위험 이슈의 효율적 관리를 위한 위험 커뮤니케이션의 적용 필요성에 대해 논의했다. 여기에 실무적 관점에서 비상위험 상황에 전략적으로 활용할 수 있는 IDEA 모델을 최근 '북한 오물풍선 살포 사건'에 대입함으로써 효과적인 위험 커뮤니케이션 메시지 설계를 위한 인사이트를 제공하고자 했다.

227

남남 갈등 해소를 위해 이 장이 제안하는 PR 관점의 전략적 방안은 두 가지다. 첫 번째는 남남 갈등을 유발할 수 있는 대북 관련 이슈들에 대해 위험 및 위기 커뮤니케이션을 적극적으로 활용하는 것이다. 김영욱(2014)은 국내 상황에 최적화한 위험 커뮤니케이션 실행을 위해 사회문화적 맥락에 대한 고려가 수반되어야 한다고 주장하면서, 위험과 관련한 우리나라 사회의 주요 맥락으로 위험 확산과 낙인화, 정보처리의 일상화, 의사결정의 편견화, 공포관리의 극단화, 대응 체계의 냄비근성화 등을 제시한 바 있다. 우리나라만의 독특한 현상인 남남 갈등의 경우, 북한으로 인한 안보위험은 사실 어제오늘 일이 아니기 때문에 수많은 정보 속에서 때때로 위험 정보가 일상적으로 처리되거나 심지어 무시되기도 한다. 한편으론 미디어나 정보원의 정치적 성향에 따라 위험 정보가 매우 다르게 해석되기도 하는데, 이는 공포관리의 극단화로 연결돼 어떤 집단에겐 과도한 위험 인식이, 다른 집단에겐 역으로 위험 행동을 기꺼이 수용하는 일도 발생하고 있다. 남남 갈등을 근본적으로 해소하고자 하는 노력도 물론 중요하지만, 현재 우리나라를 둘러싼 국내외 정세와 지정학적 리스크를 감안할 때 남남 갈등이 사회의 다른 영역으로 확산되거나 심화되지 않도록 북한이 초래한 위험 이슈들에 대해 초기에 대응하고 관리하는 것이 현실적인 해답이 될 수 있다. 따라서 조직(정부) 입장에서 대북 관련 위험이 더 큰 위기, 즉 남남 갈등으로 번지지 않도록 위험 및 위기 커뮤니케이션을 보다 적극적으로 수행해 나가야 할 것이다.

이를 위해 이 장에서 제시한 이론들뿐만 아니라 다른 위험 커뮤니케이션 이론들의 적용 가능성도 탐색해 볼 필요가 있다. 예컨대, 대북 관련 위험 메시지에 대해 심리적으로 거리를 느끼는 사람은 해당 위험을 추상적으로 판단해 자신이 위험과 가까이 있다는 사실을 눈치채지 못하거나 외면하는 경우가 있다. 이러한 관행적인 위험 메시지의 효과를 제고하기 위해 해석수준 이론(Construal Level Theory)(Trope, Liberman, & Wakslak, 2007)을 적용해 볼 수 있다. 또한 IDEA 모델과 더불어 효과적인 비상위험 커뮤니케이션을 위한 통합적 프레임워크를 제공하는 CERC(Crisis and Emergency Risk Communication) 모델도 중요한 이론적 대안이 될 수 있다. CERC 모델은 비상위험 상황을 '사전위기(precrisis)−최초 발생(initial event)−유지(maintenance)−해결(resolution)−평가(evaluation)'의 5단계로 나누고, 각 단계별 주요공중과 대응 메시지 전략들을 제시한다(Reynolds & Seeger, 2005). 초기에는 주로 감염병 및 공중보건위기 상황에서 미국 질병통제예방센터(CDC) 등 보건의료 종사자들의 훈련 및 교육에만 활용되었으나, 현재는 시간제약이 있는 긴급상황에서 구체적·전략적인 커뮤니케이션을 가능케 하는 장점이 있어 여러 비상위험 상황에 적용 가능한 이론으로 높이 평가받고 있다(US Department of Homeland Security, 2012).

이 장에서 제안하는 남남 갈등 해소를 위한 PR 관점의 전략적 방안 두 번째는 조직−공중 간 쌍방향적, 대화 중심의 PR 커뮤니케이션을 통해 정부 및 대북정책에 대한 기본적인 신뢰를 구축하는 것이다. 이전의 정부, 정당, 언론, 시민단체, 지식인 등으로 표현되는 정치엘리트가 추진하는 대북정책에 대한 여론 중심의 하향식(top-down) 커뮤니케이션을 지양하고, 대북정책 결정 과정에서 공중의 자발적·능동적인 대화와 참여가 중심이 되는 상향식(bottom-up) 커뮤니케이션으로의 재편을 추진하는 것이 중요하다. 이는 궁극적으로 남남 갈등의 사회적 문제해결을 위한 숙의(deliberation)에 기반을 둔 커뮤니케이션을 의미한다. 숙의 기반 커뮤니케이션은 남남 갈등의 원인이나 문제점을 쉽게 규정하지 않고 시민들의 자발적인 참여를 통해 문제를 함께 정의하고 문제의 원인과 해결 방안에 대한 사회적 합의를 이루어 내기 위해 노력하는 것이다. 무엇보다 조직 입장에서는 남남 갈등으로 확산될 수 있는 사안을 미연에 방지하고 이슈 관리 차원에서 공중의 이해를 돕기 위해 정보를 투명하게 제공하는 것은 물론 개방적이며 소통지향적인 태도를 갖추는 것이 필수적이다. 정부가 숨기는 것 없이 올바르게 정보를 제공하고 있다고 믿는 신뢰 관계야말로 남남 갈등 이슈가 발생했을 때 사회적인 혼란과 불확실성을 낮출 수 있는 유일한 길이기 때문이다.

위험 커뮤니케이션과 위기 커뮤니케이션은 모두 '신뢰를 통한 설득'의 철학을 담고 있다(Reynolds & Seeger, 2005). PR 커뮤니케이션은 조직과 공중 간 지속적인 관계맺음을 통해 이해와 신뢰를 기반으로 상호호혜성을 구축하는 것이다. 진정한 남남 갈등의 해소는 이러한 PR의 철학 아래 다양한 의견을 가진 사람들이 상호이해에 기반해 공정하고 투명한 방식으로 문제해결을 위한 열린 소통을 지향하는 데서 시작할 수 있다.

 생각해 볼 문제

1. PR 커뮤니케이션 관점에서 해소방안과 새로운 의미를 찾을 수 있는 다양한 남남 갈등 사례를 생각해 보자.
2. 남남 갈등 완화를 위한 해법으로 적용 가능한 PR 커뮤니케이션 이론들

과 개념들을 찾아보고, 구체적인 사례와 연결될 수 있는 효과적인 전략과 전술들을 고민해 보자.

3. 남남 갈등 해소 및 관리를 위한 정부의 정책 PR 과정에서 현재 가장 시급히 해결해야 할 과제는 무엇이고, 또 그 이유는 무엇인지 논리적으로 설명해 보자.

4. IDEA 모델과 다른 위기, 위험 커뮤니케이션 이론들을 비교해 보고, IDEA 모델을 현재 우리 사회에서 중요한 쟁점이자 사회적 의제로 떠오르고 있는 다양한 갈등 이슈에 적용하여 분석해 보자.

4. 결론: 남남 갈등 해소를 위한 PR 관점의 전략적 제언

국립통일교육원(2023). 2023 통일교육 기본방향. 국립통일교육원.

권숙도(2012). 구성주의적 관점에서 본 남남 갈등의 이해. 사회과학연구, 28(1), 51-
69.

권숙도(2019). 평화의 관점에서 본 남남 갈등 해결방안의 모색. 한국정치연구, 28(2),
143-165.

김영욱(2014). 위험 커뮤니케이션. 커뮤니케이션북스.

김영욱(2021). 위험불통사회: 위험과 과학의 민주화를 위한 커뮤니케이션 접근. 이화여자
대학교출판문화원.

김원섭, 조찬수, 김설아, 박상준, 강귀영(2022). 남남 갈등 문제와 한반도 사회통합:
미디어의 역할을 중심으로. 국립통일교육원.

김재한(2006). 남남 갈등과 대북 강온정책. 국제정치연구, 9(2), 119-137.

김재한(2009). 북한 및 미국 관련 남남 갈등의 변화추세: 조선일보 및 한겨레신문
사설 분석을 중심으로. 통일과 평화, 2, 140-161.

김재한(2010). 남남 갈등의 연계성: 대북정책에 관한 조선일보-한겨레신문 태도
간 연계성 및 대북정책-대중정책-대미정책 태도 차이 간 연계성을 중심
으로. 통일과 평화, 2(2), 137-158.

박근오, 박재영(2024). 긴급재난문자 만족도에 영향을 미치는 요인 규명: 인천광역
시 서비스 대상자를 중심으로. 한국환경과학회지, 33(3), 193-203.

박지영(2020). 빅데이터 분석을 통해 살펴본 미디어의 정치적 편향성 및 선택적 미
디어 노출로 인한 정치적 양극화: '검찰개혁'을 바라보는 상반된 인식을 중
심으로. 한국정치연구, 29(3), 213-243.

박찬석(2013). 남남 갈등 해소를 위한 통일교육의 구현 방안. 도덕윤리과교육, 39,
27-48.

박찬석(2019). 남남 갈등의 기원과 해소방안 모색, 통일교육연구, 16(1), 37-59.

박찬석(2023). 한국사회의 남남 갈등 완화 논의를 위한 노력. 통일교육연구, 20(2),
109-134.

박홍원(2001). 시선 끌기 위해 국론분열로 과장: 남남 갈등 보도의 정치적 의미. 저
널리즘 비평, 32, 62-66.

백혜진, 최세정, 조수영, 정세훈, 최인호, 박진성, 전종우, 박노일, 이두황, 서영남, 김미경, 김수연, 김효정, 정동훈(2018). 광고PR 커뮤니케이션 효과이론. 한울아카데미.

송샘, 이재묵(2019). 한반도 주변국에 대한 세대별 인식 차이 분석: 남남 갈등과 세대갈등의 중첩 가능성 연구. 지역과 세계, 43(1), 117-141.

안승대(2024). 남남 갈등 극복을 위한 통일교육의 과제 – 분단구조 및 분단의식과의 관련성을 중심으로. 윤리교육연구, 71, 279-310.

연세대학교 산학협력단(2015). 사회치유로서의 평화통일 연구. 통일준비위원회 정책연구용역과제.

오원환(2022). 통일 커뮤니케이션 교육의 개념과 내용에 관한 탐색적 연구. 사회과학연구, 61(2), 363-392.

오원환, 정의철, 김해영, 윤성수, 김선호, 임종석, 홍문기, 김찬중, 윤복실, 하승희, 조수진, 최종환, 방희경, 김활빈, 이종희, 박상영, 곽선혜(2022). 통일 커뮤니케이션. 도서출판 지금.

이상신, 민태은, 박주화, 이무철, 윤광일, 구본상(2024). 2024 KINU 통일의식조사. 통일연구원.

이상용(2024). 오물 풍선 뿌려대는 북한…의도와 대응 방안은?. 북한, 26-35.

이재현(2023). 한국사회의 남남 갈등과 한반도 평화 · 통일 인식 연구: 통일의식조사를 중심으로. 한국지방정치학회보, 13(2), 71-94.

정영철(2018). 남북관계의 변화와 남남 갈등. 한국과 국제정치, 34(3), 65-86.

조한범(2006). 남남 갈등 해소방안 연구. 통일연구원.

주봉호(2007). 한국사회의 남남 갈등: 현황과 과제. 동북아시아문화학회 제15차 국제학술대회, 11, 289-296.

주봉호(2012). 남한사회 남남 갈등의 양상과 해소방안 모색, 한국동북아논총, 64, 145-169.

채진원(2017). 남남 갈등에서의 정치적 양극화와 중도정치. 통일인문학, 69, 161-199.

최용섭(2011). 천안함 사건 이후 나타난 남남 갈등에 대한 연구. Oughtopia, 26(1), 113-139.

한기범(2024). 최근 북한의 대남도발 평가. 북한, 12-25.

홍문기(2015). 통독 과정에 비춰본 한반도 통일 커뮤니케이션의 정의와 범위, 그리고 연구방법. 한국언론학회 심포지움 및 세미나, 5-25.

홍석훈(2022). 지속 가능한 대북정책을 위한 남남 갈등 쟁점 분석. *Journal of North Korea Studies, 8*(1), 217-237.

Barnett, D. J., Thompson, C. B., Semon, N. L., Errett, N. A., Harrison, K. L.,…, Storey, D. (2014). EPPM and willingness to respond: the role of risk and efficacy communication in strengthening public health emergency response systems. *Health Communication, 29*(6), 598-609.

Carney, C. (2000). Structural Balance, Regime Type, and Interstate Affect: The third World and the United States, *Journal of Third World Studies, 17*(1), 133-154.

Friedman, S. M., Dunwoody, S., & Rogers, C. L. (Eds.). (1999). *Communicating uncertainty: Media covergage of new and controversial science.* Mahwah, NJ: LEA.

Garrett, R. K., Gvirsman, S. D., Johnson, B. K., Tsfati, Y., Neo, R., & Dal, A. (2014). Implications of Pro- and Counterattitudinal Information Exposure for Affective Polarization. *Human Communication Research, 40*(3), 309-332.

Gentzkow, M., & Shapiro, J. M. (2010). What Drives Media Slant? Evidence from U.S. *Daily Newspapers. Econometrica, 78*(1), 35-71.

Hart, P. S., & Feldman, L. (2014). Threat Without Efficacy? Climate Change on U.S. Network News. *Science Communication, 36*(3), 325-351.

Hertwig, R., & Erev, I. (2009). The description-experience gap in risky choice. *Trends in Cognitive Sciences, 13*(12), 517-523.

Hovland, C., Janis, I., & Kelly, H. (1953). *Communication and persuasion.* New Haven, CT: Yale University Press.

Kahneman, D., Slovic, P., & Tversky, A. (Eds.) (1982). *Judgment under uncertainty: Heuristics and biases.* Cambridge: Cambridge Univ. Press.

Kasperson, J. X., Kasperson, R. E., Pidgeon, N., & Slovic, P. (2010). The social amplification of risk: Assessing fifteen years of research and theory. In P. Slovic (Ed.), *The feeling of risk: New perspectives in risk communication* (pp. 317-344). New York, NY: Earthscan.

Keller, C., Siegrist, M., & Gutscher, H. (2006). The Role of the Affect and Availability Heuristics in Risk Communication. *Risk Analysis, 26*(3), 631-639.

Leventhal, H. (1971). Fear appeals and persuasion: The differentiation of a motivational construct. *American Journal of Public Health, 61*(6), 1208-1224.

Li, S. C. S. (2014). Fear appeals and college students' attitudes and behavioral intentions toward global warming. *The Journal of Environmental Education, 45*(4), 243-257.

Loewenstein, G. F., Weber, E. U., Hsee, C. K., & Welch, N. (2001). Risk as feelings. *Psychological Bulletin, 127*(2), 267-286.

Mileti, D. S., & Peek, L. (2000). The social psychology of public response to warnings of a nuclear power plant accident. *Journal of Hazardous Materials, 75*, 181-194. doi:10.1016/S0304-3894(00)00179-5

Mullainathan, S., & Shleifer, A. (2005). Market for News. *American Economic Review, 95*(4), 1031-1053.

Palencar, M. J. (2008). Risk Communication and Community Right to Know: A Public Relations Obligation to Inform, *Public Relations Journal, 2*(1), 1-26.

Reynolds, B., & Seeger, M. W. (2005). Crisis and emergency risk communication as an integrative model. *Journal of Health Communication, 10*(1), 43-55.

Rogers, R. W. (1975). A protection motivation theory of fear appeals and attitude change. *Journal of Psychology, 91*(1), 93-114.

Sellnow, D. D., Lane, D. R., Sellnow, T. L., & Littlefield, R. S. (2017). The IDEA model as a best practice for effective instructional risk and crisis communication. *Communication Studies, 68*(5), 552-567.

Sellnow, D. D., & Sellnow, T. L. (2014). Instructional principles, risk communication. In T. L. Thompson (Ed.), *Encyclopedia of health communication* (pp. 1181-1182). Thousand Oaks, CA: Sage.

Sellnow, T. L., & Sellnow, D. D. (2010). The instructional dynamic of risk

참고문헌

and crisis communication: Distinguishing instructional messages from dialogue. *The Review of Communication, 10*(2), 112-126. doi:10.1080/15358590903402200

Sellnow, T. L., & Sellnow, D. D. (2013). The role of instructional risk messages in communicating about food safety. In Food insight: Current topics in food safety and nutrition (p. 3). International Food Information Council.

Sellnow-Richmond, D., George, A., & Sellnow, D. (2018). An IDEA model analysis of instructional risk communication messages in the time of Ebola. *Journal of International Crisis and Risk Communication Research, 1*(1), 135-166.

Slovic, P. (1987). *Perception of risk. Science, 23*(6), 280-285.

Slovic, P., Finucane, M. L., Peters, E., & MacGregor, D. G. (2007). The affect heuristic. *European Journal of Operational Research, 177,* 1333-1352.

Slovic, P., & Peters, E. (2006). Risk Perception and Affect. *Current Directions in Psychological Science, 15*(6), 322-325.

Stroud, N. J. (2010). Polarization and Partisan Selective Exposure. *Journal of Communication, 60*(3), 556-576.

Trope, Y., Liberman, N., & Wakslak, C. (2007). Construal levels and psychological distance: Effects on representation, prediction, evaluation, and behavior. *Journal of Consumer Psychology, 17,* 83-95.

US Department of Homeland Security. (2012). Understanding Risk Communication Theory: A Guide for emergency Manager and Communicators.

Witte, K. (1992). Putting the fear back into fear appeals: The extended parallel process model. *Communication Monographs, 59*(4), 329-349.

권다희(2020. 11. 8.). 북한 '도발 vs 탐색'…'바이든 시대' 북미관계 시나리오. 머니투데이. https://news.mt.co.kr/mtview.php?no=2020110812507691015

김소희(2024. 5. 29.). 북한 '오물 풍선' 살포에… 한밤중 재난문자 시민들 '철렁'. 한국일보. https://www.hankookilbo.com/News/Read/A20240529 08170003625?did=NA

참고문헌

김형준(2024. 9. 29.). 北, 대남 오물 투척 이어 GPS 전파 교란까지. 한국일보.
https://www.hankookilbo.com/News/Read/A2024052915130002259

박지윤(2024. 6. 10.). 북한 '오물풍선', 용산 대통령 집무실 앞에도 떨어졌다.
조선비즈. https://biz.chosun.com/policy/politics/2024/06/10/
ALLKRXEIEFBTPFHT4EY53KX7YY/

배윤주(2024. 6. 9.). "북한의 오물 풍선 10일 새벽 부산에 낙하 가능성" 긴급재난
문자. 부산일보. https://n.news.naver.com/mnews/article/082/0001273833

옥승욱(2024. 9. 23.). 합참 "북 쓰레기풍선으로 국민 안전 위해시 군사조치 시행".
뉴시스. https://www.newsis.com/view/NISX20240923_0002894943

이상서(2024. 9. 8.). 지붕 뚫리고, 차 불나고…석 달간 날린 北오물풍선에 억대 피해.
연합뉴스. https://www.yna.co.kr/view/AKR20240907038500530?input=
1195m

허고은(2024. 9. 23.). 軍 "北 쓰레기 풍선 선 넘으면 군사조치…아직은 아냐". 뉴스1.
https://www.news1.kr/politics/diplomacy-defense/5547761

젠더 갈등
DEI 모델에 기초한 조화와 포용을 위한 PR 전략

● 박한나(선문대학교)

1 서론

한국 사회의 갈등은 세계적으로 심각한 수준이다. 몇 년 전 뉴스에서 한국이 '갈등공화국'이라는 오명을 받고 있다고 보도된 적이 있다(전준홍, 2022). 전국경제인연합회는 경제협력개발기구(OECD) 가입국을 대상으로 정치, 경제, 사회 분야를 종합하여 국가별 갈등지수를 산출한 결과, 한국이 3위로 매우 심각하다고 발표한 바 있다(전국경제인연합회, 2021). 이 보고서에서 한국의 갈등관리지수는 조사에 참여한 30개 국가 중 27위로 매우 낮게 평가되었다. 또한 영국 킹스컬리지 런던(King's College London)과 세계적인 리서치 및 여론조사 기관 입소스(Ipsos)가 2020년 10월 23일부터 2021년 1월 8일까지 성인 23,004명을 대상으로 갈등에 대한 인식을 조사했는데, 한국이 조사에 참여한 28개국 중 이념, 빈부, 성별, 학력, 나이, 종교의 차이로 인한 갈등이 심각하다고 응답한 비율이 가장 높았다(Duffy et al., 2021).

이 중에서도 특히 두드러지는 갈등은 젠더 갈등이다. 앞서 언급한 입소스 조사에 따르면, 28개국의 남녀 간 갈등에 대한 심각성 인식은 평균 48% 수준인 반면, 한국은 80%로 1위를 차지했다([그림 6-1] 참고). 여성가족부(2021)가 실시한 '양성평등실태조사' 결과에서도, 남녀평등에 대한 인식이 남성은 42.2%였고 여성은 28.2%로 더 낮게

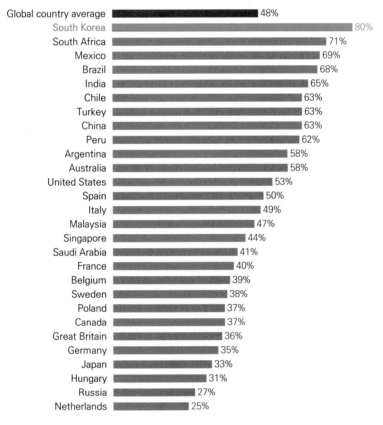

How much tension, if any, would you say there is between men and women in [country] today? % who say a great deal or fair amount

Country	%
Global country average	48%
South Korea	80%
South Africa	71%
Mexico	69%
Brazil	68%
India	65%
Chile	63%
Turkey	63%
China	63%
Peru	62%
Argentina	58%
Australia	58%
United States	53%
Spain	50%
Italy	49%
Malaysia	47%
Singapore	44%
Saudi Arabia	41%
France	40%
Belgium	39%
Sweden	38%
Poland	37%
Canada	37%
Great Britain	36%
Germany	35%
Japan	33%
Hungary	31%
Russia	27%
Netherlands	25%

┃그림 6-1┃ 국가별 남녀 갈등에 대한 인식 조사

출처: Duffy et al. (2021).

나타났으며, 남성의 41%, 여성의 65.2%가 한국 사회가 여성에게 불평등하다고 응답했다. 한국 사회에서 젠더 갈등은 단순한 성별 차이에서 비롯된 문제가 아니라, 사회 전반의 구조적 불평등과 긴밀하게 연관된 중요한 이슈로 자리 잡고 있다. 최근 몇 년간 젠더 갈등은 더욱 심화되었으며, 그 갈등의 양상은 '여혐(여자 혐오)'과 '남혐(남자 혐오)'과 같은 극단적인 표현으로 표출되고 있다. 이러한 갈등은 단순히 남성과 여성 간의 의견 차이를 넘어서, 사회의 여러 영역에서 존재하는 성차별과 불평등에서 기인한다. 특히, 직장 내 성차별과 유리천장 문제, 혐오 표현의 확산, 그리고 저출생 문제까지 이러한 갈등과 깊이 연결되어 있으며, 이는 사회의 조화와 발전을 저해하는 주요 요인으로 작용하고 있다.

최근 마케터들의 큰 고민거리로 떠오른 '집게손가락 사건'은 한국 사회에서 젠더 갈등이 어떻게 작은 상징적 표현에서부터 심각한 사회적 논쟁으로 확산될 수 있는지를 보여 주는 대표적인 사례이다. 이 논란은 한 온라인 커뮤니티에서 시작되었는데, 엄지와 검지로 물건을 잡는 듯한 손동작이 한국 남성의 성기를 조롱하고 남성을 비하하는 의미로 사용되었다는 주장이 제기되면서 촉발되었다(김남형, 2024). 그 결과, 해당 손동작은 일상에서 흔히 사용할 수 있는 제스처임에도 불구하고 남성 혐오적 상징으로 간주되었고, 이를 포함한 포스터와 광고는 남성 소비자들의 불매운동과 강한 반발에 직면하게 되었다([그림 6-2] 참고). 기업들은 마케팅 의도와는 상관없이 이 논란의 중심에 서게 되었고, 몇몇 기업들은 이를 방지하기 위해 집게손 이미지를 사용하지 말 것을 요청하기도 했다. 그러나 이러한 조치가 일부 남성들의 주장에 굴복한 것처럼 보이면서, 해당 기업들

241

▌그림 6-2▐　집게손가락 모양으로 논란이 된 GS25 포스터와
동서식품 스타벅스 캔커피 광고

출처: (좌) GS25 공식 인스타그램, (우) 스타벅스RTD 공식 인스타그램

은 '여성 혐오' 기업으로 낙인찍히는 이중적 어려움에 처하게 되었
다. 이로 인해 기업들은 남성 혐오 이미지로 지적받지 않으면서도,
여성 혐오 낙인에서 벗어나려는 딜레마에 직면해 난색을 표하고 있
다(반진욱, 2024). 이 사건은 젠더 갈등이 상징적 표현을 둘러싸고 어
떻게 극단화될 수 있는지를 단적으로 보여 주며, 작은 이미지조차도
심각한 사회적 논쟁의 중심에 서게 될 수 있음을 시사한다.

　젠더 갈등이 한국 사회에서 심각한 사회 문제로 자리 잡은 가운
데, 이러한 갈등의 심화는 단순한 성별 간의 대립을 넘어 정치, 경
제, 사회 전반에 영향을 미치고 있다. 정치권에서는 남성 혐오와 여
성 혐오라는 프레임을 이용해 대중의 감정을 자극하는 발언과 정책
을 통해 갈등을 더욱 부추기는 경향이 있다. 최근 몇 년 동안 젠더
이슈는 주요 선거에서 표심을 좌우하는 중요한 요소로 떠올랐으며,
특히 20대 남성 표심을 잡기 위한 정치적 공방이 빈번하게 이루어지
고 있다. 이 과정에서 페미니즘과 여성 할당제와 같은 성평등 정책

은 공격의 대상이 되거나, 젠더 갈등을 심화시키는 수단으로 이용되기도 했다(중앙일보, 2022). 이러한 상황은 젠더 갈등이 단순한 성별 차이를 넘어서 정치적, 사회적 논쟁의 중심으로 자리 잡았음을 보여준다. 앞서 언급한 바와 같이 성별 간 갈등은 온라인 커뮤니티와 소셜미디어에서도 극단적인 표현으로 나타나며, 현실의 경제적, 사회적 문제들이 왜곡되거나 과장되어 남성 대 여성이라는 대립 구도가 강화되고 있다. 그 결과, 성차별과 불평등 문제의 본질적 해결은 뒷전으로 밀려나고 있으며, 이를 해결하기 위한 제도적 논의는 제대로 이루어지지 못하고 있다(박정훈, 2022).

저출생 문제 또한 젠더 갈등과 긴밀하게 연결된 중요한 이슈 중 하나이다. 통계청의 〈인구동향조사〉에 따르면, 한국의 2023년 합계출산율[1]은 0.72로 지속하여 낮아지고 있으며, 세계적으로 가장 낮은 수준을 유지하고 있다(지표누리, 2024). OECD 평균은 1.51로, 한국은 OECD 국가 중 가장 낮은 합계출산율을 보이고 있으며, [그림 6-3]과 같이 OECD 전역에서 감소 추세를 보이고 있긴 하지만, 한국은 출산율 하락이 가장 두드러진 국가이다(OECD, 2024). 출산 선택에는 고용 및 실업률, 육아 휴직과 같은 가족에 대한 재정적 지원, 교육 및 주거비용, 경제적 불확실성, 사회적 규범 및 태도와 같은 다양한 요인이 작용하고 있다(OECD, 2024). 저출생 문제는 단순한 인구 감소의 문제를 넘어서 젠더 불평등과 깊이 연관된 현상이다. 여성들이 출산을 결심하기 어려운 주된 이유 중 하나는 출산과 경력 사이

---

[1] 합계출산율은 가임기 여성(15~49세) 1명이 가임기간(15~49세)동안 낳을 것으로 예상되는 평균 출생아수로, 인구의 연령구조에 영향을 받지 않는 출산력 지표이다.

에서 선택을 강요받는 사회적 구조와 분위기이다. 현재 한국 사회에서 여성들은 여전히 결혼과 출산을 하면 경력단절의 위험에 직면하게 되고, 육아와 가사 부담 역시 주로 여성에게 돌아가는 구조이기 때문이다(김은지, 2022). 결국, 저출생 문제를 해결하기 위해서는 젠더 갈등을 해소하고, 성평등을 강화하는 제도적 변화와 인식 개선이 필수적이다.

┃그림 6-3┃ 한국의 합계출산율과 OECD 평균

출처 : OECD (2024). 한눈에 보는 사회 2024. https://stat.link/vxdlnc

이와 같이 젠더 갈등은 단순한 의견 대립을 넘어 구조적으로 해결해야 할 중요한 사회적 과제로 남아 있다. 남녀 간의 불평등 문제는 교육, 노동, 가정 등 다양한 영역에서 사회 전체에 영향을 미치고 있으며, 이를 해소하기 위한 정책적 개입과 공공 커뮤니케이션이 절실히 필요하다. 이러한 맥락에서 최근 주목받고 있는 개념인 DEI(Diversity, Equity, Inclusion, 다양성, 형평성, 포용성)는 젠더 갈등 해결을 위한 중요한 접근법으로 떠오르고 있다. DEI는 다양한 배경과 경험을 가진 사람들을 포용하고, 이들에게 공정한 기회를 제공하며, 모든 구성원이 참여하고 존중받는 환경을 조성하는 것을 목표로 한다. 이는 단순한 개념적 변화가 아닌, 사회적 갈등을 완화하고 조직의 성과를 높이는 데 필수적인 전략으로 인정받고 있다. 특히, DEI는 젠더 갈등을 완화하고 성평등을 촉진하는 데 있어 매우 중요한 역할을 할 수 있다.

따라서 이 장에서는 젠더 갈등과 DEI의 상호 관계를 심층적으로 탐구하고, 젠더 갈등을 해소하기 위한 PR의 역할을 구체적으로 제시하고자 한다. 이를 위해 먼저 젠더 갈등의 근본 원인과 그로 인한 사회적, 경제적 영향을 분석하고, DEI의 개념과 그 중요성을 설명할 것이다. 나아가 DEI 증진을 통해 젠더 갈등을 완화할 수 있는 가능성을 살펴보고, 이를 달성하기 위한 구체적인 PR 전략을 제안하고자 한다. 예를 들어, 인식 개선을 위한 공공 커뮤니케이션 캠페인, 구성원 간 원활한 소통과 화합을 위한 프로그램 개발, DEI의 시스템화 및 정책화, 지속적인 교육과 모니터링 등 젠더 간의 조화와 포용을 위한 PR 전략이 사회적 갈등을 어떻게 완화할 수 있는지 구체적인 방안을 모색하고자 한다.

 ## 2 젠더 갈등의 원인과 영향

사회역할 이론(social role theory)은 사회 내에서 성별(sex)에 따라 다른 역할이 배분되고, 이러한 역할이 성 고정관념과 성차별의 근거가 될 수 있다고 설명한다(Eagly, 1987; Eagly, Wood, & Diekman, 2000). 이 이론에 따르면, 역사적으로 남성과 여성은 각각 서로 다른 경제적, 가정적 역할을 수행해 왔으며, 이러한 역할 분담은 사회적 구조와 관습에 의해 형성되었다. 예를 들어, 남성은 주로 경제적 부양자의 역할을, 여성은 가사와 육아를 담당하는 역할을 맡아 왔으며, 이러한 역할 분담은 시간이 지나면서 성별에 대한 고정된 사회적 기대를 강화하고 성역할을 형성하게 된다는 것이다.

이러한 성역할의 고정화는 사회 전반에 걸쳐 다양한 형태의 젠더 갈등(gender conflict)을 초래할 수 있다. 젠더 갈등은 "성역할규범 및 태도, 성차별 해소 및 성평등을 목적으로 하는 일련의 지향과 활동(페미니즘, 여성운동 등) 또는 관련 제도·정책(성평등 정책 및 사업 등) 등과 관련해 나타나는 인식과 행동의 차이, 사회적 혐오 및 갈등 상황 등"으로 정의될 수 있다(임혜경, 백소운, 2023, p. 9). 즉, 젠더 갈등은 사회적·문화적 성역할(gender)과 관련된 갈등으로, 성별에 대한 사회적 규범이 고정화됨에 따라 개인, 조직, 사회집단 간에 발생할 수 있는 '가부장제 사회에서 불평등한 젠더 권력과 자원의 배분을 둘러싼 이해관계의 대립, 기존의 성역할 규범과 가치관을 둘러싼 갈등 및 충돌, 불평등한 현실에 대한 인식 격차로 인한 갈등' 등을 포함한다(류연규, 김영미, 2019).

젠더 갈등은 오랜 역사적 배경을 지니고 있지만, 국내에서 젠더 간 갈등이 주요 사회 문제로 부각된 것은 비교적 최근의 일이다(류연규, 김영미, 2019). 이들에 따르면, '갈등'이라는 개념은 힘의 균형을 전제로 하지만, 국내에서의 젠더 문제는 한쪽이 일방적으로 억압과 차별을 경험한 불평등한 상황이므로 이를 단순한 갈등으로 명명하기에는 부적절하다. 개인주의와 평등에 대한 가치관의 확산, 여성의 경제적 참여 증가, 그리고 가부장적 성별 질서와 법·제도의 변화를 요구하는 여성들의 목소리가 커지면서 젠더 갈등이 본격적으로 나타나기 시작했다고 분석할 수 있다(이재경, 2013).

직장 내 성차별은 이러한 젠더 갈등의 대표적인 예로, 남성과 여성에게 기대되는 역할과 책임이 다르게 설정됨으로써 발생한다. 남성은 주로 리더십을 발휘하고 권한을 가지는 위치에 놓일 가능성이 더 높으며, 여성은 지원적이거나 부차적인 역할을 맡아야 한다는 사회적 압력을 받는다. 이러한 기대는 여성들이 승진 기회에서 차별을 경험하게 만들고, 그 결과 유리천장(glass ceiling)이라는 보이지 않는 장벽이 존재하게 된다. 유리천장은 여성들이 일정 수준 이상의 직책으로 나아가는 데 있어 보이지 않지만 강력한 장애물로 작용하며, 조직 내에서 성별에 따른 불평등을 고착화시키는 주요 원인으로 작용한다.

이러한 유리천장의 문제는 한국에서 특히 심각하게 나타나고 있으며, 이는 다양한 통계 지표를 통해 확인할 수 있다. 실제로, 영국 시사주간지 이코노미스트(The Economist)가 OECD 회원국을 대상으로 발표하는 유리천장지수(The glass-ceiling index)에서 [그림 6-4]와 같이 한국은 12년 연속 꼴찌를 기록하고 있다(정시내, 2024). 이 지수는 여성의 노동 참여율, 남녀 고등교육 및 소득 격차, 이사회 내 여성 비율, 고위직 여성 비율, 육아 비용, 남녀 육아휴직 현황 등 10개의 지표를 종합하여 산정된다(The Economist Group, 2024). 한국은 여성의 노동 참여율이 남성보다 17.2% 낮고, 성별 임금 격차는 31.1%에 달하며, 100대 기업 임원 중 여성 비율이 6%에 불과해 대다수 지표에서 최하

247

위를 차지하고 있다. 낮은 남성의 육아휴직 참여율과 높은 보육 비용 등이 여성들의 직장생활을 어렵게 만드는 요인으로 지적되고 있으며, 이로 인해 많은 여성이 경력 단절을 경험하게 된다는 것이다.

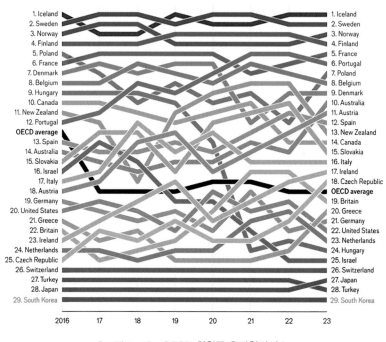

┃그림 6-4┃ OECD 회원국 유리천장지수

출처: The Economist Group (2024).

젠더 갈등은 직장 내에서뿐만 아니라 사회 전반에서 성차별적 태도와 혐오를 조장한다. 여성 또는 남성을 대상으로 한 혐오 발언이나 행동은 이러한 성차별적 구조 속에서 더욱 강화되며, 이는 남성과 여성 간의 대립을 심화시키는 요인이 된다. 학자들은 국내에서 젠더 갈등이 현상적으로 가시화되기 시작한 시점을 2015년 전후로

제6장 젠더 갈등

보고 있다(류연규, 김영미, 2019). 2015년 트위터에서 진행된 '#나는 페미니스트입니다' 해시태그 운동과 남성 혐오 온라인 커뮤니티 메갈리아의 등장, 2016년 강남역 살인 사건으로 촉발된 시위❷ 그리고 2018년 미투 운동❸을 계기로 여성들의 목소리가 점차 커졌다. 이에 대한 남성들의 반발도 함께 증가하면서, 청년 세대에서는 남성과 여성 간의 감정적 대립이 심화되며 오늘날의 젠더 갈등 구조가 본격적으로 형성되었다(정승화, 2018; 정재원, 우대식, 2022).

젠더 갈등은 단순히 개인적 또는 집단적 감정적 대립에서 그치지 않고, 사회 전반에 걸쳐 다양한 문제를 야기한다. 특히, 직장 내 성차별과 성역할 고정관념은 여성들의 경력 개발과 경제적 참여를 저해하여 성별 임금 격차를 지속시키는 중요한 원인이 된다. 앞서 살펴본 바와 같이 이러한 성차별적 구조는 여성의 직장 내 지위 향상을 막을 뿐만 아니라, 가족 내에서도 성역할 분담에 대한 전통적 기대를 강화함으로써 여성들이 가사와 육아의 책임을 더 많이 부담하게 만든다. 이로 인해 여성들은 경력 단절의 위험에 처하게 되고, 이

---

❷ 2016년 5월 17일, 서울 강남역 인근 건물에서 한 여성이 일면식도 없었던 한 남성에 의해 살해당했던 사건으로, 범인은 "여성들에게 무시를 당해 범행했다"고 경찰에 진술했다. 이후 강남역에 이를 추모하는 포스트잇 메모가 붙기 시작했고, 이 사건을 계기로 여성들이 일상 속에서 겪는 혐오와 위협, 폭력에 대해 공유하는 시위가 이어졌다(김미영, 석진희, 2017).

❸ 미투 운동(Me Too movement)은 성폭력, 성희롱, 강간 문화를 반대하는 사회 운동으로, 2017년 미국의 영화 제작자 하비 와인스타인(Harvey Weinstein)의 성폭력 보도 이후 여성들이 자신이 겪은 성적 학대나 성희롱 경험을 공유하는 데서 시작되어, 소셜미디어를 통해 급속히 확산되었다(Britannica, 2024). 한국에서는 2018년 서지현 검사가 성추행 피해 사실을 폭로하면서 한국 내 미투 운동이 본격적으로 촉발되었으며, 이를 계기로 다양한 분야에서 성폭력 피해 고발이 이어졌다(BBC News, 2018).

는 저출생 문제와도 연결된다. 많은 여성이 출산과 경력 사이에서 선택을 강요받으며, 경력을 이어 나가는 것이 어려운 사회적 환경에서 출산을 기피하는 경향이 증가하고 있다(배진경, 2020). 이러한 현상은 출산율의 하락을 초래하며, 국가적으로는 장기적인 인구 감소 문제를 야기하고, 사회의 경제적 성장과 발전에 부정적인 영향을 미친다.

더 나아가, 젠더 갈등은 사회적 통합을 저해하는 중요한 요소로 작용한다. 성차별적 구조와 고정관념이 강화되면서, 남성과 여성 간의 상호 불신과 대립이 심화되고, 이는 사회 내에서 혐오 발언과 성차별적 행동을 조장하는 결과로 이어진다. 이러한 갈등 구조는 사회적 협력을 저해하고, 공동체의 발전과 평화를 위협하는 요소로 작용할 수 있다. 특히 오늘날 한국의 젠더 갈등은 20대 청년 세대 사이에서 격화되고 있으며, 소위 '이대남과 이대녀의 격전'이라고 불릴정도로 청년 세대에서 심각하게 인식되고 있다(김수정, 2024). 실제로, 여성가족부가 수행한 젠더 갈등 인식 실태조사에서 남성보다는 여성이, 30대보다는 20대가, 기혼자보다는 미혼자가, 유자녀보다는 무자녀가 젠더 갈등 인식 수준이 높게 나타났고, 여성은 대학생인 경우, 남성은 군입대 대기 상태인 경우에 젠더 갈등 인식이 가장 높았다(계승현, 2023).

성평등 인식 개선은 전 세계적인 공통 화두이자 숙제이다. UNDP에서 76개국을 대상으로 젠더 사회 규범 지수(gender social norms index: GSNI)를 조사한 결과, 전 세계적으로 응답자의 반은 지도자로 남성이 여성보다 우월하다고 생각했으며, 40%는 남성이 여성보다 기업 임원으로 적합하다고 생각했다(국민통합위원회, 2024). 이러한 배경 속에서, 젠더 평등의 문제는 단순히 개인적 차원의 문제가 아니라, 전 세계적인 지속가능발전목표(Sustainable Development Goals: SDGs)에 있어서 중요한 이슈로 다뤄지고 있다. 유엔(UN)이 2015년에 채택한 17개의 지속가능발전목표는 2030년까지 전 세계가 공동으로 달성해야 할 과제를 제시하고 있다. 이 목표는 빈곤 종식, 기아 해소, 양질의 교육 제공, 기후 변화 대응 등 다양한 분야를 아우르며, 인간과 지구의 지속 가능한 미래를 보장하기 위해 설정되었다. SDGs는 경제적, 사회적, 환경적 지속 가능성을 모두 고려한 통합적인 발전 전략을 제시하며, 이를 통해 세계적으로 평등하고 지속 가능한 사회를 실현하고자 한다.

구체적으로 지속가능발전목표(SDGs) 5는 젠더 평등(gender equality)을 목표로 설정하고 있으며, 이는 성평등이 달성되지 않고서는 지속 가능한 발전을 이룰 수 없다는 점을 명확히 하고 있다. 이 목표는 여성들이 정치적 · 경제적 · 사회적 참여에서 차별받지 않고 동등한 권리를 누릴 수 있도록 제도적 변화와 사회적 구조 개선을 요구한다. 성평등 문제는 여러 분야에서 진전을 이루어 왔지만, 여전히 노동 시장에서 여성은 남성과 동등한 권리를 부여받지 못하고, 성폭력과 착취, 돌봄 노동의 불평등을 포함한 성불균형과 차별이 장애물로 남아 있음이 지적되고 있다(UNDP, n. d.). 전 뉴질랜드 총리이자 UNDP의 최초의 여성 리더였던 헬렌 클라크(Helen Clark)는 성평등이 단순히 도덕적인 문제를 넘어서, 전체적인 개발과 정치적 · 경제적 · 사회적 기회를 창출하는 중요한 촉매 역할을 한다고 강조했다(Fitch, James, & Motion, 2016). 이는 성평등이 여성의 권리뿐만이 아니라, 전 세계적으로 경제 성장과 사회적 발전을 촉진하는 필수 요소로 작용함을

2. 젠더 갈등의 원인과 영향

의미하며, 구조적이고 전환적인 변화를 통해 지속 가능한 발전을 이룰 수 있는 핵심 과제임을 명확히 하고 있다.

성평등은 지속 가능한 미래를 이루기 위해 반드시 필요한 중요한 공공 가치이며(정재원, 우대식, 2022), PR은 젠더 갈등과 관련한 사회적 인식과 행동 변화를 촉진하는 데 중요한 역할을 할 수 있다. PR은 공중과의 소통을 통해 성평등에 대한 메시지를 널리 확산시키고, 사회적 담론을 형성하며, 제도적 변화에 대한 공감대를 형성하는 데 기여할 수 있다. 특히, PR 캠페인은 젠더 관련 이슈를 널리 알리고, 공공과 정부, 기업이 함께 협력하여 성평등을 위한 정책을 실행하는 데 중요한 촉매제로 작용할 수 있다. 공동체 및 사회에서의 이러한 PR의 역할은 페미니즘의 주요 목표와도 맞닿아 있다. 페미니즘의 주요 목표가 '명시적이거나 암시적인 성불평등을 드러내는 것'과 '이러한 불평등을 줄이거나 없애는 것'(Marin, 2003, p. 66)이라는 점에서, PR은 성 불평등 문제를 공론화하고, 이를 해결하기 위한 사회적 행동을 촉진하는 데 중요한 도구가 될 수 있다.

그러나 PR 분야에서 페미니즘에 관한 연구는 아직 활발하지 않다. 1980년대 이후 PR에서의 페미니즘 연구는 주로 자유주의 페미니즘(liberal-feminist) 관점에 기반해 이루어져 왔으며, 일부 연구에서는 급진적 페미니즘(radical-feminist) 접근을 다루었다(Fitch, 2015). 자유주의 페미니스트들은 법적, 정치적, 경제적 평등을 목표로 하며, 여성의 참정권, 평등한 교육 및 고용 기회 보장, 직장 내 성차별 및 임금 격차와 같은 문제를 해결하기 위한 법적 개혁을 통해 기존 제도 안에서 여성의 권리와 기회를 확장하는 것을 지향한다. 반면, 급진적 페미니스트들은 성불평등의 근본적 원인이 가부장적 사회 구조에 있다고 보고, 가부장적 체계 내에서는 진정한 성평등이 불가능하다고 주장한다. 이들은 성평등을 이루기 위해서는 가부장적 구조를 근본적으로 변화시켜야 한다고 주장한다(Tong & Botts, 2024).

국내에서 PR 분야의 젠더 이슈 연구는 다른 미디어 분야에 비해 상대적으로 적은 편이다. 젠더 관점에서 PR 실무자들의 리더십에 대한 인식을 조사한 연구(안보섭, 도현지, 2006)나, 상호지향성 모델을 통해 젠더 갈등에 대한 20대 남녀 간 인식 차이와 상호 합의 및 오해를 분석한 연구(김봉철, 신별, 2022)가 이루어졌으나, 여전히 논의는 제한적이다. 이에 이 장에서는 최근 PR 분야에서 주목받고 있는 DEI 개념을 중심으로 젠더 문제에 대한 논의를 확장하고자 한다. DEI는 최근 ESG(environment, social, governance) 경영의 사회적 책임과 거버넌스 측면에서 중요한 요소로 부각되며, 특히 조직의 지속가능성을 강화하고 윤리적·사회적 책임을 다하는 경영을 지원하는 데 기여하고 있다. DEI는 조직 내 다양한 구성원이 존중받고, 소속감을 느끼며, 각자의 목소리를 낼 수 있는 포용적 환경을 조성하는 것이 중요하다고 강조한다. 다음 섹션에서는 DEI의 개념과 중요성을 구체적으로 살펴보고, DEI가 젠더 이슈와 어떻게 연결될 수 있는지에 대해 논의하고자 한다.

③ DEI의 개념과 중요성

ESG 경영은 단순한 규제 준수를 넘어, 글로벌 기업들의 지속 가능성과 장기적 성과에 필수적인 전략적 요소로 자리 잡고 있다. 미국

253

주식 시장에서 주요 지표로 널리 알려진 S&P 500 기업의 98%와 상위 1,000개 대형주로 구성된 Russell 1,000 기업의 90%가 2022년 기준으로 ESG 정보를 보고했다(Coppola, 2023). 최근 ESG 용어가 정치적 논란과 투자 손실, '그린워싱' 반발에 직면해 미국에서 반(反) ESG 역풍을 맞고 있지만, 이는 ESG의 중요성이 약화된 것이 아니라 오히려 기업과 투자자들이 각자의 상황에 맞춘 환경, 지속 가능성, 인적 자본, 다양성, 형평성, 포용성 등을 고려한 맞춤형 전략을 추구하는 과정으로 진화하고 있다고 볼 수 있다(Hoffman, 2024).

맥킨지(Mckinsey)는 ESG와 관련된 비판과 논란에도 불구하고, ESG가 기업이 지속 가능한 성과와 사회적 가치를 달성하는 데 필수적인 전략적 요소로 여겨진다고 강조한다. 특히, ESG라는 용어가 정치적 이슈로 인해 부담스러울 수 있지만, 환경, 사회적 책임, 거버넌스와 관련된 기업의 핵심 과제는 여전히 중요하며 이를 효과적으로 관리하는 것이 장기적 가치 창출과 조직의 미래 경쟁력 확보에 필수적이라는 것이다(Pérez et al., 2022). 기업들은 ESG를 단순한 유행이나 표면적 홍보가 아닌 실질적 전략적 접근으로 전환하고 있으며, 기후 변화와 인권 문제 같은 글로벌 이슈들이 대두되는 가운데 많은 국가와 지역에서 관련 규제가 강화되는 상황에서 ESG를 준수하는 것은 기업이 이러한 리스크를 관리하고 법적·사회적 책임을 다해 안정적인 운영 환경을 유지하는 데 도움이 된다.

ESG 경영의 틀 안에서 DEI의 개념도 자연스럽게 확산되고 있다. DEI는 다양성(diversity), 형평성(equity), 포용성(inclusion)을 의미하며, 이는 오늘날 조직이 다양한 배경과 특성을 가진 사람들을 포용하고 지원하는 데 중요한 세 가지 가치이다(박한나, 진범섭, 2024). 다양성은 일반적으로 성별, 인종, 나이, 국적, 종교, 장애, 성 정체성, 사회적 배경이나 문화 등 다양한 차이를 수용하는 것을 의미하며, 빠르게 변화하는 사회에서 다양성은 계속 진화하여 계층, 사회경제적 지위, 인생 경험, 학습 및 작업 스타일, 성격 유형, 문화적, 정치적, 종교적, 기타 신념을 포함할 수 있다(PRSA, 2023). 형평성은 공정성과 정의를 의미하며 개인의 고유한 상황을 고려해 공정하게 대우하는 것이다. 형평성은 평등(equality)과는 차이가 있는데, 평등은 모든 사람이 동일한 기회나 자원을 제공받아야 한다고 가정하지만, 형평성은 우리의 출발선이 같지 않음을 인식하고, 각 개인의 필요와 상황을 고려해 공정한 기회를 얻도록 자원과 지원을 차별적으로 제공하여 불균형을 조정하는 것이다(PRSA, 2023). 마지막으로, 포용성은 다양한 그룹의 소속감을 촉진하는 문화를 조성하는 것으로, 조직이 단순히 다양한 인력을 채용하는 것을 넘어 모든 구성원이 존중받고 소속감을 느낄 수 있는 환경을 만들어야 한다는 것을 의미한다. 최근에는 소속감(belonging)을 포함하여 DEIB로 언급되기도 한다.

현재 DEI는 많은 기업에서 지속가능성을 위한 핵심 요소로 자리 잡고 있다. 월마트, 아마존, 애플 등 세계적인 기업들이 DEI 전략을 통해 다양한 배경을 가진 인재를 유치하고, 모든 구성원이 공정하게 대우받으며 소속감을 느낄 수 있는 환경을 조성하는 데 집중하고 있다. 이들은 편견에 대한 정기적 교육과 멘토링 프로그램을 운영하며, 다양한 직원 리소스 그룹(employee resource groups: ERGs)을 통해 직원들의 소속감을 높이고, 다양한 소수 집단 출신의 직원을 채용하기 위해 채용 채널을 다변화하는 등 포용적인 리더십과 조직 문화를 강화하고 있다(박한나, 진범섭, 2024). 맥킨지의 연구에 따르면, 기업

3. DEI의 개념과 중요성

의 다양성은 혁신, 창의성 및 재무성과와 긍정적 상관관계를 보인다 (Hunt et al., 2020). 다양한 배경의 직원들이 함께 일할 때 창의적 문제해결 능력과 혁신성이 향상되고, 직원 만족도와 생산성이 높아졌다는 연구 결과도 있다. 또한 DEI 전략을 성공적으로 실행한 기업들은 소비자와 주주들로부터 긍정적인 평판을 얻게 되며 이는 기업의 이미지 개선과 장기적 성장에 기여한다.

PR에서도 DEI는 중요한 주제로 다루어지고 있다. 미국PR협회 (Public Relations Society of America: PRSA)는 DEI를 PR 산업의 발전과 성장을 위한 필수 요소로 보고, DEI 위원회를 설립하고, DEI 툴킷(toolkit)을 제작 및 배포하며, 10월을 DEI의 달(month)로 설정하여 회원들의 다양성, 형평성, 포용성의 중요성에 대한 인식을 높이기 위해 노력을 기울이고 있다. PRSA는 DEI가 PR 산업 및 전문가, 커뮤니티의 성공에 있어 필수적이며, PRSA 회원은 DEI를 발전시킬 책임이 있다고 보고 있다. 학문적으로도 DEI는 활발하게 논의되고 있는 추세이며, 『Journal of Public Relations Research』는 PR 분야에서 DEI에 관한 이론적 논의의 필요성을 인식하고, "Charting Theoretical Directions for DEI in Public Relations"라는 주제로 2023년에 특별호를 발간한 바 있다(박한나, 진범섭, 2024).

DEI의 중요성은 이 장에서 다루고 있는 젠더 문제와도 밀접한 관련이 있다. 전 세계적으로 여성의 고위직 진출이 여전히 낮은 수준에 머무는 가운데, DEI는 조직이 이러한 불평등을 해소하고 균형 잡힌 리더십 구조를 구축할 수 있도록 돕는 중요한 전략으로 주목받고 있다. 많은 글로벌 기업이 DEI 보고서에서 여성 근로자 비율, 여성 임원 비율, 이사회 내 여성 비율을 보고하며, 이러한 수치를 높이기 위한 노력에 대해 커뮤니케이션하고 있다(박한나, 진범섭, 2024). S&P Global 데이터에 따르면, 여성 CEO 비율은 5,400개 이상 기업 중 4.4%에 불과하다(Laidlaw et al., 2023). EU는 2026년까지 대형 상장 기업 비상임 이사직의 최소 40%가 대표성이 낮은 성으로 구성되어야 한다는 규정을 승인해, 기업들이 임원진 내 여성 비율을 높이도록 유도하고 있다.

DEI는 성별 불균형 해소, 젠더 형평성 증진, 여성 인재가 성장할 수 있는 포용적 환경을 만드는 데 중점을 둔다. 일부 기업은 유급 육아 휴가와 같은 직원 지원 프로그램을 확대하여 여성들이 경력과 가정을 균형 있게 관리할 수 있도록 돕고 있다. 이러한 프로그램은 직장 내 젠더 다양성을 높이고 인재 양성의 폭을 넓히는 데 기여할 수 있다. DEI가 단순한 윤리적 목표를 넘어 기업의 지속가능성을 강화하는 전략적 요소로 자리 잡음에 따라 성별 다양성 촉진은 장기적으로 기업의 혁신과 성장, 성평등 사회 구현에도 중요한 역할을 한다. 다음 섹션에서는 DEI 모델을 중심으로 젠더 갈등 완화와 해결을 위한 PR 전략을 모색하고자 한다.

 ## 4 DEI와 젠더 갈등

성평등과 여성 역량 강화를 위해 설립된 국제연합 기구인 유엔여성기구(UN Women)는 성평등을 지속가능발전목표(SDGs)의 핵심 요소로 삼고, 보다 포용적인 세상을 만들기 위해 유엔 회원국들이 성평등 달성을 위한 글로벌 기준을 마련하고, 관련 정책과 프로그램을 개발하도록 지원하고 있다(About UN Women, n. d.). 유엔여성기구에 따르면, 2030년 SDGs 달성까지 6년이 남았으나, 특히 성평등 분야에서 여전히 많은 노력이 필요한 상황이다. 전 세계적으로 여성은 남성보다 2.5배 더 많은 시간을 무급 돌봄과 가사 노동에 할애하고 있으며, 저소득 국가에서는 여성 고용의 91.1%가 비공식적 고용으로 규제나 보호를 받지 못하고 있다. 2023년 기준으로 여성은 의회의 26.9%, 지방 정부 의석의 35.5%, 관리직의 27.5%를 차지하고 있는 실정이다(About UN Women, 2024). 실제로 미국은 47대 대통령에 이르기까지 여성 대통령을 배출한 적이 한 번도 없으며, 한국의 경우 제18대 박근혜 대통령이 유일한 여성 대통령이다.

유엔여성기구는 성 불평등 문제를 해결하는 것이 사회적 정의의 문제일 뿐만 아니라, 지속 가능한 경제 성장과 사회 발전을 위한 필수 조건이라고 강조한다(About UN Women, 2024). 여성에게 권한을 부여하면 경제가 번영하고 생산성과 성장이 촉진되지만, 성 불평등은 여전히 전 세계 사회에 깊이 뿌리내려 여성들이 다양한 분야에서 차별과 불평등에 직면해 있다. 많은 여성이 양질의 일자리를 얻기 어려우며, 직업적 차별과 성별 임금 격차로 인해 경제적 기회에서 소외되고 있다. 또한 교육과 의료와 같은 기본 서비스에 접근하지 못하는 경우가 많아 삶의 질 개선에 제약을 받으며, 폭력과 차별로 고통받는 여성들이 많다. 정치적, 경제적 의사결정 과정에서도 여성의 대표성이 낮아 영향력 있는 역할을 수행하기 어려운 상황이다.

최근 맥킨지는 LeanIn.Org와 함께 1,000명 이상의 여성 노동자를 고용한 미국 내 281개 기관을 대상으로 직장 내 여성에 대해 연구한 바 있다(Thomas et al., 2024). 이들이 15,000여 명의 직원과 280여 명의 HR 리더를 조사하여 직장 내 여성 정책과 관행에 대해 조사한 결과, 지난 10년간 여성 리더십은 증가했지만, 여성이 초급 직무(entry level)에 채용될 가능성은 여전히 남성에 비해 낮고, 관리자로의 승진에 있어서도 가능성이 훨씬 낮은 것으로 드러났다([그림 6-5] 참고). 2024년 조사 결과, 100명의 남성이 관리자로 승진할 때 단 81명의 여성이 승진했다. 맥킨지는 기업들이 채용 관행 및 성과 평가에서 이러한 편향을 제거하기 위해 더 많이 노력해야 하며 성별과 인종 다양성을 조직의 우선순위에 두고, 여성의 지위 향상과 포용성 촉진을 위해 노력해야 함을 강조한다.

기업 내 역할에 따른 성별 및 인종별 대표성(직원 비율)

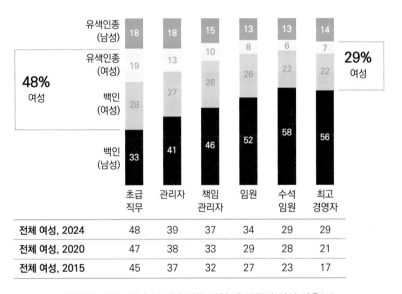

	초급 직무	관리자	책임 관리자	임원	수석 임원	최고 경영자
유색인종 (남성)	18	18	15	13	13	14
유색인종 (여성)	19	13	10	8	6	7
백인 (여성)	28	27	28	26	22	22
백인 (남성)	33	41	46	52	58	56

48% 여성

29% 여성

	초급 직무	관리자	책임 관리자	임원	수석 임원	최고 경영자
전체 여성, 2024	48	39	37	34	29	29
전체 여성, 2020	47	38	33	29	28	21
전체 여성, 2015	45	37	32	27	23	17

▮ 그림 6-5 ▮ 지난 10년간 미국 기업 내 직급별 여성 비율(%)

출처: McKinsey & Company (2024).

4. DEI와 젠더 갈등

이러한 상황에서 DEI 모델은 성 불평등 문제해결을 넘어, 조직 내·외부 이해관계자와의 소통에서 포용적 환경을 구축하기 위한 전략적 접근을 제시한다. DEI는 성평등이 여성에게만 국한된 문제가 아니라, 모든 사회 구성원에게 이익을 제공하는 공익적 요소임을 강조하며, 다양한 배경과 관점을 가진 사람들이 평등한 기회를 누리는 환경이 조직과 사회의 창의성과 혁신을 높인다고 본다. 이를 통해 사회 전체는 더 조화롭고 경쟁력 있는 공동체로 발전할 수 있다. DEI의 핵심 가치는 젠더를 포함한 다양한 사회적 정체성을 존중하고, 권력관계에서 불리한 위치에 있는 소수자들의 권익을 보호하며, 구성원들이 개별적 배경과 필요에 맞춘 공정한 대우를 받을 수 있도록 환경을 조성하는 데 있다. 여기서 소수자는 단순히 수적으로 적은 집단이 아닌, 비대칭적 권력관계로 인해 정치적·사회적·경제적·문화적 자원과 권력에 접근하기 어려운 집단을 의미하며, 이들은 편견과 불평등을 경험하기 쉽기 때문에 법적·정책적 지원이 요구된다.

젠더 갈등 역시 사회 내 불평등 구조에서 비롯된다는 점에서 DEI는 젠더 갈등 완화에 유용한 프레임워크가 될 수 있다. DEI는 성별에 따른 불평등한 관행을 제거하고 여성과 남성 모두에게 동등한 기회를 제공함으로써 젠더 갈등을 감소시킨다. 이를 위해 유급 육아휴직, 유연 근무제, 다양한 인력 풀(pool) 구성, 공정한 승진 기회와 같은 제도적 지원이 포함될 수 있다. 예를 들어, 유급 육아휴직은 경력과 육아의 병행을 어렵게 만드는 구조적 장벽을 완화하며, 유연 근무제는 일과 가정의 균형을 지원하여 성차별로 인한 불만과 갈등을 줄인다. 실제 롯데그룹은 출산 휴가 이후 별도의 신청 절차나 상사의 결재 없이 자동으로 1년간 육아휴직을 쓸 수 있는 자동 육아휴직 제도와 남성육아휴직 의무화 제도를 도입해 육아휴직 비율이 이전 60% 수준에서 95% 이상으로 높아졌고, 직장 내 양성평등 인식에도 도움이 되었다고 보고하고 있다(롯데 공식블로그, 2024). 다양한 인력 풀구성과 공정한 승진 기회 제공은 조직 내 다양한 관점과 경험을 반영하여 의사결정과정에서의 성 편견을 줄이고, 성별에 따른 불균형을 개선하는 데 기여할 수 있다. 이처럼 DEI 기반 정책과 제도적 지원은 여성들이 경력에 전념할 수 있는 포용적인 환경을 제공하여 젠더 불평등 해소와 함께 장기적인 사회적 통합에도 기여한다.

그러나 가족 친화적인 정책 및 여성의 경력 개발에 대한 지원과 함께 반드시 수반되어야 하는 것은 무의식적인 편견(unconscious bias) 또는 암묵적 편견(implicit bias)을 완화하거나 제거하기 위한 정책과 무의식적인 성 고정관념에 대한 교육이다. 무의식적(암묵적) 편견은 특정 집단에 대한 이해, 행동 및 결정에 영향을 미치는 태도와 고정관념을 의미하며, 이는 인식 부족, 지식 부족, 행동 부족으로 인해 발생할 수 있다(PRSA, 2023). 앞서 언급한 맥킨지와 LeanIn.Org의 연구에서 성 불평등이 직장에서뿐만 아니라 가정에서도 지속됨이 확인되었는데, 여성 10명 중 4명은 대부분 또는 모든 집안일을 책임진다고 응답했다. 흥미로운 점은 같은 기간 동안 더 많은 남성은 자신이 파트너와 동등하게 집안일을 공유한다고 응답했는데, 이는 여성과 남성이 집안일에 대한 자신의 기여에 대해 인식하는 방식에 있어 격차가 커지고 있음을 나타낸다(Thomas et al., 2024). 이러한 인식의 격차는 무의식적인 성 고정관념이 가정 내 역할 분담에도 영향을 미치고 있음을 시사한다. 직장에서의 무의식적인 성 편견이 여성의 경력 발전

261

을 저해하는 것처럼 가정 내 성 고정관념도 여성의 가사 부담을 가중시키고 경력에 전념할 기회를 제한하는 요인이 된다.

따라서 무의식적인 성 편견을 줄이기 위한 교육과 인식 변화는 직장과 가정에서 성평등을 이루는 데 필수적이다. 구체적으로 직장에서 무의식적 편견을 인식하고 이를 줄이기 위한 교육 프로그램을 정기적으로 운영할 수 있다. 성별 고정관념을 줄이기 위해 포용적인 언어 사용을 강조하는 캠페인을 시행할 수도 있다. 회의나 일상적인 대화에서 성차별적인 표현을 인식하고, 이를 수정할 수 있는 훈련을 받음으로써 조직 내 커뮤니케이션에 있어서도 성평등을 지향하는 문화를 형성할 수 있다. 가정 내 성평등 인식 확산이 직장에서의 성평등에도 영향을 미치는 것을 인식시키고, 가사와 육아의 균형 있는 분담 계획을 세우는 등 가정에서 적용할 수 있는 실천 과제를 부여할 수도 있다. 이러한 교육은 남성과 여성이 가사와 육아 책임을 보다 공평하게 분담하고, 직장에서 평등한 기회를 제공함으로써 여성과 남성 모두가 각자의 잠재력을 충분히 발휘할 수 있도록 돕는 중요한 과정이다.

DEI의 핵심 가치는 PR에서 강조하는 공중과 조직 간의 상호이해와 소통의 촉진을 통해 젠더 갈등을 완화하는 데 중요한 역할을 할 수 있다. PR 커뮤니케이션에서 DEI 원칙을 활용하면 성별에 따른 소외 없이 포괄적인 메시지를 전달할 수 있다. 이를 위해 기업들은 사회적 통합과 성평등을 지지하는 공공 캠페인을 통해 사회적 불평등에 대한 인식을 개선하고, 성별에 따른 고정관념을 해체할 수 있다. 예를 들어, 여성 리더십을 강조하는 캠페인을 통해 여성들이 경영진으로 성장할 수 있다는 메시지를 확산시키고 여성의 리더십에 대한 인식을 변화시킬 수 있다. 또한 직장 내 젠더 평등의 필요성을 알리는 활동은 성별에 관계 없이 공정한 평가와 기회를 제공받아야 한다는 메시지를 전달한다. 이는 내부 공중(직원)에게는 조직의 가치를 이해시키고 외부적으로는 성평등에 대한 의식을 고취하는 계기가 될 수 있다. 예를 들어, 성별 임금 격차 해소에 대한 기업의 정책적 노력을 투명하게 홍보하는 것은 내부 구성원들에게 성평등의 중요성을 알림과 동시에 다른 기업에도 성평등 문화 구축에 있어 긍정적인 영향을 미칠 수 있다.

앞서 살펴본 성평등을 이루기 위한 DEI 기반 PR 전략을 요약하면 다음과 같다.

- 정책적 시스템화: 조직 내에서 다양성 및 형평성을 확보하기 위한 정책을 수립하고, 정기적인 평가 및 피드백 시스템을 도입하여 다양성 및 형평성을 지속적으로 모니터링
- 인식 개선 캠페인: 성평등에 관한 공익 캠페인을 통해 성별 고정관념을 변화시키고, 남녀 간 상호이해와 존중 증진
- 포용적 교육과 훈련: PR 부문에서 성평등과 관련된 교육 프로그램을 개발하고 구성원에게 성차별 예방, 평등한 소통법을 교육하여 평등한 문화 조성에 기여
- 소통 및 피드백 구조: 젠더 문제에 관한 구성원들의 의견을 경청하고 피드백하는 구조를 마련해 개별적 차원의 갈등을 완화하고 문제해결에 기여

이와 같은 DEI 전략은 젠더 갈등을 완화하고 성평등을 촉진하는

중요한 수단이 되며, 더 나아가 성평등을 향한 구조적 변화의 기초가 될 수 있다.

⑤ DEI와 PR을 통한 포용적 사회 구축

결론적으로, 한국 사회에서 심화된 젠더 갈등은 단순한 성별 간 대립을 넘어 사회 전반에 걸친 구조적 불평등과 역사적, 사회문화적 요인들이 결합되어 나타나는 복합적인 문제이다. 이러한 갈등은 직장 내 성차별적 관행, 유리천장, 성별 임금 격차와 같은 경제적 불평등뿐 아니라, 우리 사회에서 남녀 혐오와 차별적 언어 사용, 가정 내 성역할 고정관념 강화 등 일상생활 속 다양한 차별 요소로 나타나며, 이로 인해 남성과 여성 간의 상호 불신과 사회적 대립이 더욱 심화되고 있다. 이러한 갈등의 근본적 해결을 위해서는 성평등을 촉진할 수 있는 제도적 개입과 사회적 인식 변화가 필수적이며, 최근 주목받고 있는 DEI(다양성, 형평성, 포용성) 프레임워크는 성평등과 포용적 사회 구축을 위한 중요한 전략적 기반을 제공할 수 있다.

DEI는 성별, 인종, 연령, 사회경제적 배경을 비롯한 다양한 정체성과 관점을 존중하고 이들에게 공정한 기회와 대우를 제공함으로써, 포용적이고 지속 가능한 사회를 구축하는 근본적인 접근을 제시한다. DEI는 개인의 차이를 긍정적으로 수용하고 조직 및 사회 전반에서 공정하고 균형 잡힌 환경을 형성하는 것을 목표로 한다. 이는 특정 개인이나 그룹에 대한 배타적 지향에서 벗어나, 사회 전반에 포용적인 문화를 확산하고, 성평등을 포함한 전반적인 사회적 평등을 강화할 수 있는 전략적 접근으로 기능한다. 특히 PR 커뮤니케이션은 DEI의 원칙을 실현하는 데 강력한 도구로 작용할 수 있다. PR은 공중과의 소통을 통해 DEI의 가치를 내재화하고, 성평등 및 포용성을 핵심 가치로 확립함으로써 사회적 통합을 유도하고, 젠더 갈등을 완화하는 데 핵심적인 촉매 역할을 수행할 수 있다. DEI 기반 PR 전략은 조직 내·외부에서 성평등과 포용적 환경을 구축하는 데 필요한 구체적 행동과 메시지를 제공하여, 긍정적 변화를 촉진하고 조화로운 사회를 실현하는 데 기여할 수 있다.

먼저, 조직 내에서 다양성과 형평성을 실현하기 위한 정책적 시스템화는 젠더 불평등을 해소하는 중요한 첫 단계이다. 이를 위해 조직은 구체적인 다양성 및 형평성 목표를 수립하고 이를 성과 지표와 연계해 정기적으로 평가하여, 모든 구성원이 공평한 기회를 누리고 차별 없는 환경에서 성장할 수 있도록 해야 한다. 예를 들어, 기업은 채용 및 성과 평가 과정에서 무의식적 편견을 줄이기 위해 면접 패널의 다양성을 확보하고, 평가 기준을 명확히 하여 성별이나 배경에 따른 편향을 방지하는 것이 필요하다. 구글(Google)은 이와 같은 시스템을 구축해, 성별, 인종 등과 관계없이 공정한 평가가 이루어지도록 '구조화된 면접법(structured interviewing)'을 도입하고 있다. 이 방법은 특정 기술이나 성과를 객관적으로 평가할 수 있도록 질문을 표준화하여 편향을 줄이는 효과가 있다. 이 외에도 전 세계에서 5,000개 이상의 채용 공고를 수작업으로 검토하여 여성, 흑인, 장애인의 대표성을 높이기 위한 노력을 하고 있으며, 직무 제목이나 자격 요건, 책임 사항에 무의식적 편향이 있는지를 확인하고 있다(Google, 2023).

조직은 다양성 지표를 정기적으로 모니터링하여 채용에서 승진에 이르는 전 과정에서 성별 및 기타 불균형이 발생하는지를 면밀히 분석해야 한다. 또한 불균형이 확인될 경우 이를 해결하기 위한 맞춤형 전략과 개선 프로그램을 마련하는 것이 필수적이다. 이러한 정책적 접근은 성평등한 조직 문화를 구축하는 근간이 되며, 다양한 배경과 역량을 가진 인재들이 조직 내에서 적극적으로 상호작용하고 협업할 수 있는 환경을 조성하는 데 기여할 수 있다. 이는 궁극적으로 혁신적 아이디어와 우수한 성과를 창출하는 데 기여할 수 있다. 예를 들어, 애플은 연도별, 직급별 및 부서별로 다양한 인종과 성별 통계를 투명하게 공개하는 웹사이트를 운영하여 자사의 다양성 및 포용성 목표 달성을 위한 진척 상황을 정기적으로 업데이트하고 있다(Apple, n. d.). 각 직급에서 발생할 수 있는 불균형을 적극적으로 개선하기 위한 데이터를 제공하는 것은 채용과 승진 과정에서 발생할 수 있는 성별, 인종 등의 편향을 줄이고, 다양성 향상을 위한 실질적인 정책을 마련하는 데 중요한 기초가 된다.

둘째, 인식 개선 캠페인은 성별 고정관념을 해체하고 성평등에 대한 이해와 존중을 높이는 데 중요한 역할을 한다. 성 고정관념은 조직과 사회 전반에 걸쳐 여성과 남성 모두에게 부정적인 영향을 미칠 수 있으며, 이를 해소하기 위해서는 지속적이고 체계적인 캠페인이 필요하다. 예를 들어, 공공 캠페인을 통해 여성 리더십의 가치를 강조하거나, 성별에 따른 편견을 줄이는 프로그램을 마련함으로써 구성원들에게 성평등의 중요성을 상기시키고, 공정한 평가와 기회를 제공하는 문화 형성에 기여할 수 있다. 구체적으로, 유니레버(Unilever)의 '언스테레오타입(Unstereotype)' 캠페인은 광고와 마케팅에서 성 고정관념을 근절하기 위한 업계 주도 이니셔티브로, 소비자에게 공정한

266

성평등 이미지를 제시하고 사회 전반의 인식을 변화시키는 것을 목적으로 시작되었다(Unilever, 2023). 또한 구글은 다양한 배경의 여성 리더를 조명하기 위해 리더십 포지션에 있는 여성의 사례를 소개함으로써 조직 내부는 물론 사회적으로도 여성의 역할 확대에 대한 인식을 개선하려고 노력하고 있다(Google, 2022). 이와 같은 캠페인은 구성원들이 성평등의 가치를 실천하도록 독려하며, 공정한 기회 제공과 평가를 지향하는 조직 문화를 강화하는 데 기여한다. 사회 전반에서 성평등 인식이 확산되면 이는 조직 내 정책에도 긍정적인 변화를 가져올 수 있으며, 조직의 이미지 개선 및 장기적인 성과에도 영향을 미친다.

셋째, 포용성을 장려하는 교육과 훈련을 통해 조직 구성원들이 성평등을 실천할 수 있는 구체적인 역량을 강화하는 것이 필수적이다. 성평등 교육 프로그램을 체계적으로 개발하여, 조직 내외부의 커뮤니케이션에서 성차별을 예방하고, 공정한 소통 방식을 체득하도록 교육하며 이를 조직 문화 전반에 통합하는 것이 필요하다. 이러한 교육 프로그램은 구성원들이 무의식적 편견을 인식하고 이를 줄이는 데 기여하며, 다양한 상황에서 성평등한 커뮤니케이션을 실천할 수 있는 기반을 마련한다. 예를 들어, 무의식적 편견을 다루는 워크숍을 통해 구성원들이 자신의 인식과 행동을 되돌아보도록 하거나, 성차별적 언어를 개선하기 위한 가이드라인을 제공함으로써 일상적인 커뮤니케이션에서도 성차별적 표현과 행동을 자제할 수 있도록 돕는다. 특정 직무나 역할에서 성별 고정관념을 벗어나기 위해, 다양한 사례와 시나리오를 바탕으로 한 역할 연습을 포함한 교육을 제공하여 평등한 시각을 자연스럽게 습득하도록 할 수 있다. 이러한 포용적 교육은 개인의 인식 변화뿐 아니라 조직 전반에 평등하고 포용적인 분위기를 조성하는 데 중요한 역할을 하며, 더 나아가 장기적으로 조직의 성과와 사회적 책임을 동시에 달성하는 데 기여할 수 있다. 이러한 교육은 특히 성평등을 중요한 가치로 삼는 조직이 공정한 평가와 포용적 조직 문화를 지향하는 데 있어서 핵심적인 기반을 제공한다.

넷째, 조직 내에서 젠더 문제에 대한 의견을 자유롭게 나눌 수 있는 소통 및 피드백 구조를 마련하는 것도 중요하다. 성평등에 관한 구성원들의 의견을 경청하고 피드백하는 체계를 갖춤으로써 개별적 차원의 갈등을 완화하고, 문제해결을 위한 건설적 대화를 촉진할 수 있다. 세계적인 글로벌 기업들은 다양한 직원 리소스 그룹(ERGs)을 운영하여, 직원들이 정기적인 모임을 통해 네트워킹, 코칭, 멘토링 기회를 갖고 소속감을 강화할 수 있도록 지원하고 있다. 예를 들어, 마이크로소프트(Microsoft, 2024)는 현대 여성의 역량 강화를 목표로 하는 멘토링 프로그램을 통해 직장 내 다양성과 포용의 중요성을 강조하며, 직원들이 직장 생활뿐 아니라 개인 문제에 대해서도 포괄적인 조언을 받을 수 있는 환경을 조성하고 있다. 이와 같은 ERGs와 멘토링 프로그램은 성별 다양성, 무의식적 편견 극복, 성평등 등의 주제를 다루며, 조직 내에서 이러한 이슈에 대해 구성원들이 적극적으로 대화하고 아이디어를 공유할 수 있는 기회를 제공한다. 이는 젠더 관련 갈등을 예방하고 성평등 실천을 위한 자율적 참여를 독려하는 데 필수적인 요소로, 직장 내 포용적인 문화를 더욱 강화하는 데 기여한다. 이처럼 소통과 피드백 구조를 기반으로 한 지원은 구성원들이 서로의 경험과 관점을 이해하고 존중하며, 공동의 목표 아래 협력할 수 있는 환경을 조성하여 조직의 지속가능한 발전과 성평등을 촉진하는 핵심적인 역할을 수행한다.

이와 같은 DEI 기반의 PR 전략은 조직 및 사회 내 젠더 갈등을 완화하고, 성평등을 촉진하며 구조적 변화를 이루는 중요한 토대가 될 수 있다. PR은 성평등의 가치를 조직과 사회의 구성원들에게 효과적으로 전달함으로써 성별 고정관념을 해체하는 캠페인을 통해 공중의 인식을 변화시키고, 성평등에 대한 공감과 이해를 확산하며 조화롭고 포용적인 사회를 구축하는 데 기여할 수 있다. 또한 PR은 공정한 소통 방식을 구축하여 구성원이 성평등을 실천할 수 있도록 중재 역할을 수행할 수 있다. 조직 내 다양한 의견을 수렴하고 경청하는 구조를 마련하여 젠더 이슈에 대한 열린 대화와 피드백을 가능하게 함으로써 젠더 갈등을 완화하고 조화로운 관계를 촉진한다. PR은 조직 외부 이해관계자와의 관계를 통해 성평등을 지지하는 파트너십과 연대를 강화할 수 있다. 공공 캠페인과 협력을 통해 성평등과 포용성에 대한 긍정적 메시지를 널리 확산시키고, 사회 전반에 성평등의 중요성을 인식시키는 데 기여할 수 있다. 특히, 지속 가능한 발전과 ESG 경영의 중요성이 강조되는 현 상황에서 DEI는 성별 불균형을 해소하는 차원을 넘어 경제적, 사회적, 문화적 불평등을 개선하고 성평등과 공정성을 기반으로 한 발전을 도모하는 강력한 메커니즘으로 작용할 수 있다. 궁극적으로, DEI 기반 PR 전략은 한국 사회가 젠더 갈등을 극복하고, 상호이해와 존중을 바탕으로 성평등과 지속 가능한 발전을 이루는 발판을 마련할 수 있다. 이러한 변화는 조직뿐 아니라 한국 사회 전반의 구조적 불평등을 완화하는 데 중요한 역할을 하며, 사회 구성원 모두가 성장하고 발전할 수 있는 환경을 조성하는 데 기여할 것이다.

생각해 볼 문제

1. 젠더 갈등 완화를 위해 DEI(다양성, 형평성, 표용성) 기반 PR 전략을 실효성 있게 구현하기 위해서는 구체적인 성과 측정 지표가 필요하다. DEI 기반 PR 전략의 성과를 측정할 수 있는 정량적·정성적 지표에는 무엇이 있을까?

2. DEI 모델 외에도 다양한 PR 이론이 젠더 갈등을 설명하는 데 적용될 수 있다. PR 이론 중 하나를 선택하여 젠더 갈등을 어떻게 설명할 수 있는지, 그리고 그 이론에 기반한 PR 전략이 갈등 해결에 어떻게 기여할 수 있는지 논의해 보자.

3. 레거시미디어와 소셜미디어가 젠더 갈등을 악화시키는 데 주요한 역할을 하고 있다는 지적이 있다. 이러한 미디어 환경에서 젠더 갈등을 효과적으로 완화하려면 PR 전략은 이러한 매체를 어떻게 활용하여 수립할 수 있을까?

4. 젠더 갈등을 해결하기 위해 제안된 PR 캠페인이 오히려 특정 성별에 대한 편향적 인식을 강화할 위험성은 없는가? PR 전략이 공정성과 균형을 유지하면서도 효과적으로 갈등을 해결하는 방법은 무엇인가?

5. 젠더 갈등을 해결하는 과정에서 DEI의 가능성과 한계를 자유주의 페미니즘과 급진주의 페미니즘 관점에서 비교하고, 이러한 갈등을 완화하기 위한 PR 전략은 어떤 역할을 할 수 있는지 논의해 보자.

6. 이 장에서는 DEI 모델을 젠더 갈등 해결에 초점을 맞추어 다루었지만, DEI는 본질적으로 젠더 갈등에만 국한된 모델은 아니다. 외국인, 성소수자, 장애인 등 다양한 소수자 그룹의 권리 증진에도 적용될 수 있다. 그렇다면 DEI 관점에서 이러한 소수자 집단의 요구와 이익을 조화롭게 다룰 수 있는 PR 전략은 무엇일지 논의해 보자.

김봉철, 신별(2022). 젠더갈등 이슈에 대한 상호지향성 연구: 20대 남녀를 중심으로. 한국광고PR실학연구, 15(3), 67-96.

김수정(2024). 지표와 데이터로 본 국민통합 및 사회갈등 현황과 추세분석 연구. 국민통합위원회 제5호 젠더갈등. https://k-cohesion.go.kr/afile/fileOpen/pdf/mcmmn

김은지(2022). 저출생 시대 돌봄의 질 제고를 위한 가족정책의 방향과 과제. 젠더리뷰, 65, 13-23.

류연규, 김영미(2019). 한국사회 젠더갈등인식에 관한 탐색적 연구: 성별 조절효과를 중심으로. 한국사회정책, 26(4), 131-160.

박정훈(2022). 누가 이대남의 '여성혐오'를 키웠을까. 국가인권위원회 인권 웹진. https://www.humanrights.go.kr/webzine/webzineListAndDetail?issueNo=7607918&boardNo=7607900

박한나, 진범섭(2024). 글로벌 10대 기업의 DEI(다양성, 형평성, 포용성) 전략 및 커뮤니케이션에 관한 탐색적 고찰. 광고PR실학연구, 17(1), 32-63.

안보섭, 도현지(2006) 젠더관점으로 본 PR실무자들의 리더십 인식 연구: 독립 PR대행사를 중심으로. 한국광고홍보학보, 8(2), 7-52.

여성가족부 (2021). 2021년 양성평등실태조사.

이재경(2013). 한국사회 젠더갈등과 사회통합. 저스티스, 2, 94-109.

임혜경, 백소운(2023). '젠더갈등' 대응을 위한 경기도 양성평등정책 발굴. 경기도여성가족재단 연구보고서, 1-120.

정승화(2018). 누가 페미니즘을 모함했나? 백래시에서 시장 페미니즘까지. 한국여성학, 34(2), 179-187.

정재원, 우대식(2022). 젠더 갈등 해소를 위한 시민성 교육: 해외 시민교육 사례를 중심으로. 문화와 융합, 44(3), 669-688.

About UN Women (n. d.). UN Women. https://www.unwomen.org/en/about-us/about-un-women

Apple (n. d.). Inclusion & Diversity. https://www.apple.com/diversity/

Británnica (2024). Me Too movement. https://www.britannica.com/topic/Me-Too-movement

Coppola, L. D. (2023). G&A Institute's new research shows big jump in sustainability reporting by mid-cap U.S. public companies in 2022. *Business Wire*. https://www.businesswire.com/news/home/20231115343073/en/GA-Institute%E2%80%99s-New-Research-Shows-Big-Jump-in-Sustainability-Reporting-by-Mid-Cap-U.S.-Public-Companies-in-2022

Duffy, B., Murkin, G., Skinner, G., Benson, R., Gottfried, G., Hesketh, R., Hewlett, K., & Page, B. (2021). *Culture wars around the world: How countries perceive divisions*. The Pollicy Institute at King's College London. https://doi.org/10.18742/pub01-054.

Eagly, A. H. (1987). Sex differences in social behavior: A social-role interpretation. Lawrence Erlbaum Associates, Inc.

Eagly, A. H., Wood, W., & Diekman, A. B. (2000). Social role theory of sex differences and similarities: A current appraisal. In T. Eckes & H. M. Trautner (Eds.), The developmental social psychology of gender (pp. 123-174). Erlbaum.

Fitch, K. (2015). Promoting the vampire rights amendment: public relations, postfeminism and true blood. *Public Relations Review, 41*(5), 607-614.

Fitch, K., James, M., & Motion, J. (2016). Talking back: Reflecting on feminism, public relations and research. *Public Relations Review, 42*(2), 279-287.

Google (2022). Progress toward gender equity is progress for all. https://about.google/stories/accelerating-equity-for-women/

Google (2023). Google diversity annual report. https://about.google/belonging/diversity-annual-report/2023/

Google (n. d.). Use structured interviewing. https://rework.withgoogle.com/en/guides/hiring-use-structured-interviewing#learn-the-external-research

Hoffman, K. E. (2024. 4. 5.). Why Blackrock Opted to 'Transition' Socially Responsible Strategies. *The Financial Brand*. https://thefinancialbrand.com/news/banking-trends-strategies/why-blackrock-opted-to-transition-socially-responsible-strategies-176800/

Hunt, V., Dixon-Fyle, S., Prince, S., & Dolan, K. (2020). Diversity wins: How inclusion matters. McKinsey&Company. https://www.mckinsey.com/featured-insights/diversity-andinclusion/diversity-wins-how-inclusion-matters.

Laidlaw, J., Osten, W., Tully, E., Cyrus, P., & Santos, J. (2023. 3. 8.). The path to gender parity: Women CEOs remain rare. How are companies addressing lack of women in leadership? *S&P Global*. https://www.spglobal.com/esg/insights/featured/special-editorial/the-path-to-gender-parity

Lipton, M., Cain, K., & Lu, C. (2024). The future of ESG: Thoughts for boards and management in 2024. Harvard Law School Forum on Corporate Governance. https://corpgov.law.harvard.edu/2024/02/06/the-future-of-esg-thoughts-for-boards-and-management-in-2024/

Martin, J. (2003). Feminist theory and critical theory: unexplored synergies. In Studying Management Critically (pp. 66–91). Sage. https://doi.org/10.4135/9781446220030.n4

Microsoft (2024). 2024 global diversity & inclusion report. https://www.microsoft.com/en-us/diversity/inside-microsoft/annual-report

OECD (2024). *Society at Glance 2024*. https://stat.link/vxdlnc.

Pérez, L., Hunt, D. V., Samandari, H., Nuttall, R., & Biniek, K. (2022). Does ESG really matter—and why? *McKinsey Quarterly*. https://www.mckinsey.com/capabilities/sustainability/our-insights/does-esg-really-matter-and-why

PRSA (2023). DEI toolkit. https://www.prsa.org/home/get-involved/diversity-equity-and-inclusion-month

The Economist Group (2024). Iceland is the best place to be a working woman for the second year according to The Economist's 2024 glass-ceiling index. https://www.economistgroup.com/press-centre/the-economist/iceland-is-the-best-place-to-be-a-working-woman-for-the-second-year

Thomas, R., Fairchild, C., Fielding-Singh, P., Noble-Tolla, M., Cardazone, G.,

참고문헌

Brown, H., Cooper, M., Krivkovich, A., Yee, L., Field, E., McConnell, M., & Smith, H. (2024). *Women in the workplace*. McKinsey & Company. https://www.mckinsey.com/featured-insights/diversity-and-inclusion/women-in-the-workplace#/

Tong, R., & Botts, T. F. (2024). *Feminist thought: A more comprehensive introduction*. 김동진 (역). 페미니즘: 교차하는 관점들 (6판). 학이시습.

UNDP (n. d.). 서울정책센터 : 지속가능발전목표. https://www.undp.org/ko/policy-centre/seoul/sustainable-development-goals

Unilever (2023). Unstereotype 101 Guide: How to speak out against stereotypes. https://www.unilever.com/news/news-search/2023/unstereotype-101-guide-how-to-speak-out-against-stereotypes/

UN Women (2024). Progress on the sustainable development goals: The gender snapshop 2024. https://www.unwomen.org/en/digital-library/publications/2024/09/progress-on-the-sustainable-development-goals-the-gender-snapshot-2024

계승현(2023. 5. 27.). 입대 직전 남성, 대학생 여성이 젠더갈등 인식 가장 높아. 연합뉴스. https://www.yna.co.kr/view/AKR20230526098000530

김남형(2024. 10. 9.). 고용부 공식 자료에 또 '집게손'… 일경험 사업 책자에 남성 혐오 표현. 아시아투데이. https://www.asiatoday.co.kr/view.php?key=20241009010004673

김미영, 석진희(2017. 5. 17.). [그래픽뉴스] 모든 곳이 '강남역'이었다. 여성혐오 살인사건 1년. 한겨레신문. https://www.hani.co.kr/arti/society/society_general/795047.html

롯데 공식블로그(2024. 3. 5.). 10년간 평균 출생률 2.05명 가족 친화 기업 롯데가 낳은 기적. CSR. https://blog.lotte.co.kr/45637

반진욱(2024. 9. 7.). 그놈의 손가락이 뭐길래… 남녀 갈등에 머리 싸매는 마케팅 담당자들. 매일경제. https://www.mk.co.kr/news/business/11111607

배진경(2020. 10. 28.). 저출생의 해법은 성평등 노동. 위원회 칼럼. 저출산고령사회위원회. https://www.betterfuture.go.kr/front/notificationSpace/columnDetail.do?articleId=123

전국경제인연합회(2021. 8. 19.). 국가갈등지수 OECD 글로벌 비교. https://m.fki. or.kr/bbs/bbs_view.asp?cate=news&content_id=e2a5d591-6445-49b0-9b32-5d7ad65fd743

전준홍(2022. 3. 21.). [알고보니]한국은 어쩌다 '갈등공화국'이 되었나. MBC뉴스. https://imnews.imbc.com/newszoomin/newsinsight/6351640_29123.html

정시내(2024. 3. 7.). 韓 '유리천장 지수' 12년째 꼴찌…"일하는 여성에 가혹한 나라". 중앙일보. https://www.joongang.co.kr/article/25233675

중앙일보(2022. 6. 3.). 2030 젠더 갈등 이용하는 정치권의 추한 모습. 중앙일보 오피니언. https://www.joongang.co.kr/article/25076434

지표누리(2024. 7. 16.). 합계출산율. https://www.index.go.kr/unify/idx-info. do?pop=1&idxCd=5061#

BBC News (2018. 12. 31.). 페미니즘: 2018년 '미투 운동'이 한국 사회에 일으킨 3가지 변화. https://www.bbc.com/korean/news-46719617

제7장

에필로그
갈등 시대의 PR 커뮤니케이션

● 김천수(명지대학교)

앞으로 우리 사회는 지금보다 더 심각하고 복잡한 사회 갈등에 직면할 가능성이 크다. 이는 폭발적으로 증가하는 지식과 디지털 기술을 기반으로 한 미디어 환경의 변화가 사회의 분화와 파편화를 가속화하기 때문이다. 그러나 급변하는 사회적 환경에 대한 우리의 관심과 논의는 기능주의적 지식 생산과 기술에 쏟는 노력에 비해 상대적으로 부족하다. 사회의 분화와 파편화가 계속 진행될 경우, 이는 필연적으로 개인과 집단 간의 갈등을 심화시키며, 서로에게 깊은 상처를 남길 것이다. 이로 인해 사람들은 비슷한 가치와 정체성을 공유하는 집단 내부로 더욱 결속하고, 자신의 집단에 속하지 않은 타인에게는 점점 더 적대적인 태도를 보일 가능성이 크다. 그 결과, 우리의 법과 제도는 더욱 촘촘해지고 사회적 상호작용에 필요한 여유와 융통성은 점차 약화될 것이다.

1 갈등의 시대 I: 지식의 팽창

갈등의 시대를 이끄는 주요 원인 중 하나는 지식의 폭발적 증가이다. 미국의 건축가이자 작가 그리고 미래학자인 벅민스터 풀러(Buckminster Fuller)는 1982년 자신의 저서 『Critical Path』에서 '지식 두 배 증가 곡선(Knowledge-doubling curve)'을 제시하며, 지식 증가 속도의 가속화를 주장한 바 있다. 그의 분석에 따르면, 1900년 이전까지는 인류 지식의 총량이 두 배로 증가하는 데 약 100년이 소요되었으나, 1945년에는 25년, 그리고 1982년에는 약 12~13개월로 그 주기가 급격히 단축되었다. 더 나아가, IBM의 분석에 따르면, 2020년 기준으로 인간의 지식은 12시간마다 두 배로 증가하고 있는 것으로 예측되었다(Schilling, 2013).

지식의 폭발적 증가는 개인이 삶을 유지하기 위해 습득해야 하는 지식의 양도 지속해서 증가하고 있음을 의미한다. 그러나 지식의 증가 속도는 그 유형과 분야에 따라 다르게 나타난다(Chamberlain, 2020). 즉, 인간이 폭넓게 이해해야 하는 보편적인 지식의 증가보다는 특정 분야에서 각기 다른 속도로 발전하는 지식이 두드러지며, 이는 각 분야의 지식이 고도화되고 전문화되는 결과로 이어진다. 지식의 전문화는 특정 분야의 지식을 습득하는 데 필요한 시간과 노력을 증대시킨다. 지식의 양이 증가할수록 개인이 특정 분야를 깊이 이해하기 위해 투자해야 하는 시간도 늘어난다. 이러한 변화는 보편적인 지식이 부족하더라도 한두 개의 전문화된 영역의 지식만으로도 개인이 삶을 영위할 수 있는 사회적 구조로의 변화를 촉진한다.

지식의 증가는 전문화된 영역에서 새로운 직업의 출현과 직업 종류의 증가를 가져온다. 고용노동부 자료에 따르면, 2020년 기준 우리나라의 직업 종류는 총 16,891개로, 이는 2012년 대비 5,236개 증가한 수치이다(고용노동부, 2020). 이러한 직업의 증가는 기술 발전과 사회적 변화를 반영하는 동시에, 새로운 사회적 변화를 일으키는 요인으로 작용한다. 직업 종류가 증가함에 따라, 사회 구성원이 같은 직업에 종사할 가능성은 작아지고, 그에 따라 유사한 직업을 가진 사람들의 수는 줄어들게 된다. 이는 직업을 중심으로 형성되는 사회적 모임이나 집단이 더욱 다양화되고 세분화된다는 것을 의미하며, 결과적으로 사회가 분화되는 현상을 초래한다.

전문화로 인해 지식이 고도화되면서, 인간은 생존과 성공을 위해 지식습득에 더 많은 시간과 노력을 투자해야 한다. 의사와 변호사는 이러한 전문화의 대표적인 사례다. 의사는 독립적으로 진료를 수행하기 위해 의과대학 6년, 수련의(인턴) 1년, 전공의(레지던트) 4년, 전임의(펠로우) 약 2년 등 총 12년에 이르는 긴 과정을 거쳐야 한다. 변호사 역시 학사과정 4년, 법학적성시험(LEET) 준비 약 1년, 법학전문대학원 3년, 변호사 시험 준비 약 1년, 그리고 실무 수습 6개월을 포함해 총 8~9년이 필요하다.

이처럼 개인이 시간과 노력을 들여 전문성을 갖추었더라도, 다른 분야에 대한 지식은 제한적일 수밖에 없다. 현대 사회에서 자신의 분야가 아닌 다른 분야의 지식을 전문성을 갖출 정도로 습득하기란 매우 어려운 일이다. 이는 자신의 분야가 고도화되었다면, 다른 분야 역시 전문화와 고도화가 진행되었을 것이기 때문이다. 따라서 아무리 뛰어난 의학 지식을 갖춘 의사라도 법적 문제가 발생했을 때 이를 해결할 기본적인 법률 지식이 부족하므로 변호사에게 의존해

1. 갈등의 시대 I: 지식의 팽창

야만 하고, 반대로 아무리 뛰어난 법률 지식을 지닌 변호사라도 질병 치료에 필요한 의학적 지식이 부족하므로 의사의 도움을 필요로 한다.

지식의 증가로 인한 전문화와 고도화는 현대인이 자신이 관심 있는 분야 외의 다른 분야에 관심을 두는 것을 더 어렵게 만들었다. 15세기의 레오나르도 다빈치는 화가, 과학자, 해부학자, 발명가, 공학자, 건축가, 음악가, 작가 등 다양한 분야를 넘나들며 다재다능한 능력을 발휘했다. 그는 여러 분야의 사람들과 교류하며 그들의 생각과 마음을 헤아릴 수 있었다. 그러나 21세기의 우리가 레오나르도 다빈치와 같은 다방면의 전문성을 갖추는 것은 사실상 불가능에 가깝다. 이는 21세기의 지식 규모와 수준이 15세기와는 비교할 수 없을 만큼 방대하고 정교해졌기 때문이다. 현대 사회에서는 한 분야에서 두각을 나타내는 것만으로도 사회적 인정을 받을 수 있으며, 이는 지식과 기술의 세분화와 전문화가 가져온 필연적 결과다. 그로 인해, 타인에 관한 관심은 줄어들고 타인을 이해하는 것이 점점 어려워졌다.

사일로 효과(Silo effect)는 앞으로 조직 내의 특수한 현상을 넘어, 사회 전반에서 발생하는 일반적인 현상으로 확산할 가능성이 있다. 사일로 효과란 조직 이론과 경영학 분야에서 부서나 팀이 서로 소통하지 않고 고립된 채 독립적으로 작동하는 현상을 지칭하는 개념이다 (Tett, 2016). '사일로'는 곡식을 저장하는 높은 원형 기둥 모양의 창고를 말하며, 각 기둥은 서로 가까이 서 있지만 서로 연결되어 있지 않는다. 이처럼 사일로는 독립적으로 기능하며, 다른 기둥과는 상호작용이 없는 구조를 형성한다. 사일로 현상은 조직이 지나치게 분업화되고 전문화되면서 부서 간 소통이 부족해질 때 발생한다. 이는 지식의 팽창으로 촉진된 우리 사회의 전문화와 그로 인해 나타나는 사회적 분화 현상과 유사하다. 따라서 사일로 현상을 단순히 조직 내부의 문제로 국한할 것이 아니라, 사회 전반의 구조적 변화로 주목해야 한다. 이는 궁극적으로 사회 갈등의 씨앗이 될 수 있기 때문이다.

 ## 2 갈등의 시대 II: 미디어 환경의 변화

갈등의 시대를 이끄는 두 번째 원인은 디지털 기술이 주도하는 미디어 환경의 변화다. 디지털 기술은 정보의 생산과 소비 방식에 혁명적인 변화를 가져왔다. 미디어 제작 과정을 단순화하고 비용을 절감함으로써 대중이 자유롭게 콘텐츠를 제작하고 공유할 수 있는 환경을 조성했다. 또한 디지털 기술은 플랫폼 중심의 콘텐츠 유통 구조를 구축하고, 빅데이터와 인공 지능(AI)을 활용해 사용자 선호에 기반한 콘텐츠 추천 시스템을 발전시켰다. 이를 통해 개인은 자신의 관심사에 맞는 개인화된 콘텐츠를 손쉽게 소비할 수 있게 되었다.

이러한 미디어 환경의 변화는 사회의 커뮤니케이션 방식에도 큰 변화를 일으켰다. 특히, 플랫폼 중심으로 재편된 디지털 미디어 환경은 모든 사회 구성원에게 균등한 소통 기회를 제공했다. 디지털 미디어 이전에는 신문이나 방송과 같은 전통적인 매체에 접근할 수 있는 권한이 소수의 개인이나 조직에 국한되었다. 당시 커뮤니케이션은 소수의 의견이 대중에게 일방적으로 전달되는 구조로 이루어졌다. 그러나 디지털 플랫폼의 등장은 다수의 사람이 다양한 의견을 자유롭게 생산하고, 이를 또 다른 다수에게 전달할 수 있는 양방향적이고 분산된 커뮤니케이션 환경을 가능하게 했다.

이와 같은 변화 속에서 다양한 기관, 기업, 조직 그리고 개인이 디지털 미디어를 통해 관계를 형성하며 소통하고 있다. 정부는 페이스북, 인스타그램, 유튜브 등 대중적인 디지털 플랫폼을 활용해 국민과 연결되며, 정책을 홍보하고 국민의 의견을 청취한다. 정치인은 디지털 미디어를 이용해 유권자와 소통하고, 자신의 공약과 활동 내용을 전달하며 정치적·이념적 공감대를 가진 사람들과 교류한다. 기업은 디지털 플랫폼에 공식 채널을 운영해 고객과의 대화를 이어가고, 제품을 홍보하며 기업 내외의 정보를 공유해 신뢰를 쌓는다. 시민단체는 디지털 미디어를 활용해 뜻을 함께하는 시민들과 네트워크를 형성하고 소통하며 활동에 대한 지지를 넓혀 간다. 개인은 자신의 직업, 취미 혹은 관심사를 바탕으로 콘텐츠를 제작해 공유하며, 같은 관심사를 가진 사람들과 교류하고 관계를 맺는다.

디지털 미디어는 소통, 정보생산, 관계 형성의 민주화를 촉진하는 동시에 개인화된 소통과 정보 소비를 가능하게 했다. 다양한 사람이 자유롭게 정보를 생산하고 공유하면서 온라인에서의 정보량은 기하급수적으로 증가했다. 그러나 정보의 폭발적 증가로 정보 과잉 (information overload) 현상이 발생하면서, 개인이 필요한 양질의 정보를 효율적으로 선별하고 활용하기가 어려워졌다(구교태, 최현주, 2010). 이에 따라 정보를 신속하고 효율적으로 탐색하는 능력이 중요해졌다. 그러나 인간은 정보탐색 능력을 스스로 향상하기보다는 빅데이터 분석 알고리즘에 의존하기 시작했다. 알고리즘은 이용자의 선호와 행동 데이터를 분석하여 개인 맞춤형 콘텐츠를 추천함으로써 정보과부하를 완화하는 데 이바지했다. 그 결과 우리는 관심과 성향에 부합하는 정보를 손쉽게, 비교적 수동적으로 소비하게 되었다.

디지털 환경에서는 정보 단위당 소비 시간이 짧아지는 경향이 있다. 최근 주요 정보탐색 창구로 떠오른 유튜브의 경우(정영훈, 2023), 동영상의 길이가 짧을수록 시청 참여율(viewer engagement)이 높아지는 특징이 있다(Fishman, 2023). 분석에 따르면, 유튜브에서 가장 일반적인 동영상 길이는 2분에서 12분 사이였다(tubics, 2022). 시청 참여율은 동영상 시작 후 2분까지 70%에 달했지만, 2분부터 6분 사이에 50%로 급격히 감소했고, 이 수치는 12분까지 유지되었다. 12분을 초과하는 동영상에서는 시청 참여율이 지속해서 하락하는 양상을 보였다. 또한 유튜브나 OTT 사용자 중 상당수는 '2배속 재생'이나 '10초 건너뛰기' 기능을 활용해 영상을 소비한다(김다솜, 2023). 이를 통해 사용자는 결론만 빠르게 파악하거나 자신이 관심 있는 특정 부분만 선택적으로 소비할 수 있다. 이러한 경향은 시청자의 주의 집중 시간이 점점 짧아지고 있음을 시사하며, 나아가 시청자가 정보나 콘텐츠의 맥락을 충분히 이해하지 못할 가능성이 커지고 있음을 보여 준다. 이는 디지털 환경에서 시청자가 특정 주제나 쟁점을 종합적이고 심층적으로 이해하는 데 어려움을 겪을 수 있음을 의미한다.

이와 함께, 소셜미디어와 같은 디지털 플랫폼에서는 종합적인 정보보다 단편적인 정보의 확산이 더 많이 이루어지는 경향이 있다. 소셜미디어가 뉴스와 같은 정보가 유통되는 플랫폼으로 작용하면서, 즉시성(immediacy)과 상시성(ubiquity)이라는 소셜미디어 특유의 커뮤

283

니케이션 속성이 정보 확산 과정에 반영된다(Hermida, 2010). 이러한 속성은 특정 쟁점이나 대상을 종합적으로 다루는 정보보다는 단편적인 정보의 확산을 돕는다. 소셜미디어에서 정보 교환은 대화 형식으로 이루어지는 이용자 간 상호작용을 통해 이루어진다(최민재, 양승찬, 2009). 이용자들은 정보의 조각을 교환하며, 다양한 출처에서 얻은 단편적인 정보를 조합하여 전체를 이해하려고 노력한다. 그러나 이러한 단편적인 정보는 맥락을 충분히 제공하지 못하기 때문에, 이용자가 쟁점이나 대상을 깊이 있게 이해하기 어렵게 한다(이미나, 양승찬, 서희정, 2017).

디지털 기술로 인한 정보 생산과 소비 방식의 변화는 우리 사회를 더욱 복잡하게 분화시키고, 집단 간 소통과 이해를 저해할 가능성을 시사한다. 정당, 기업, 시민단체와 같은 조직들은 자신이 운영하는 미디어와 목적에 부합하는 커뮤니케이션 전략을 통해 공중과 소통하며 관계를 형성한다. 이러한 활동은 공통의 관심사와 의견을 공유하는 그룹의 형성을 촉진한다(김민경, 조수영, 2015; 박정이, 임지은, 황장선, 2018). 이와 같은 현상은 개인에게도 나타난다. 개인들은 디지털 플랫폼을 활용해 자신과 유사한 관심사나 의견을 가진 사람들과 자발적으로 집단을 형성한다(박성복, 2006). 이러한 온라인 집단은 공통 관심사를 중심으로 결속되며, 구성원들은 자신의 관심사에 부합하는 정보와 콘텐츠를 선택적으로 소비한다. 플랫폼 알고리즘은 개인화된 정보와 콘텐츠를 지속적으로 제공하며, 이러한 선택적 소비를 강화한다(유소엽, 정옥란, 2015). 결과적으로, 정보와 콘텐츠의 선택적 소비는 확증 편향(confirmnation bias)과 반향실(echo chamber) 효과를 유발하여 다른 집단에 관한 관심을 줄이고, 내집단 정체성과 소속감을 강화하는 한편, 외집단에 대한 반감을 심화시킨다. 이러한 과정은 집단 간 태도를 극단화하고 사회적 갈등을 악화할 가능성을 높인다(박지현, 나은영, 2021; 함민정, 이상우, 2021).

3 사회의 윤활유로서 PR 커뮤니케이션

지식의 급격한 증가와 디지털 기술로 인한 미디어 환경의 변화는 사회를 더욱 복잡하게 만들며, 사회에 대한 온전한 이해를 점점 더 어렵게 한다. 이렇게 증가하는 이해의 부족은 사회 구성원 간 공감대를 약화하고, 공감이 줄어들수록 소통의 어려움은 가중된다. 그 결과, 오해와 갈등이 증가하고 사회의 엔트로피가 높아져 무질서와 혼란을 초래할 가능성이 커진다.

현실적으로, 지식의 증가를 멈추거나 개인 지향적인 미디어 환경을 공동 지향적으로 변화시키기는 어렵다. 사회는 계속해서 분화할 것이고, 미디어의 개인화는 더욱 고도화될 것이 분명하다. 이는 사회 발전 과정에서 역할, 제도, 규범 등이 세분화되고 체계가 복잡해지면서 엔트로피가 높아지는 필연적인 과정이다.

이처럼 사회적 엔트로피가 증가할 수밖에 없는 상황에서, 이에 효과적으로 대응하지 못한다면 우리는 갈등과 혼란이 끊임없이 이어지는 사회에서 벗어나기 어려울 것이다. 그러나 사회적 엔트로피의 증가가 항상 부정적인 결과로만 이어지는 것은 아니다. 오히려 적절한 수준의 엔트로피는 사회의 변화와 혁신을 자극하며, 새로운 균형을 모색하는 힘으로 작용한다(최창현, 2013). 이를 통해 사회는 바람직한 방향으로 발전할 가능성을 열어갈 수 있다.

갈등을 해결하기 위해 우리는 주로 법적 수단에 의존한다. 사회적 갈등이 발생했을 때 대화와 상호이해를 통해 갈등의 원인을 찾아 해소하려는 노력보다는, 법관의 판단을 통해 옳고 그름을 가리는 방식에 익숙하다. 그러나 이러한 법적 판단이 갈등 당사자에게 진정한 해결 방안으로 받아들여질 수 있는지에 대해서는 의문이 제기된다.

법은 갈등을 형식적으로 종결하는 데 있어 유용한 도구다. 그러나 법적 해결 과정은 옳고 그름과 승리와 패배를 강조하는 구조를 배경으로 하며, 이는 갈등의 근본 원인을 해결하지 못한 채 사회를 더욱 경직되게 만들 위험이 있다. 법적 해결은 본질적으로 한쪽의 승리와 다른 쪽의 패배를 전제로 하기 때문에 갈등의 해결 과정에서 상대방에 대한 오해와 불만, 적대감을 남길 가능성이 있다.

따라서 법적 수단에만 의존해 갈등을 해결하려는 시도는 우리 사회의 엔트로피를 적정 수준으로 유지하기 힘들게 한다. 법은 본질적으로 규제와 강제의 틀에 기반하여 작동하기 때문에, 이를 통해 갈등을 해결하려는 접근은 엔트로피가 높은 무질서 상태와 엔트로피가 낮은 경직된 상태가 반복되는 악순환을 초래할 위험이 있다. 건강한 사회를 위해서는 적절한 수준의 엔트로피 유지가 필요하다. 이를 위해서는 법적 수단에 의존하는 것을 넘어, 갈등의 당사자들이 주체적으로 소통하며 상호이해를 도모하는 노력이 필요하다.

오늘날 크고 작은 조직을 포함한 모든 사회 구성원은 블로그, 유튜브, 페이스북 등 디지털 플랫폼을 통해 공중과 직접 소통할 수 있는 환경을 갖추게 되었다. 과거에는 신문이나 방송과 같은 전통적인 매체를 거치지 않고는 대중과 소통하기 어려웠던 것과는 달리, 오늘날 소통의 기회와 자유는 획기적으로 확대되었다. 조직은 자기 생각과 메시지를 직접 생산하고 전달할 수 있는 채널을 자유롭게 운영할 수 있으며, 이를 전략적으로 활용하기 위해 PR 전문가를 채용하거나 도움을 요청하는 경우가 증가하고 있다. 현재 많은 PR 전문가가 정부, 공공기관, 기업, 정당, 시민단체 등 다양한 조직에 미디어 및 커뮤니케이션 전략, 조언, 기술 등을 제공하고 있으며, 조직이 공중과 효율적으로 소통하고 목표를 달성할 수 있도록 지원한다.

이러한 PR 영역의 확장은 사회 갈등을 조정하고 해소하는 과정에서의 PR 커뮤니케이션 역할의 중요성을 시사한다. 그러나 지금까지 대부분의 PR 커뮤니케이션은 조직의 입장에 초점을 맞추어, 조직의 커뮤니케이션 목표를 달성하는 데 주된 목적을 두어 왔다. 이는 어떤 커뮤니케이션 전략이 조직의 목표를 가장 효율적으로 달성할 수 있는가가 PR 커뮤니케이션의 주요한 과제였기 때문이다. 이러한 접근 방식은 PR 커뮤니케이션이 개별 조직의 이익을 확대하는 데에는 분명 이바지했을지 모르지만, 조직의 이익 추구 과정에서 발생한 사회적 갈등의 해결에는 실질적인 도움을 주지 못했다. PR 커뮤니케이션이 갈등 해결보다는 조직 중심의 목적에 치우친 결과, 다수의 사회적 갈등이 법적 판단에 의존하게 되었고, 이 과정에서 PR의 역할은 상대적으로 제한되었다.

이 책은 현대 사회에서 발생하는 다양한 갈등 상황을 심층적으로 탐구하며, 이러한 갈등의 해결 과정에서 PR 커뮤니케이션이 수행하는 핵심적 역할을 조명한다. 또한 PR 이론을 비롯한 여러 학문적 관점을 바탕으로 사회 갈등을 분석하고, 이를 해결하는 데 PR 이론이 어떻게 이바지할 수 있는지를 구체적으로 제시한다. 각 장은 실제

3. 사회의 윤활유로서 PR 커뮤니케이션

사례에 대한 이론적 분석과 전략적 접근을 통해 갈등 해결을 위한 실질적인 방향성을 제공한다.

제2장에서는 제주 강정마을 해군기지 건설을 둘러싼 갈등 사례를 중심으로, 공공정책 추진 과정에서 소통의 부재가 초래한 결과를 심도 있게 분석한다. 환경 파괴와 공동체 해체에 대한 우려에서 시작된 주민들의 반대는 충분한 소통 없이 일방적으로 추진된 정부 정책으로 인해 전국적인 사회적 이슈로 확대되었다. 정부는 법적 대응과 공권력 동원을 통해 갈등을 관리하려 했으나, 이러한 방식은 오히려 주민들의 불신과 반발을 심화시키는 결과를 낳았다. 이 장은 쟁점 진행 모형(Issue Process Model)을 활용하여 강정마을 주민들이 이슈를 활성화하기 위해 기울인 노력과 이에 대응한 정부의 행보를 체계적으로 분석한다. 이를 통해 효과적인 PR 전략이 공공정책의 성공은 물론, 사회적 화합에도 어떤 방식으로 이바지할 수 있는지를 반성적 관점에서 제시하고 있다.

제3장에서는 환경문제 해결에 있어 PR 커뮤니케이션의 중요성을 조명한다. 기후변화와 같은 환경문제는 지역적 차원을 넘어 전지구적 협력이 필요한 과제이며, 공중의 참여와 행동 변화를 유도하기 위한 전략적 접근이 필수적이다. 이 장은 문제해결 상황이론(Situational Theory of Problem Solving: STOPS)과 위험의 사회적 확산 모델(Social Amplification of Risk Framework: SARF)을 기반으로, 공중의 인식을 변화시키고 신뢰할 수 있는 정보를 제공하며, 문제해결 동기를 강화할 수 있는 효과적인 커뮤니케이션 방안을 제시한다. 특히 공중의 세분화를 환경문제해결의 중심 전략으로 제안하며, 이를 통해 공중별로 맞춤화된 메시지를 전달함으로써 사회적 갈등을 완화하고 지속 가능한

해결책을 도출하는 데 이바지할 수 있음을 강조한다. 이러한 분석은 PR 커뮤니케이션이 단순한 정보 전달을 넘어 사회적 합의를 구축하고, 환경문제해결을 위한 협력적 노력을 끌어내는 중요한 구실을 할 수 있음을 보여 준다.

제4장에서는 2024년 정부가 발표한 연금 개혁안을 중심으로 세대 간 갈등을 심층적으로 분석한다. 보험료율 차등화와 자동조정장치 도입은 청년 세대와 기성세대 간의 불만을 더욱 고조시키며, 세대 간 신뢰와 이해 부족을 부각하는 요인으로 작용하고 있다. 이 장은 조직−공중 관계성(Organization-Public Relationship: OPR) 이론과 상호지향성(Co-orientation) 모델을 활용하여 세대 간 인식 차이와 갈등의 본질을 체계적으로 탐구한다. 이를 바탕으로, 연금 개혁과 관련된 갈등 해결과 사회적 합의를 하기 위한 효과적인 PR 커뮤니케이션 전략을 제시한다. 특히, 연금 개혁이 단순히 세대 간 갈등의 원인으로 기능하는 것이 아니라, 사회적 통합과 지속 가능한 미래를 위한 매개체로 자리 잡을 수 있도록 하는 방향성을 강조한다.

제5장에서는 대북정책과 통일 문제를 둘러싼 남한 내부의 남남 갈등을 다룬다. 이 갈등은 세대, 지역, 경제적 요인이 복합적으로 작용하며, 디지털 미디어 환경에서 가짜뉴스와 왜곡된 정보의 확산으로 인해 더욱 심화되고 있다. 특히 세대 간 대북 인식의 차이는 갈등의 핵심 원인으로 작용하며, 이는 단순히 남북문제를 넘어 외교정책과 통일 의제 전반에 걸친 의견 차이로 확대되고 있다. 이 장은 남남 갈등이 단순한 이념적 대립에 그치지 않고, 사회 전반의 복잡한 갈등 구조를 반영하는 축소판으로 작용하고 있음을 강조한다. 이를 바탕으로 PR과 미디어 커뮤니케이션이 이러한 갈등을 완화하고 해결

3. 사회의 윤활유로서 PR 커뮤니케이션

하는 데 이바지할 가능성을 탐구한다. 신뢰할 수 있는 정보 제공과 균형 잡힌 미디어 전략이 공중 간 상호이해를 증진하고, 대화와 협력을 촉진함으로써 사회적 통합과 평화적 해결을 도모할 수 있음을 논의한다.

제6장에서는 현대 사회의 주요 갈등 중 하나로 젠더 갈등을 제시하고, 이를 해결하기 위한 DEI(Diversity, Equity, Inclusion) 모델의 적용 가능성을 탐구한다. 젠더 갈등은 성별 간-경제적 격차와 불평등한 구조, 그리고 변화하는 가치관과 전통적 관념 간의 충돌로 인해 점차 심화되고 있다. 이 장은 PR 커뮤니케이션이 젠더 갈등 완화에 있어 핵심적 임무를 수행할 수 있음을 논의하며, 신뢰 회복과 포용적 사회 구축을 위한 구체적인 전략을 제안한다. 이를 통해 젠더 갈등을 단순한 대립 구도로 바라보는 것을 넘어, 조화와 화합을 지향하는 방향성을 제시하며 지속 가능한 사회적 통합의 가능성을 모색한다.

이 책은 우리가 직면하고 있는 사회 갈등을 단순히 조명하는 데 그치지 않는다. 대신, 사회 갈등의 발생 과정과 특성에 대한 이해와 함께, 이를 해소하기 위한 실마리를 PR 관련 이론에서 찾는다. 오랜 기간 PR 전문가들은 현장과 이론 간의 괴리로 인해 겪는 어려움을 토로해 왔다. 학계에서의 지속적인 연구를 통해 PR 이론은 발전을 이루었지만, 이렇게 발전된 이론을 실제로 어떻게 활용해야 하는지에 대한 현장의 이해는 충분하지 못했다. 예를 들어, 조직-공중 관계성의 중요성은 이론적으로 자주 강조되지만, 현장에서는 이를 구체적으로 어떻게 활용할 것인지에 대한 이해 부족으로, PR 커뮤니케이션은 주로 경험의 법칙(Rule of Thumb)에 의존해 왔다. 물론, 현장에서의 경험은 매우 중요하며, PR 커뮤니케이션 실무에 있어 귀중한 자산이다. 그러나 여기에 체계성을 갖춘 이론이 접목된다면, 경험과 이론의 상호 보완을 통해 훨씬 더 효과적인 결과를 얻을 수 있을 것이다.

이 책은 다섯 개의 사례를 각각 다른 이론과 모형을 통해 분석하여, 이론을 현장에 접목하는 구체적인 방법을 제시한다. 이를 통해 PR 이론이 실제 현장에서 어떻게 활용될 수 있는지, 그리고 사회 갈등 해결에 어떤 방식으로 이바지할 수 있는지를 보여 준다. 쟁점 진행 모형(Issue Process Model)은 정부의 정책 수립과 실행 과정에서 발생하는 갈등을 분석하고 이해하는 데 유용한 이론적 틀이 될 수 있다. 문제해결 상황이론(STOPS)과 위험의 사회적 확산 모델(SARF)은 환경문제해결을 위한 이론적 기반을 제공하며, 조직-공중 관계성(OPR) 이론과 상호지향성(Co-orientation) 모델은 연금 개혁과 같이 세대 간 인식 차이와 갈등이 발생할 수 있는 쟁점을 이해하는 유용한 이론이 될 수 있다. 또한 IDEA(Internalization, Distribution, Explanation, Action) 모델은 남남 갈등과 같이 복잡한 성격의 사회적 갈등을 완화하는 데 적용될 수 있으며, DEI(Diversity, Equity, Inclusion) 모델은 젠더 갈등과 같은 현대 사회에서 부각되는 주요 갈등을 해소하는 데 유용하다.

이 책에서 소개된 다섯 개의 사례와 이론은 PR 이론과 실무가 사회 갈등 해결에 이바지할 방법을 보여 주는 출발점에 불과하다. 앞서 논의했듯이, 지식의 폭발적인 증가와 디지털 기술의 발전에 따른 미디어 환경 변화는 우리 사회를 더욱 복잡하고 다양한 사회적 갈등에 밀어 넣고 있다. 따라서 다양한 갈등 사례와 이에 적용할 수 있는 이론에 대한 논의가 많이 이루어져야 한다. 특히, 이 책에서 다루지 못한 정황 수용 이론(Contingency Model of Accommodation), PR 우수 이론

(Excellence Theory in Public Relations) 그리고 상황적 위기 커뮤니케이션 이론 (Situational Crisis Communication Theory: SCCT) 등은 PR 실무 적용 가능성이 높은 이론으로 주목할 가치가 있다.

그중에서도 상황적 위기 커뮤니케이션 이론(SCCT)은 조직의 위기 상황과 커뮤니케이션 전략을 연결하는 데 유용한 이론으로, 오늘날과 같은 갈등의 시대에 더욱 중요한 의미를 지닌다. 이 이론은 위기의 특성에 적합한 커뮤니케이션 전략을 도출함으로써, 조직이 갈등 상황에서도 신뢰를 유지하고 문제를 해결할 수 있는 구체적인 방법을 제공한다. 조직 간 갈등이나 조직과 공중 간 갈등이 심화되어 조직의 위기로 발전할 가능성은 항상 존재한다. 이러한 상황에서 조직이 현명한 대응을 통해 위기를 관리한다면, 이는 단순히 조직 차원의 위기 극복에 그치지 않고, 사회적 갈등 해소를 위한 실마리가 될 수 있다. 더 나아가, 이는 PR 커뮤니케이션이 단순히 조직의 이익을 위한 도구가 아니라 사회 구성원 간 마찰을 줄이는 윤활유, 또는 충돌로 인한 충격을 완화하는 중요한 장치로 기능할 수 있음을 보여 준다. 사회적 조화와 공존을 이루기 위해 PR은 공중과 조직 간의 신뢰와 소통을 연결하는 가교가 될 수 있으며, 갈등의 예방과 해결 과정에서 핵심적인 역할을 할 수 있다.

이 책은 법적 판단이 중시되는 갈등의 시대에, "PR 커뮤니케이션이 우리 사회를 건강하게 만드는 해결책이 될 수 있을까"라는 질문에서 시작되었다. 건강한 신체가 약간의 운동과 휴식만으로도 회복할 수 있듯이, 건강한 사회 역시 소통과 이해를 위한 작은 노력만으로도 갈등을 해결할 수 있다. 법관의 판결은 마치 의사가 우리 몸에 내리는 처방과 같다. 우리가 스스로의 노력으로 건강을 회복할 수 없을 때 병원을 찾아 의사의 도움을 받듯이, 오늘날 수많은 갈등이 법원을 찾는 현실은 우리 사회가 스스로의 노력만으로는 회복할 수 없는 상태에 있는 것은 아닌가 하는 의문을 품게 한다. 이러한 상황에서, PR 커뮤니케이션은 우리 사회가 스스로 건강을 유지할 수 있게 하는 일상적인 운동과 같은 역할을 한다. PR 커뮤니케이션이 활성화된다면, 우리 사회는 법원의 판결에 의존하기보다는, 소통과 상호이해를 통해 스스로 갈등을 해결할 수 있는 건강하고 자생적인 구조를 갖추게 될 것이다. 이 책은 이러한 가능성을 탐구하며, PR 커뮤니케이션이 사회적 신뢰와 조화를 구축하고, 갈등을 예방하고 해결하는 데 중요한 도구로 자리 잡을 수 있음을 보여 준다. 이 책이 우리 사회가 더 건강하고 조화로운 방향으로 나아가는 데 작은 이정표가 되기를 진심으로 바란다.

구교태, 최현주(2018). 정보 과잉에 대한 인식이 개인 정서와 신체에 미치는 영향에 대한 연구. 정치커뮤니케이션연구, 16(5), 5-32.

김민경, 조수영(2015). 정부기관의 SNS 활용 및 수용자 반응 분석-청와대와 17부 페이스북을 중심으로. PR연구, 19(3), 1-37.

박성복(2006). 오프라인 모임을 통한 온라인 커뮤니티 애착에 관한 탐색적 연구. 언론과학연구, 6(3), 179-203.

박정이, 임지은, 황장선(2018). 유튜브 브랜드 채널 콘텐츠의 커뮤니케이션 전략. 한국광고홍보학보, 20(2), 95-151.

박지현, 나은영(2021). 정치적 동영상의 선택적 이용이 태도극화에 미치는 영향: 집단에 대한 편향의 매개효과와 비판적 성향·공감의 조절효과를 중심으로. 한국방송학보, 35(5), 112-154.

유소엽, 정옥란(2015). The Youtube video recommendation algorithm using users' social category. *Journal of KIISE, 42*(5), 664-670.

이미나, 양승찬, 서희정(2017). 소셜미디어에서의 뉴스 정보 수용과 전통 미디어 뉴스 읽기의 비교: 카카오톡의 대화와 신문 비교를 중심으로. 한국언론정보학보, 81, 299-328.

최민재, 양승찬(2009). 인터넷 소셜 미디어와 저널리즘. 한국언론진흥재단.

최창현(2013). 사회갈등 및 통합에 관한 연구-사회엔트로피이론 관점에서-. 한국미래행정학회보, 2(2), 1-49.

함민정, 이상우(2021). 유튜브 정치 동영상의 선택적 노출과 정치적 태도 극화: 정치 성향별 내집단 의식의 매개효과 검증. 한국콘텐츠학회논문지, 21(5), 157-169.

Chamberlain, P. (2020). Knowledge is not everything. *Design for Health, 4*(1), 1-3.

Fuller, R. B. (1981). *Critical Path*. New York: St. Martin's Press.

Hermida, A. (2010). Twittering the news. *Journalism Practice, 4*(3), 297-308.

Schilling, D. R. (2013). "Knowledge Doubling Every 12 Months, Soon to be

Every 12 Hours." https://www.industrytap.com/knowledge-doubling-every-12-months- soon-to-be-every-12-hours/3950

Tett, G. (2016). *The silo effect: The peril of expertise and the promise of breaking down barriers*. New York: Simon & Schuster.

고용노동부(2020. 5. 28.). 대한민국 직업 종류, 8년간 5,236개 늘었다. https://www.moel.go.kr/news/enews/report/enewsView.do?news_seq=11013

김다솜(2023. 10. 27.). 2배속, 10초 뒤로.. 영상 콘텐츠, '빨리 감기' 시청이 대세라고? Daily Pop. https://www.dailypop.kr/news/articleView.html?idxno=72829

정영훈(2023. 3. 10.). 정보 어디서 찾을까? "네이버 · 유튜브 · 카톡 · 구글 순". KBS. https://news.kbs.co.kr/news/pc/view/view.do?ncd=7623378

Fishman, E. (2023. 5. 12.). Optimal Video Length: How Long Should A Marketing Video Be? https://wistia.com/learn/marketing/optimal-video-length

tubics. (2022. 7. 18.). What is the Ideal Length of Videos on YouTube? Here are New Data-Based Answers. https://www.tubics.com/blog/how-to-master-on-long-form-video-content

참고문헌

갈등 시대의 PR 커뮤니케이션
이론으로 현실을 풀다

찾아보기

갈등 시대의 PR 커뮤니케이션
이론으로 현실을 풀다

저자 소개

홍문기(Hong, Moonki)

현재 한세대학교 미디어영상광고학과 교수로 재직하고 있다. 한국외국어대학교 신문방송학과와 고려대학교 대학원 신문방송학과에서 학사와 석사학위를, 플로리다주립대학교에서 커뮤니케이션 박사학위를 받았다. 제25대 한국PR학회 회장과 제11대 한국광고PR실학회 회장을 역임했고, 한국PR학회, 한국광고학회, 한국광고홍보학회, 한국소통학회, 한국광고PR실학회 등에서 편집이사/편집위원 등을 맡아 봉사했다. 채널A와 YTN의 시청자위원회 위원과 언론중재위원회 위원, 지역신문발전위원회 위원, 미 Learning System Institute 연구원 등으로 활동했다. 공저로『한국광고학연구 30년과 전망』『광고홍보교육의 현재와 미래』『반갑다 광고와 PR』『디지털 사회와 PR 윤리』『소셜미디어 이용자와 광고 · PR 전략』『PR전문직의 리더십과 윤리 의식』『호모퍼블리쿠스와 PR의 미래』 등이 있고, 최근『정책커뮤니케이션 전략』을 저술했다. 광고PR/미디어 정책과 다양한 분야의 커뮤니케이션 캠페인 전략 등 주요 관심 분야에 대한 수십여 편의 연구논문을 발표했다.

김천수(Kim, Cheonsoo)

현재 명지대학교 디지털미디어학과 조교수로 재직하고 있다. 성균관대학교 신문방송학과와 동대학원을 졸업하고 미네소타대학교 석사학위를, 인디애나대학교에서 박사학위를 취득했다. 디지털 플랫폼과 그 주변에서 발생하는 다양한 커뮤니케이션 현상에 관심을 가지고 연구하고 있다. 특히 PR 커뮤니케이션, 정치 커뮤니케이션, 기후변화와 위험 커뮤니케이션 그리고 디지털 시대의 뉴스 생산, 유통, 소비에 관련된 주제를 탐구하고 있다. 그동안『Journal of Communication』『Journal of Broadcasting and Electronic Media』『Mass Communication and Society』『Public Relations Review』 등에 학술논문을 발표했다. 또한 한국PR학회, 한국언론학회, 한국방송학회, 한국언론정보학회 등에서 활발히 활동하며 학문 공동체에 봉사하고 있다.

김활빈(Kim, Hwalbin)

현재 강원대학교 미디어커뮤니케이션학과 부교수로 재직하고 있다. 고려대학교 신문방송학과와 동대학원 언론학과를 졸업하고, 오하이오대학교에서 저널리즘 석사학위 및 사우스캐롤라이나대학교에서 매스커뮤니케이션 박사학위를 받았다. 주요 학문적 관심분야는 건강·과학·환경·위험 커뮤니케이션과 새로운 미디어 환경에서 PR의 역할이며, 한국PR학회, 한국광고홍보학회, 한국광고PR실학회, 한국광고학회 등에서 집행부 이사로 봉사하고 있다. 그동안 『설득 커뮤니케이션』 『디지털 시대의 PR학 신론』를 비롯한 여러 저서를 출간했고, 「AI 시대 PR 실무자들의 역할과 AI 기술 활용에 관한 연구」 「생성형 AI 기술이 바꾸는 광고PR의 현재와 미래: 전문가 인터뷰를 통해 본 시사점」 등 국내외 다수의 학술논문을 발표했다.

강귀영(Kang, Kuiyoung)

현재 고려대학교와 서강대학교에서 갈등관리커뮤니케이션, 뉴미디어PR, PR실무 관련 과목들을 강의하고 있다. 이화여자대학교 독어독문학과를 졸업하고, 고려대학교에서 PR 전공으로 언론학 석사와 박사학위를 받았다. 서울미디어대학원대학교 뉴미디어학과 특임교수로 근무했으며, 연구자의 길로 들어서기 전에는 민간기업과 공공기관을 두루 거친 PR전문가로 활동했다. 주요 연구 의제로 위험 및 위기 커뮤니케이션, 뉴미디어 커뮤니케이션, 정책PR 연구에 집중하고 있으며, 「소셜 미디어 이용자의 자발적 공공PR 커뮤니케이션 동기와 행동에 대한 연구: PR의 사회이양모델의 공공부문 적용」 논문으로 2021년 한국PR학회 신진학자상을 수상한 바 있다.

박한나(Park, Hanna)

현재 선문대학교 미디어커뮤니케이션학부 부교수로 재직하고 있으며, 광고홍보콘텐츠 전공주임교수와 이니티움교양센터장을 맡고 있다. 한국외국어대학교 신문방송학과와 동대학원을 졸업하고, 플로리다대학교에서 PR 전공으로 매스커뮤니케이션학 석사와 박사학위를 받았다. 미국 미들테네시주립대학교 교수로 9년간 재직하면서 미국PR협회(내쉬빌) 우수PR프로그램상을 비롯하여 저널리즘 교육 우수상 등을 수상했다. 주요 학문적 관심 분야는 CSR, ESG, 공공PR, 위기관리이며, 최근에는 AI 기반 광고 PR로 연구를 확장하고 있다. 한국PR학회, 한국광고홍보학회, 한국광고PR실학회, 한국광고학회 등에서 집행부 이사로도 활동하고 있다.

갈등 시대의 PR 커뮤니케이션

이론으로 현실을 풀다

PR Communication in the Age of Conflict
Resolve the Reality with Theory

2025년 2월 10일 1판 1쇄 인쇄
2025년 2월 20일 1판 1쇄 발행

지은이 • 홍문기 · 김천수 · 김활빈 · 강귀영 · 박한나
펴낸이 • 김진환
펴낸곳 • (주) **학지사비즈**

04031 서울특별시 마포구 양화로 15길 20 마인드월드빌딩
대표전화 • 02)330-5114   팩스 • 02)324-2345
등록번호 • 제313-2006-000265호

홈페이지 • http://www.hakjisa.co.kr
인스타그램 • https://www.instagram.com/hakjisabook

ISBN 979-11-93667-15-6 03320

정가 18,000원

출판미디어기업 학지사

간호보건의학출판 **학지사메디컬** www.hakjisamd.co.kr
심리검사연구소 **인싸이트** www.inpsyt.co.kr
학술논문서비스 **뉴논문** www.newnonmun.com
교육연수원 **카운피아** www.counpia.com
대학교재전자책플랫폼 **캠퍼스북** www.campusbook.co.kr